Jusnaturalismo e positivismo jurídico

FUNDAÇÃO EDITORA DA UNESP

Presidente do Conselho Curador
Mário Sérgio Vasconcelos

Diretor-Presidente
Jézio Hernani Bomfim Gutierre

Superintendente Administrativo e Financeiro
William de Souza Agostinho

Conselho Editorial Acadêmico
Danilo Rothberg
Luis Fernando Ayerbe
Marcelo Takeshi Yamashita
Maria Cristina Pereira Lima
Milton Terumitsu Sogabe
Newton La Scala Júnior
Pedro Angelo Pagni
Renata Junqueira de Souza
Sandra Aparecida Ferreira
Valéria dos Santos Guimarães

Editores-Adjuntos
Anderson Nobara
Leandro Rodrigues

INSTITUTO NORBERTO BOBBIO

Diretor-Presidente
Celso de Souza Azzi

Vice-Diretor-Presidente
Ary Oswaldo Mattos Filho

Sócio-Fundador
Raymundo Magliano Filho

Diretor-Secretário
Guido Urizio

Coordenação Científica
César Mortari Barreira

Norberto Bobbio

Jusnaturalismo e positivismo jurídico

Tradução
Jaime A. Clasen

Revisão técnica
Marcelo Granato

© 1969, 1996, Gius. Laterza & Figli, All rights reserved
© 2015 Editora Unesp
Título original: *Giusnaturalismo e positivismo giuridico*
Direitos de publicação reservados à:

Fundação Editora da Unesp (FEU)
Praça da Sé, 108
01001-900 – São Paulo – SP
Tel.: (0xx11) 3242-7171
Fax: (0xx11) 3242-7172
www.editoraunesp.com.br
www.livrariaunesp.com.br
atendimento.editora@unesp.br

Instituto Norberto Bobbio
Avenida São Luiz, 50, 2º Andar
(Circolo Italiano)
01046-926 – São Paulo –SP
Tel.: (0xx11) 3129-7076
www.institutonorbertobobbio.org.br
instituto@institutonorbertobobbio.org.br

CIP – Brasil. Catalogação na publicação
Sindicato Nacional dos Editores de Livros, RJ

B637j

Bobbio, Norberto, 1909-2004
    Jusnaturalismo e positivismo jurídico / Norberto Bobbio ; Tradução Jaime A. Clasen ; Revisão técnica Marcelo Granato. – 1.ed. – São Paulo : Editora Unesp; Instituto Norberto Bobbio, 2016.
    304 p. ; 21 cm.

    Tradução de: *Giusnaturalismo e positivismo giuridico*

    ISBN 978-85-393-0634-3

    1. Direito – Filosofia. I. Granato, Marcelo. II. Título.

16-34108   CDU: 340.12

Editora afiliada:

Sumário

Prefácio   7
Luigi Ferrajoli

Introdução   25
Norberto Bobbio

Parte I   Direito e filosofia   31
   Preâmbulo   33
   I. Situação e orientações   35
   II. Natureza e função da filosofia do direito   55
   III. A filosofia do direito e seus problemas   73

Parte II   Do positivismo jurídico   97
   Preâmbulo   99
   IV. Formalismo jurídico   101
   V. Aspectos do positivismo jurídico   127
   VI. Jusnaturalismo e positivismo jurídico   155
   Apêndice: Ainda sobre o positivismo jurídico   177

Parte III   Do jusnaturalismo   193
   Preâmbulo   195
   VII. Argumentos contra o direito natural   197
   VIII. O jusnaturalismo como teoria da moral   215
   IX. A natureza das coisas   235
   Apêndice A. Ainda sobre o direito natural   253
   Apêndice B. A natureza das coisas na doutrina
      italiana   269

Referências bibliográficas   289

Índice onomástico   301

Prefácio

1. A coletânea de ensaios *Jusnaturalismo e positivismo jurídico*, com a qual foi inaugurada, em 1965, a coleção Diritto e Cultura Moderna [Direito e Cultura Moderna], dirigida por Renato Treves e Uberto Scarpelli (Milano: Edizioni di Comunità), há muitos anos constitui um clássico da filosofia do direito. Talvez seja o livro filosófico-jurídico de Norberto Bobbio mais conhecido e mais lido. Muitas gerações de estudiosos formaram-se e aprenderam, através das suas páginas, além de coordenadas e categorias elementares da reflexão filosófica sobre o direito, um estilo de pensamento e de pesquisa marcado pela análise conceitual, pela clareza da linguagem, pelo rigor das distinções e pela formulação racional dos problemas.

O livro está organizado em três partes. Na primeira parte, Bobbio apresenta a sua concepção da filosofia do direito, distingue as suas diversas tarefas, analisa os seus diversos problemas e propõe um programa de trabalho jusfilosófico que visa ao esclarecimento dos conceitos, à dissolução das falsas oposições e dos falsos problemas e à chamada ao confronto contra toda forma de dogmatismo, entre as diversas orientações filosóficas. "Filosofia do direito", escreve o autor, expressando ideias que ainda hoje se mostram atuais, é expressão "genérica, pouco rigorosa e, portanto, mal definível e que não é utilmente empregável".[1] Para ele, trata-se de pouco mais do que um rótulo acadêmico de acordo com o qual são desenvolvidos os estudos e os ensinamentos mais diversos: da história do pensamento jurídico e político às doutrinas da justiça, das reflexões metafísicas sobre o conceito de direito aos estudos de teoria geral do direito, das doutrinas sobre o método às investigações sobre as práticas jurídicas e sobre as relações entre direito e sociedade.

Por esse motivo, Bobbio propõe o abandono da concepção da filosofia do direito como disciplina unitária e a distinção dos estudos jusfilosóficos em tantas disciplinas particulares quantos são os problemas que enfrentam: o problema "deontológico", relativo aos valores que inspiram ou deveriam inspirar o direito positivo, de competência da teoria da justiça; o problema "ontológico", que solicita a elaboração, por obra da teoria geral do direito, das categorias jurídicas gerais, como "poder", "dever", "norma", "sanção" e semelhantes; o problema "fenomenológico" da efetividade e do funcionamento concreto das instituições, pertinente à sociologia jurídica, que vê o direito "como fenômeno histórico e social"; por fim, o problema "metodológico", que interessa à metodologia jurídica e contempla a teoria da ciência do direito, a lógica jurídica e a teoria da interpretação.[2]

Desse modo, é traçado um mapa do saber filosófico-jurídico que tem o mérito não apenas de definir os limites das diferentes abordagens disciplinares da reflexão metajurídica sobre o direito, mas também de contribuir para a superação da sua falsa contraposição e, ao mesmo tempo, do seu recíproco isolamento. Com muita frequência, cada uma dessas abordagens – a da filosofia da justiça, a da teoria do direito, a da sociologia jurídica e a

---

1 "Natureza e função da filosofia do direito", neste volume, cap. II, p.55.
2 "A filosofia do direito e os seus problemas", neste volume, cap. III, p.73.

da metodologia do conhecimento jurídico – tende a considerar-se privilegiada ou, pior, cientificamente exclusiva. É o que Bobbio denunciará, anos mais tarde, como "a insídia do imperialismo disciplinar, que coloca os historiadores contra os filósofos, os juristas contra os politólogos, os sociólogos contra os historiadores e assim por diante". Porém, "no vastíssimo, no sempre mais vasto universo do saber, há, felizmente, lugar para todos", e a utilidade da reflexão metodológica consiste em "nos tornar mais conscientes, cada um em seu próprio campo, dos limites do seu território e do direito a existir de outros territórios distantes ou próximos".[3] Contra essa recíproca ignorância e desvalorização, favorecida pela organização acadêmica dos estudos e responsável por um substancial analfabetismo filosófico e sociológico do qual padece a maior parte dos juristas, equivalente apenas ao analfabetismo jurídico de grande parte dos filósofos e dos sociólogos, Bobbio nos convida a reconhecer que o direito pode ser visto de perspectivas diferentes – a da justiça, a da validade e a da efetividade –, correspondentes a disciplinas diferentes e a outros tantos métodos de investigação que não podem confundir-se uns com os outros, tampouco ignorar-se reciprocamente.

2. As outras duas partes do livro são dedicadas à secular controvérsia entre jusnaturalismo e positivismo jurídico. Bobbio participa dela, como escreve na Introdução, "mais como árbitro ou, mais modestamente, como juiz instrutor, do que como defensor ou acusador",[4] mas, na realidade, defende o segundo contra o primeiro – analisa com exemplar clareza os termos, o significado e os diversos planos sobre os quais a alternativa é comumente proposta.

Na segunda parte, o autor distingue os diferentes significados do positivismo jurídico – como método ou abordagem

---

[3] N. Bobbio, "Ragioni della filosofia politica" (1990), agora in *Teoria generale della politica*, org. por M. Bovero, I-III, p.34.

[4] Introdução, p.27.

objetiva do estudo do direito positivo, como teoria estatalista do direito e como ideologia ético-legalista – e mostra que a confusão que se faz entre esses significados com frequência encontra-se na base tanto da crítica radical como da defesa incondicionada do juspositivismo, tanto uma como outra injustificadas. Por fim, na terceira parte, Bobbio analisa as diversas doutrinas jusnaturalistas e revela que elas consistem em tantas outras teorias objetivistas da moral, na maioria das vezes infundadas, ao seu ver, mas reconhece o papel histórico delas como doutrinas ético-políticas voltadas para a crítica do direito existente e para o planejamento do direito futuro.

Essa análise bobbiana das duas orientações jusfilosóficas constitui ainda hoje, a meu ver, uma aquisição metateórica preciosa. No último ensaio da segunda parte do livro, Bobbio aponta a incompatibilidade entre positivismo jurídico e jusnaturalismo em apenas dois casos: 1) se ambos forem concebidos, na sua forma extrema e radical, como ideologias da justiça, um como "ética legalista" por força da qual "se deve obedecer às leis enquanto tais", o outro como "ética naturalista" por força da qual "se deve obedecer às leis apenas enquanto são justas";[5] 2) se concebidos ambos como teorias do direito, um como "teoria da exclusividade do direito positivo", identificado como o único direito existente, o outro como "teoria da superioridade do direito natural sobre o direito positivo"[6] e, mais precisamente, como uma teoria da moral segundo a qual certo conjunto de valores ou de prescrições morais é tomado, por força da sua presumida objetividade natural, como um sistema normativo de ordem superior, como parâmetro não só de justiça, mas também de validade, para o direito produzido pelos homens.[7]

---

5 "Jusnaturalismo e positivismo político", neste volume, cap. VI, p.165.
6 "Nesta contraposição está em questão a conhecida distinção entre uma concepção voluntarista (*ratione imperii*) e uma concepção racionalista (*imperio rationis*) do direito" (ibid., p.167).
7 Ibid., p.165.

Mas o autor também aponta a assimetria e, em consequência, a compatibilidade entre as duas orientações quando elas são entendidas como dois modos diferentes de aproximar-se do direito: o positivismo jurídico como "tomada de consciência", e o jusnaturalismo como "tomada de posição";[8] uma abordagem "caracterizada pela nítida distinção entre direito real e direito ideal ou, usando outras expressões equivalentes, entre direito como fato e direito como valor, entre direito assim como é e direito como deve ser; e pela convicção de que o direito com o qual o jurista deve ocupar-se é o primeiro e não o segundo",[9] a outra como atitude crítica em relação às leis positivas, com base em princípios ou valores de justiça externos a elas.[10]

Nesse último sentido, afirma Bobbio, a abordagem jusnaturalista é plenamente legítima, desempenhou e pode continuar a desempenhar uma função histórica inegável na transformação e no planejamento do direito positivo existente. Parafraseando uma terminologia de Herbert L. A. Hart, poderíamos dizer que o positivismo jurídico exprime, no estudo do direito positivo, o ponto de vista interno a ele, ao passo que o jusnaturalismo exprime o ponto de vista axiológico externo a ele.[11] Também nesse sentido, porém, a abordagem jusnaturalista é criticada por Bobbio, por causa de um vício de fundo: a insustentável teoria objetivista da moral que está por trás dessa abordagem e da qual, na terceira parte do volume, ele mostra as múltiplas falácias.[12] Além disso, conclui o autor, o mesmo papel crítico e projetual pode bem ser, foi e ainda é desempenhado, de maneira bem mais

---

8 Ibid., p.174.
9 "Aspectos do positivismo jurídico", neste volume, cap. V, p.127.
10 "Jusnaturalismo e positivismo jurídico", neste volume, cap. VI, p.155.
11 Na realidade, o "ponto de vista externo" do qual fala Hart não é o ponto de vista axiológico da justiça, mas o ponto de vista sociológico da efetividade ou da explicação causal (H. L. A. Hart, *The Concept of Law* [1961], p.68s, 106s e 121).
12 "O jusnaturalismo como teoria da moral", neste volume, cap. VIII, p.224-8.

pertinente e sem a metafísica preconceituosa do objetivismo e do cognitivismo ético, por outras correntes de pensamento, como as doutrinas liberais, as socialistas, as pacifistas e semelhantes, em suma, pelas diversas filosofias políticas da justiça.

3. A alternativa entre jusnaturalismo e positivismo jurídico, resolvida por Bobbio e por grande parte da filosofia jus-analítica dos anos 1960 e 1970, com uma clara opção pelo positivismo jurídico, voltou a ser proposta com força nas últimas décadas, no modo diferente de conceber as constituições do segundo pós--guerra e o constitucionalismo: como conjunto de princípios morais objeto de equilíbrio legislativo ou judiciário, ou como sistemas de limites e vínculos de direito positivo rigidamente impostos a todos os poderes públicos.

Assim se reproduziu, à distância de quase meio século, ainda que em termos profundamente diferentes, uma situação análoga àquela do segundo pós-guerra recordada por Bobbio desde as primeiras páginas desta coletânea. Depois de anos de domínio incontestado do positivismo jurídico, no dia seguinte à queda dos regimes totalitários, havia se manifestado, sobretudo na Itália e na Alemanha, um renascimento do direito natural como "direito vigente", ditado pelo imperativo moral de não confirmar como válidas as leis intoleravelmente injustas decretadas pelas ditaduras.[13] Hoje, o ataque ao positivismo jurídico como abordagem insuficiente pelo menos para explicar a natureza e o funcionamento das nossas democracias constitucionais foi novamente proposto, mas com base numa relação invertida entre direito e moral: no passado, pelo extremo desvalor moral do direito positivo com relação a princípios irrenunciáveis de justiça; na época atual, pelo inegável valor moral dos princípios constitucionais de liberdade e de justiça com respeito ao restante do direito positivo.

---

13 "Situação e orientações", neste volume, cap. I, seção intitulada "Volta do direito natural", p.38-40.

Prefácio

Lembro perfeitamente essa fase da filosofia jurídica porque a vivi. Então, pelo menos entre os filósofos do direito de formação analítica, o positivismo jurídico era uma aquisição certa, exatamente como "por volta dos anos 1930", recordados por Bobbio como os anos da sua formação, quando "a teoria do positivismo jurídico era dominante" e "o direito natural era considerado o resíduo de posições não científicas e devia ser desalojado de onde quer que aparecesse".[14] Então, nas posições antipositivistas permaneciam apenas os filósofos de formação católica. Hoje, de novo como no dia seguinte à guerra, vemos muitos juristas e filósofos "deixar cair o positivismo, sem remorsos, entre as antigalhas em que, ainda alguns anos antes, jazia em completo abandono o direito natural" e o encontramos sob os rótulos incertos de "não positivismo" ou "pós-positivismo". Assim, de novo como na época, nos "encontramos divididos entre a fidelidade às nossas origens e a inevitável sedução daquilo que se apresenta com o aspecto do inesperado e do novo".[15]

Tampouco as seduções do "novo" e os argumentos em apoio da virada, por outro lado, mudaram muito. Hoje, como ontem, "a revolta contra o formalismo" e o positivismo exprime-se na "reavaliação", sobretudo nas disciplinas internacionalistas, do direito de "formação espontânea", "imediatamente ligado à inteira realidade histórica e não constrangido por regras formalmente colocadas" – ontem, o "direito consuetudinário", hoje, a *lex mercatoria* – e na valorização do poder "quase criativo" do juiz na integração do direito positivo.[16] Hoje, como ontem, a reação antiformalista manifesta-se, no plano metodológico, na "maior atenção dada ao estudo do problema da decisão judiciária" e no "reconhecimento de uma maior liberdade do intérprete".

---

14 Introdução, p.28.
15 Ibid.
16 São as teses dos internacionalistas Roberto Ago e Giuseppe Barile, citados por Bobbio em "Situação e orientações", p.45.

Ontem, através do "alargamento dos meios hermenêuticos", "do reconhecimento de uma maior liberdade do intérprete" e do destaque realista dado ao "valor criativo da interpretação jurídica" nas obras de Emílio Betti e de Tullio Ascarelli, entre outros.[17] Hoje, de novo, através do desenvolvimento e justo destaque dado à teoria da argumentação.

Daí a extraordinária atualidade destas páginas bobbianas, fontes preciosas de esclarecimentos conceituais e de indicações metodológicas ou, pelo menos, de reflexão sobre os andamentos pendulares do pensamento jurídico. A pergunta que, a meio século de distância, este livro nos propõe é se a defesa nele contida do positivismo jurídico como abordagem metodológica e como teoria do direito foi posta em crise pela constitucionalização rígida de princípios morais de justiça e de direitos fundamentais, certamente transmitidos em grande parte pela tradição jusnaturalista, ou se, ao contrário, ela mantém ainda todo o seu valor teórico e pragmático. Trata-se, em última análise, da antiga questão da separação ou da conexão entre direito e moral, ou entre validade e justiça, que hoje voltou a dividir profundamente a cultura jusfilosófica: se ainda deve ser afirmada e defendida a tese da separação, como formulada por Jeremy Bentham e John Austin e retomada por Hans Kelsen, Herbert L. A. Hart e pelo próprio Bobbio, ou se, ao contrário, deve ser afirmada, como sustentam as orientações expressas pelas hodiernas doutrinas "neoconstitucionalistas", a tese oposta da conexão entre direito e moral.

A análise conceitual à qual Bobbio submeteu o positivismo jurídico e o jusnaturalismo pode ainda servir de ajuda, ao meu ver, para colocar corretamente a questão. "A positividade não é por si mesma um valor", escreve Bobbio no penúltimo capítulo do livro, dado que a expressão "direito positivo", do mesmo modo que a expressão "antitética" direito natural, "é completa-

---

17 Ibid., p.48.

mente muda em relação ao conteúdo das prescrições" positivadas e designa antes "um possível fundamento para a aceitação e a imposição de qualquer valor",[18] seja ele democrático ou antidemocrático, liberal ou iliberal, social ou antissocial. "Na forma da legalidade", Pietro Calamandrei havia escrito icasticamente alguns anos antes, "pode-se derreter ouro ou chumbo".[19] E isto vale tanto para a legalidade ordinária como para a legalidade constitucional. Também as constituições podem conter normas (que consideramos) injustas ou, pior, podem ser (reputadas), no seu conjunto, totalmente injustas, porque, hipoteticamente, são iliberais e antidemocráticas.

É nisso que reside o caráter formal reivindicado por Bobbio, na esteira de Kelsen, de todos os conceitos teóricos, como os conceitos de norma, de validade, de ordenamento, e também, por esse motivo, de lei, de direitos fundamentais e de constituição. E é esse o sentido da tese da separação entre direito e moral, com a qual não se quer, certamente, dizer que as normas jurídicas não possuem conteúdos morais (ou imorais), nem que não devam conter conteúdos moralmente apreciáveis, ou que, quando são expressas em termos morais, a sua interpretação não exija, como aquela de todas as normas expressas em termos vagos ou avaliativos, escolhas interpretativas orientadas por opções morais ou, de qualquer forma, por juízos de valor. Com isso se quer dizer apenas que a validade das normas jurídicas não implica a sua justiça, nem é por esta implicada, dependendo unicamente da sua conformidade e da sua coerência com outras normas, formais e substanciais, sobre a sua produção.

Nesse sentido, a fórmula da separação equivale, nos ordenamentos codificados, a um corolário do princípio de legalidade como norma de reconhecimento do direito existente. Ademais,

---

18 "O jusnaturalismo como teoria da moral", neste volume, p.220.
19 P. Calamandrei, "Prefácio a C. Beccaria", *Dei delitti e delle pene*, §VIII, p.82.

ela exprime o significado mesmo do positivismo jurídico, equivalendo à tese segundo a qual é "direito" qualquer conjunto de normas dadas por quem é habilitado a produzi-las, independentemente dos seus conteúdos e, portanto, da sua eventual injustiça.[20] Não só. Essa mesma tese serve para fundar a autonomia e, em última análise, a primazia do ponto de vista moral como ponto de vista externo e crítico em relação ao direito positivo, prestando-se, por isso, a impedir formas de legitimação apriorística do direito positivo como direito justo apenas porque vigente.

4. A crítica da fórmula da separação e o ataque ao positivismo jurídico foram inaugurados por Ronald Dworkin com a sua obra *Taking Rights Seriously*, de 1977, e depois retomados e desenvolvidos por Robert Alexy, Carlos Nino, Manuel Atienza e Juan Ruiz Manero, os quais sustentaram a tese exatamente oposta da conexão entre direito e moral. Essa tese, hoje amplamente difundida, é sustentada não mais com base em uma duplicação do direito, ou seja, na aceitação de um direito natural de ordem superior ao direito positivo, mas no quadro de uma distinção, em sentido forte, entre os princípios e as regras, e da configuração dos primeiros, a começar pelos constitucionais, como princípios morais qualitativa e estruturalmente diferentes das

---

20 Ver Kelsen, *Reine Rechtslehre* [1960]. Trad. it. M. G. Losano, *La dottrina pura del diritto*, cap. V, §34, i, p.247: "Não se pode negar a validade de um ordenamento jurídico positivo por causa do conteúdo das suas normas. Este é um elemento essencial do positivismo jurídico"; H. L. A. Hart, *Il concetto di diritto*, op. cit., cap. IX, §1, p.217: "Entenderemos por positivismo jurídico a simples tese segundo a qual não é em nenhum sentido uma verdade necessária que as leis reproduzam e satisfaçam certas exigências da moral, mesmo se na realidade tenham feito isso"; H. L. A. Hart, *Positivism and the Separation of Law and Morals* [1958]. Trad. it. *Il positivismo e la separazione tra diritto e morale* [1958]. In: V. Frosini (Org.), *Contributi all'analisi del diritto*, §2, p.119-20, nota, onde a "afirmação de que não há conexão necessária entre direito e moral, ou seja, entre o direito como é e o direito como deve ser" é identificada com um dos possíveis significados de "positivismo jurídico".

regras[21] por serem suscetíveis de ponderação, em vez de aplicação rígida.

A conexão, nessa nova versão, não se limita a apontar que os princípios constitucionais possuem conteúdos (que consideramos) morais (ou imorais), ou que são acompanhados por uma pretensão (subjetiva) de justiça, ou que exigem interpretações argumentadas segundo os cânones próprios (também) aos raciocínios morais. Essas são teses absolutamente corretas, que valem para qualquer norma e nenhuma pessoa de bom senso jamais negou. A tese da conexão, graças a um deslizamento semântico imprimido a essas banalidades pela implícita adesão ético-política aos conteúdos morais expressos pelos princípios constitucionais, afirma que a justiça, em algum sentido objetivo da palavra, e não simplesmente o respeito aos princípios de justiça contingentemente positivados pelas constituições, é uma condição da validade das normas jurídicas, de maneira que uma norma (também se excessivamente) injusta não é válida. Pouco importa que a justiça seja identificada com os mesmos princípios de justiça formulados nas constituições, ou com valores ético-políticos anteriores a eles, além de superiores. Em ambos os casos, a tese da conexão supõe uma forma de objetivismo ético, declinado, no primeiro caso, em sentido ético-legalista e, no segundo, em sentido jusnaturalista. Daí o valor que ainda hoje sustenta as críticas dirigidas por Bobbio à teoria objetivista da moral, seja ela de tipo jusnaturalista ou, mais genericamente,

---

21 Por "distinção em sentido forte" entende-se, na literatura neoconstitucionalista, a tese, sustentada pelos autores citados, de que, enquanto as regras se aplicam peremptoriamente aos casos por elas previstos, os princípios respeitam-se e equilibram-se porque são caracterizados por maior indeterminação, pela sua formulação em termos morais e pelos conflitos que comumente se encontram entre eles. Sustentam, ao contrário, a tese de uma "distinção em sentido fraco" os que pensam que entre princípios e regras exista uma diferença apenas quantitativa, que consiste no grau diferente – maior nos princípios, menor nas regras – no qual as características apontadas são verificáveis em todas as normas.

de tipo pós-positivista ou não positivista: a "crítica historicista", que mostra a inexistência de "princípios éticos autoevidentes com valor absoluto e universal",[22] até a falácia naturalista da derivação indébita – se também se admitisse uma "objetividade da moral", em qualquer sentido da expressão, no sentido de um nexo qualquer dela com a "natureza", ou no sentido do acordo unânime "sobre o que é natural" ou "sobre o que é justo" – de juízos de valor a partir de juízos de fato.[23]

Não se trata de questão puramente acadêmica. Um constitucionalismo assim concebido corre o risco de resolver-se – para quem não crê que exista objetivamente a moral ou a justiça, ou que se possa falar de verdades morais ou políticas, ou, de qualquer modo, que se admita a legitimidade de pontos de vista morais e políticos diferentes, que exatamente as constituições têm a tarefa de garantir e fazer conviver – na deslegitimização, como "falsas", de teses morais que não refletem a objetividade moral assim pressuposta e, por isso, numa tendencial negação, para além das intenções, do pluralismo moral e político e da laicidade do direito e das instituições. Além disso, conjugando-se com a configuração dos direitos constitucionalmente estabelecidos como princípios confiados à ponderação e, por isso, passíveis de revogação, e não como regras das quais se impõe a aplicação às suas violações, tal concepção do constitucionalismo corre de fato o risco de enfraquecer a normatividade das consti-

---

22 "Jusnaturalismo e positivismo jurídico", neste volume, p.160. É o argumento de Cesare Beccaria: "Quem quer que leia com olho filosófico os códigos das nações e os seus anais, encontrará quase sempre os nomes de vício e de virtude, de bom cidadão e de réu mudando com as revoluções dos séculos... Verá com muita frequência que as paixões de um século são a base da moral dos séculos futuros, que as paixões fortes, filhas do fanatismo e do entusiasmo, enfraquecidas e corroídas, direi assim, pelo tempo, que reduzem todos os fenômenos físicos e morais ao equilíbrio, tornam-se pouco a pouco a prudência do século e o instrumento útil na mão do forte e do avisado" (in: F. Venturi (Org.), *Dei delitti e delle pene* [1766], VI, p.21).
23 "Argumentos contra o direito natural", neste volume, cap. VII, p.207-10.

tuições em relação ao legislador, de favorecer e promover, também além dos seus espaços inevitáveis, a discricionariedade e o ativismo judiciário e, assim, minar a hierarquia das fontes e a separação dos poderes.[24]

5. Há, todavia, uma aporia na concepção de Bobbio do positivismo jurídico que merece ser assinalada. A identificação do juspositivismo como abordagem do direito "como ele é", como o único "direito do qual o jurista deve ocupar-se", segundo a definição aqui retomada no item 2, ainda hoje é sustentável, nos hodiernos ordenamentos dotados de constituições rígidas, sob uma condição: que se reconheça que, do "direito como ele é", ou do "direito real" ou "como fato", também é parte integrante, e em nível normativamente superior, o seu "dever ser jurídico", desenhado pelas constituições, do qual, por esse motivo, qualquer abordagem que se considere "juspositivista" não pode deixar de se ocupar.[25] Direi até que é sobretudo desse dever ser positivado do direito que o jurista deve ocupar-se como principal objeto de análise explicativa e como principal parâmetro de avaliação normativa, mas de uma avaliação – atenção – que seja inteiramente jurídica ou interna, ou seja, realizada no próprio plano do direito positivo. Derivam daí duas teses: uma de caráter teórico, outra de caráter metateórico, ambas essenciais para explicar o paradigma daquele juspositivismo constitucional

---

24 Esses riscos foram por mim apontados em: "Costituzionalismo principialista e costituzionalismo garantista", *Giurisprudenza Costituzionale*, p.2.771-816.

25 Faz parte, em outras palavras, do "direito positivo" como direito "posto" por quem é habilitado a produzi-lo, assim definido pelo próprio Bobbio: "Se for conveniente chamar de direito positivo o direito vigente em determinada sociedade, ou seja, aquele complexo de regras promulgadas segundo procedimentos estabelecidos, que são habitualmente seguidas pelos cidadãos e aplicadas pelos juízes, então pode-se definir 'positivismo jurídico' como toda teoria do direito que parta do pressuposto de que o objeto da ciência jurídica é o direito positivo" ("Aspectos do positivismo jurídico", neste volume, p.133-4).

específico que se realizou com o constitucionalismo rígido das atuais democracias avançadas.

A primeira tese diz respeito à teoria da validade. Na presença de constituições rígidas, não é mais sustentável a tese kelseniana, retomada por Bobbio, da equivalência entre validade e existência das normas jurídicas.[26] A validade das leis, em particular, não depende mais, como no antigo Estado legislativo de direito, apenas das formas dos atos legislativos, previstas pelas normas sobre a sua formação, mas depende também da substância das normas de lei produzidas; não depende mais da simples conformidade dos primeiros, mas também da coerência ou compatibilidade das segundas com as normas constitucionais superordenadas a elas; em suma, não depende mais apenas do "quem" e do "como", mas também do "quê" das decisões normativas. De modo que pode muito bem haver normas inválidas, que existem por força das suas formas, mas mostram-se ilegítimas por causa dos seus conteúdos.[27] Daí se segue uma conotação

---

26 "O problema da validade é o problema da existência da regra como tal, independentemente do julgamento de valor se ela é justa ou não. Enquanto o problema da justiça é resolvido com um juízo de valor, o da validade é solucionado com um juízo de fato. Ou seja, trata-se de constatar se uma regra jurídica existe ou não, ou melhor, se tal regra assim determinada constitui uma regra jurídica" (N. Bobbio, Teoria della norma giuridica [1958]. In: *Teoria generale del diritto*, p.24). É a tese constantemente sustentada por Kelsen, que ainda teorizou a estrutura em graus do ordenamento e o controle de constitucionalidade das leis como uma espécie de postulado lógico por força do qual a própria ideia de uma norma inválida equivaleria a uma "contradição nos termos" que comprometeria "a unidade do sistema" jurídico: "Se, porém, existisse algo semelhante a um direito antijurídico, seria anulada a unidade do sistema de normas, o qual encontra expressão no conceito de ordenamento jurídico. Mas uma 'norma contrária à norma' é uma contradição nos termos" (*La dottrina pura*, § 35, 1, p.298).

27 É verdade que Bobbio, em ensaio de 1955, *Sul ragionamento dei giuristi* (reeditado em: P. Comanducci; R. Guastini (Orgs.), *L'analisi del ragionamento giuridico. Materiali ad uso degli studenti*, v.II, §5, p.167-9), distinguiu "validade formal", predicável de uma norma "somente se posta por uma norma válida superior", de "validade material", predicável de uma norma "somente se a

substancial da validade, em acréscimo à tradicional conotação formal, que retroage sobre a natureza da democracia, a qual, do mesmo modo, não se caracteriza mais apenas pela dimensão formal ou política garantida pelas regras do jogo que definem a democracia representativa,[28] mas comporta também a dimensão substancial ou constitucional assegurada pelos limites e vínculos de substância constitucionalmente impostos aos órgãos de representação pelos direitos de liberdade, que nenhuma maioria pode validamente violar, e pelos direitos sociais, que a qualquer maioria cabe satisfazer.

A segunda tese, de caráter metateórico, diz respeito à insustentabilidade do princípio da total ausência de intenção valorativa na abordagem científica do estudo do direito. Esse princípio, firmemente defendido por Bobbio como valor deontológico, além de metodológico, e como "primeira acepção de positivismo jurídico",[29] é, de fato, sustentável, do mesmo modo que a tese da

---

prescrição aí contida é logicamente coerente com as outras normas válidas do ordenamento". Todavia, nesse ensaio, Bobbio não fala de "invalidade material" (ou "substancial"), muito menos de invalidade constitucional das leis. A Constituição, inclusive, nem é nomeada.

28 "Todas essas regras estabelecem como se deve chegar à decisão política, não o que se deve decidir" (Democrazia. In: *Dizionario di Politica*. Dirigido por Norberto Bobbio e Nicola Matteucci, IX, p.304). Trata-se da bem conhecida concepção puramente formal e procedimental da democracia, não por acaso correlata à concepção puramente formal e procedimental da validade das normas, sustentada por Bobbio, também nisso de acordo com Kelsen e com a maior parte dos atuais teóricos da democracia.

29 "Nessa primeira acepção de positivismo jurídico", escreve Bobbio, "positivista é aquele que assume diante do direito uma atitude isenta de valoração, ou objetiva, ou eticamente neutra, ou seja, que assume como critério para distinguir uma regra jurídica de uma não jurídica sua derivação de fatos verificáveis, como ter sido promulgada por determinados órgãos seguindo certos procedimentos, ou ter sido efetivamente seguida em certo período de tempo por certo grupo de pessoas, e não sua correspondência ou não a determinado sistema de valores" ("Aspectos do positivismo jurídico", neste volume, p.133). É útil lembrar que, no mesmo ensaio de 1955, citado na nota 27, o juízo de validade, embora material, não é entendido por Bobbio

equivalência entre validade e existência da qual ele é um corolário, apenas se referido ao Estado legislativo de direito, no qual a lei formalmente existente é a fonte suprema e onipotente do ordenamento, devendo a ciência jurídica e a jurisdição apenas averiguar o seu sentido. Mas ele tornou-se impraticável após a mudança de paradigma do direito, estranhamente negligenciada por Bobbio, que aconteceu com as constituições rígidas do segundo pós-guerra, as quais positivaram, através da estipulação dos direitos fundamentais, o "dever ser" jurídico do próprio direito. Esse "dever ser" constitucional do direito é de fato positivamente normativo e pode muito bem ser violado ou não realizado pelas fontes a ele subordinadas, dando lugar, assim, a um direito ilegítimo, ainda que formalmente existente. De modo que cabe à ciência jurídica a tarefa não mais apenas de averiguar o sentido das normas existentes e formalmente válidas, mas também de avaliar a sua invalidade substancial e de criticar a sua ilegitimidade constitucional, para promover a sua superação pela via legislativa ou jurisdicional.[30]

As duas teses – a tese teórica da distinção entre existência e validade das normas jurídicas e a tese metateórica do papel crítico da ciência jurídica em relação ao direito ilegítimo – estão claramente ligadas (não menos do que as teses opostas), seguindo-se

---

como juízo crítico ou valorativo, mas é antes oposto aos juízos de valor em termos de justiça. Com ele, afirma Bobbio, "o jurista atua prevalentemente como lógico, resolvendo-se a sua demonstração em estabelecer certas premissas das quais devem necessariamente derivar certas conclusões" (*Sul ragionamento dei giuristi*, p.168). A tese da ausência de intenção valorativa não fica de modo algum prejudicada, tanto que, em seu comentário, Riccardo Guastini (Norberto Bobbio sul ragionamento dei giuristi. In: P. Comanducci; R. Guastini (Orgs.), *L'analisi del ragionamento giuridico*, p.181) afirma que exatamente esse ensaio de Bobbio "se inscreve dentro de uma concepção formalista da ciência jurídica" e exprime uma representação do "discurso dos juristas como discurso descritivo".

30 Sobre a mudança de paradigma do direito e da democracia que ocorreu na Europa com as constituições rígidas do segundo pós-guerra, remeto à obra de minha autoria *Principia iuris: teoria del diritto e della democrazia*.

ambas ao afastamento deôntico, inevitavelmente produzido pelo paradigma constitucional, entre o "dever ser" e o "ser" do direito dentro do próprio direito positivo. O que significa, com efeito, dizer que os princípios constitucionais e os direitos fundamentais neles estabelecidos situam-se em níveis superiores, e por isso normativos, em relação à legislação ordinária? Significa que eles impõem ao legislador proibições de lesão e obrigações de satisfação, cuja virtual inobservância manifesta-se em antinomias e lacunas estruturais, ou seja, na produção ilegítima de normas inválidas ou na omissão indevida de normas de atuação. O antigo dilema e conflito entre direito natural e direito positivo, entre justiça e validade, entre razão e vontade foi redimensionado com a positivação daquela "lei da razão" específica, historicamente determinada e contingente, que se afirmou com o pacto constitucional enquanto conjunto de limites e vínculos à "lei da vontade", que, na democracia, é a lei do número, expressa pelo sufrágio universal e pelo princípio de maioria. A ciência jurídica acaba investida, em relação ao direito positivo, de um papel não mais puramente descritivo, mas também crítico e projetual, ao qual não pode subtrair-se, porque ditado pela própria estrutura do seu objeto de pesquisa. Antinomias e lacunas estruturais são, de fato, vícios jurídicos que impõem uma crítica jurídica de dentro do próprio direito, e não simplesmente a crítica política externa a ele.

É essa crítica política que fica vedada à ciência jurídica positiva, sendo de competência da filosofia moral, da filosofia política e, sobretudo, da moral e da política, que guiam os juízos e os comportamentos de cada um de nós. Excluída como impossível a objetividade jurídica ou interna na abordagem científica do estudo do direito, continua precioso o ensinamento bobbiano sobre o valor da neutralidade política ou externa como constitutiva do caráter científico das disciplinas jurídicas positivas. Nesse aspecto, o princípio da neutralidade externa está ligado, por outro lado, ao princípio juspositivista da separação entre direito e moral, ou entre validade e justiça, do qual não é outra coisa senão a versão metodológica. E colabora com este, junto ao princípio da normatividade interna e positiva dos princípios constitucionais em relação a toda produção jurídica, para fornecer uma redefinição adequada do hodierno juspositivismo constitucional.

Luigi Ferrajoli

Introdução

Neste volume reuni alguns ensaios de caráter geral e introdutório, escritos nos últimos dez anos, organizados em três partes. Foi seguida, dentro de cada uma delas, uma ordem lógica que não corresponde necessariamente à ordem cronológica. A primeira parte diz respeito ao problema da natureza, da função e da situação atual dos estudos de filosofia do direito; a segunda é dedicada sobretudo a uma análise do positivismo jurídico; a terceira compreende uma crítica e uma tentativa de interpretação do jusnaturalismo. Como se vê, trata-se de exercícios sobre temas tradicionalíssimos, os quais constituem temas de fundo de que não se pode fugir e através dos quais cada um é obrigado a revelar as suas posições, a pôr em discussão as suas preferências.

Cada uma das três partes é dominada por uma ideia central. A primeira insinua que a filosofia do direito, como doutrina unitária, teve o seu tempo, mas agora chegou a hora de desarticulá-la em muitas disciplinas particulares que exigem uma competência específica. A segunda está centrada na tese de que tanto a crítica quanto a defesa do positivismo jurídico estão viciadas, pela falta de distinção entre método positivista, teoria do direito positivo e ética legalista. A terceira busca demonstrar que o jusnaturalismo não é determinada moral, mas determinada teoria da moral, e que, além do mais, como teoria da moral, é infundado. Com essas afirmações, acompanhadas de análises críticas e históricas, procurei antes de tudo traçar um itinerário, depois desimpedir o caminho para, enfim, fechar um acesso errado. Costumo dizer que estes ensaios são introdutórios, pois, de fato, abrir o caminho ainda não quer dizer percorrê-lo, mas ele representa a indicação de uma direção e, talvez, de um método.

Quando dei os primeiros passos no campo dos estudos, fazia poucos anos que havia sido superada a grande crise da filosofia do direito, a qual tinha oferecido o pretexto para infinitas interpretações e deplorações por cerca de trinta anos: com a sua superação, a filosofia do direito voltou ao seio da filosofia geral, que se tornou de novo soberana, senhora das ciências e da história. Surgiram tantas correntes de filosofia do direito quantas eram as escolas de filosofia geral, ou melhor, qualquer um que empreendesse pesquisas no campo tradicionalmente cultivado pela filosofia do direito deveria pertencer, querendo ou não, a uma corporação filosófica. Deveria ter, não importava se tomado emprestado no último momento, o sistema. Se não fosse idealista neo-hegeliano, deveria ser ou neokantiano ou neotomista. Não se podia admitir que alguém se apresentasse em público sem um crachá de reconhecimento.

Hoje, se não me engano, as coisas mudaram. O que conta nos melhores trabalhos da última década é o vinho que se produziu, não o rótulo colocado na garrafa. Não se pergunta a ninguém se é um idealista ou existencialista: o resultado da pesquisa conta mais do que o partido abraçado; a coragem demonstrada na batalha vale mais do que a bandeira. Pessoalmente, creio que essa mudança representa um progresso, e sempre fiz o possível para favorecê-la. A maioria das páginas que se seguem pretendem ser em parte uma prova dessa mudança, em parte, se não presumo demais, uma solicitação.

Isso serve para explicar por que, na grande controvérsia entre positivismo jurídico e jusnaturalismo, à qual é dedicada grande parte destes ensaios, eu tenha sido naturalmente levado a agir mais como árbitro ou, mais modestamente, como juiz instrutor, do que como defensor ou acusador. Duas entre as melhores obras de filosofia do direito surgidas na Itália nos últimos anos – *Giusnaturalismo ed etica moderna,* de Pietro Piovani (1961), e *La legge della ragione,* de Guido Fassò (1964) – são, respectivamente, uma condenação incisiva e uma reavaliação apaixonada do jusnaturalismo. Para Piovani, deve-se rejeitá-lo, porque encontra-se em antítese com a ética moderna, entendida como ética da consciência. Para Fassò, deve-se aceitá-lo, porque, enquanto ética da razão, em antítese à ética voluntarista, é a única ética moderna possível, fautora e inspiradora do Estado democrático liberal. Surge a suspeita de que um contraste tão drástico, dado que não pode ser fruto de um equívoco, seja devido à diversidade dos planos sobre os quais se pode colocar o problema. Observando bem, de fato, o plano sobre o qual Piovani se colocou, percebe-se que é o da antítese "ética legalista/ética da consciência", na qual, naturalmente, o termo positivo é o segundo; o plano no qual Fassò se colocou é o da antítese "ética racionalista/ética voluntarista", na qual, naturalmente o termo positivo é o primeiro. As duas antíteses não coincidem. E não coincidem, como é fácil de ver, porque o termo "jusnaturalismo" figura nelas em duas acepções completamente diferentes. Como muitas vezes constatei que a oposição entre jusnaturalistas e positivistas é uma oposição entre pessoas que falam línguas diferentes, pensei que tivesse chegado o momento de dar um passo atrás e examinar a natureza da oposição, antes de tomar parte nela. É uma oposição que apresenta, do meu ponto de vista, pelo menos três faces: ora é pura e simplesmente um revezamento natural histórico de escolas; ora é uma antítese entre duas concepções opostas e inconciliáveis do direito; ora é uma divisão íntima entre a nossa educação científica e as nossas exigências morais. Dado que vivi a fundo, nestes últimos trinta anos, a oposição em todos os seus aspectos, considero-me em condições de dizer algo a respeito para prevenir tomadas de posição apressadas.

Quando iniciamos os estudos de direito, em torno dos anos 1930, a teoria do positivismo jurídico era dominante. Estávamos acostumados a pensar que, afora alguns cânones transmitidos pelas escolas positivistas, não havia escapatória para um jurista que quisesse exercer seriamente o seu ofício: o direito natural era considerado como o resíduo de posições não científicas e devia ser desalojado de onde quer que aparecesse. Contudo, no final da guerra, as posições se inverteram: vimos muitos juristas, depois de terem feito o seu exame de consciência, pronunciar uma completa e apressada palinódia, lançar-se nos braços do ressuscitado direito natural, deixar cair o positivismo, sem remorsos, entre as antigalhas em que, ainda alguns anos antes, jazia em completo abandono o direito natural. Assim, nos encontramos divididos entre a fidelidade às nossas origens e a inevitável sedução daquilo que se apresenta com o aspecto do inesperado e do novo.

Mais grave ainda é que os anos da nossa formação foram também, na Itália, os anos em que um antigo regime liberal pouco a pouco foi sendo substituído por uma ditadura, mais com um trabalho de lenta erosão das estruturas do que de violenta transformação revolucionária das instituições. Naquela situação, a concepção positivista do respeito ilimitado à legalidade assumira um valor progressivo e liberal de resistência à ingerência do Poder Executivo e do partido dominante, de defesa da liberdade individual contra o arbítrio dos poderes públicos. Mas quando a ditadura se impôs e a máquina do Estado totalitário começou a funcionar regularmente, dando curso à "nova legalidade", a concepção positivista do respeito às leis serviu muito bem para o uso contrário, ou seja, para inculcar a obediência à autoridade, para apagar qualquer desejo de resistência, para justificar todo delito, desde que fosse cumprido em nome de uma ordem recebida de um poder pelo menos formalmente legítimo. Encontramo-nos, assim, ainda que à nossa custa, na melhor condição para nos darmos conta da extrema instabilidade das ideologias jurídicas, cujo valor progressista ou reacionário depende das circunstâncias históricas em que são sustentadas e dos partidos que a elas se ligam. Kelsen observou repetidamente que, ao lado do jusnaturalismo progressista – do qual, em geral, apenas há lembrança –, existe também um jusnaturalismo conservador. Do mesmo modo, pode-se dizer que, ao lado do positivismo reacionário, contra o qual fermenta há anos a batalha, existiu também um positivismo liberal.

Não só como contraste entre gerações ou entre concepções do direito, a oposição entre jusnaturalismo e positivismo jurídico ocorre, enfim, dentro de cada um de nós, entre a nossa vocação científica e a nossa consciência moral, entre a nossa profissão de cientistas e a nossa missão de homens. Há pelo menos um significado de "positivismo jurídico" pelo qual parece que, apenas aceitando o método de pesquisa empregado e recomendado pelos positivistas, é possível aproximar-se daquele ideal do rigor, sem o qual não há ciência no sentido tradicional da palavra, mas apenas opinião. E há também pelo menos um sentido de jusnaturalismo pelo qual parece que só o apelo a valores últimos, que transcendem as leis positivas, postas ou justificadas por qualquer um, salva, em última e desesperada instância, a liberdade da consciência junto com a austeridade e a integridade da nossa vida moral. Somos continuamente tentados a defender algumas exigências do positivismo, enquanto cientistas, com o mesmo empenho e com a mesma coerência (não obstante a aparência do contrário) com que defendemos as razões últimas do jusnaturalismo enquanto homens livres. Existe, portanto, um limite entre positivismo e jusnaturalismo que divide pela metade a nossa própria pessoa e pelo qual nos acontece sermos positivistas ou jusnaturalistas, não segundo os tempos ou as ocasiões, mas segundo a parte da sociedade que representamos.

Dedico este livro a Alessandro Passerin d'Entrèves e a Renato Treves, com os quais há mais de trinta anos alimento um colóquio amigável e fecundo.

Norberto Bobbio
Turim, março de 1965

Os ensaios reunidos neste volume foram retirados dos seguintes artigos:

Trends in Italian Legal Theory, *The American Journal of Comparative Law*, VIII, 1959, p.329-40.
Nature et fonction de la philosophie du droit, *Archives de Philosophie du Droit*, VII, 1962, p.1-11.
La filosofia del diritto in Italia, *Jus*, VIII, 1957, p.183-98.
Sul formalismo giuridico, *Rivista Italiana di Diritto e Procedura Penale*, N.S.I., 1958, p.977-98.
Sul positivismo giuridico, *Rivista di Filosofia*, LII, 1961, p.14-34.
Giusnaturalismo e positivismo giuridico, *Rivista di Diritto Civile*, VIII, 1962, p.503-15.
Ancora sul positivismo giuridico, *Rivista di Filosofia*, LIII, 1962, p.335-45.
Alcuni argomenti contro il diritto naturale, *Rivista di Diritto Civile*, IV, 1958, p. 253-63.
Sulla rinascita del giusnaturalismo, *Rivista di Filosofia*, LIV, 1963, p.403-18.
Über den Begriff der Natur der Sache, *Archiv für Rechts- und Sozialphilosophie*, XLIV, 1958, p.305-21.
Ancora sul diritto naturale, *Rivista di Filosofia*, XLVII, 1956, p.72-82.
La natura delle cose nella dottrina italiana, *Rivista Internazionale di Filosofia del Diritto*, XLI, 1964, p.489-503.

Parte I

Direito e filosofia

Preâmbulo

Que juristas e filósofos do direito estejam dispostos hoje a se encontrar, a discutir, a colaborar em empreendimentos comuns de análise e de pesquisa constitui em parte uma constatação, e em parte talvez apenas uma aspiração. A constatação emerge de maneira bastante clara do primeiro ensaio, que expõe o estado das discussões em torno dos princípios e do método nos primeiros quinze anos depois da guerra, e poderia ser intitulado "Os juristas à prova". A aspiração, por sua vez, é o efeito da perspectiva filosófica exposta sobretudo no segundo ensaio, no qual é refutada a concepção da filosofia do direito como filosofia aplicada, ou dos falsos rótulos, e é defendida a filosofia do direito feita pelos juristas contra aquela feita pelos filósofos. Tanto a constatação quanto a aspiração servem para entender melhor a desarticulação da filosofia do direito em disciplinas particulares proposta no terceiro ensaio. Acabada a coabitação forçada que havia dado à filosofia do direito tradicional, ainda quando tinha outro nome, o caráter de uma enciclopédia jurídica, acaba também a utilidade fictícia obtida pela filosofia especulativa através da mutilação de partes vivas ou da sublime obscuridade em que todo conceito perde os seus contornos.

Um modo de entrar no cerne da disputa é procurar ver com clareza, com instrumentos de pesquisa mais delicados e sensíveis, a antítese que sempre se impôs, no palco da história do pensamento jurídico, entre positivismo jurídico e jusnaturalismo. A segunda parte é dedicada a uma interpretação crítica do positivismo jurídico, seguida de um apêndice. Na terceira parte é feita uma crítica interpretativa do jusnaturalismo, seguida de dois apêndices.

I
Situação e orientações

1. Novos problemas

Nos primeiros anos depois da guerra, a literatura jurídica italiana encheu-se de exames de consciência. Era como se a ditadura com os seus crimes, a guerra com as suas ruínas, a libertação com os seus problemas tivessem interrompido cruelmente o sossego que durava havia cinquenta anos. Cito um dos nossos maiores juristas, Arturo Carlo Jemolo, no artigo intitulado "Confessioni di un giurista" [Confissões de um jurista], de 1947: "Juristas e não juristas, sobretudo nas regiões da Itália que sofreram a ocupação alemã, nos demos conta de que a vida moral não pode ser reduzida a fórmulas, pareçam elas as mais seguras, as mais onicompreensivas."[1] Ele fazia eco a Piero Calamandrei, que, ao inaugurar em Florença, em 1950, o Congresso Internacional de Direito Processual Civil, censurava aquela espécie de "arrogância científica" que leva os cultores do direito "a crer que

---
1 *Pagine sparse di diritto e storiografia*, p.118.

as nossas construções lógicas, os nossos sistemas são mais verdadeiros, mais reais, se poderia dizer, do que a realidade prática que existe nas salas judiciárias".[2]

A crise do direito tornou-se tema dominante e obrigatório. Surgiu uma verdadeira literatura da crise. Não havia qualquer discurso em torno do direito que não começasse, ritualmente, pela crise e pela angústia diante dela.[3] Tanto que alguém falou, embora em parte por ter ouvido dizer, até mesmo em existencialismo jurídico,[4] e encontrou algum eco.[5] Quem levantou a voz mais dramática e intensa a esse estado de espírito de perturbação, quase de confusão, diante da enormidade dos acontecimentos, foi Giuseppe Capograssi, filósofo do direito e moralista, falecido faz alguns anos, cujas páginas apaixonadas, atormentadas, de uma lucidez quase exasperada, tiveram entre os juristas uma ressonância que nenhum filósofo alcançara até então. Em ensaios como *Il diritto dopo la catastrofe* [*O direito depois da catástrofe*] (1950), *Incertezze sull'individuo* [*Incertezas sobre o indivíduo*] (1953), *L'ambiguità del diritto contemporaneo* [*A ambiguidade do direito contemporâneo*] (1953), *Su alcuni bisogni dell'individuo contemporaneo* [*Sobre algumas necessidades do indivíduo contemporâneo*] (1955), ele expôs as linhas de uma fenomenologia do Estado totalitário e de seus efeitos, analisou o estado de indigência do indivíduo depois das grandes reviravoltas políticas e morais, e procurou fazer emergir da desordem algumas perspectivas para o futuro.

---

2 *Studi sul processo civile*, VI, p.10.
3 Cf. as conferências reunidas no volume G. Balladore Pallieri et al., *La crisi del Diritto*. Para uma discussão ampla do problema, ver: G. Tarello, *Sul problema della crise del diritto*, 1957.
4 F. Carnelutti, "Esistenzialismo giuridico", *Foro Italiano*, LXXII, 1949, IV, p.1-4.
5 B. Biondi, Esistenzialismo giuridico e giurisprudenza romana. In: *Scritti giuridici in onore di F. Carnelutti*, p.99-116.

Que o direito estava em crise, isso era unanimidade. Mas os pareceres discordavam com relação às causas, ao significado, aos remédios para superar a crise. Ora se tratava da crise do estado de direito, ora do princípio de legalidade e da certeza, ora da ciência jurídica, ora do sentimento de justiça. Alguns ressaltavam um aspecto, e outros, um diferente. Mesmo na diversidade das recordações, das lamentações e dos diagnósticos era possível discernir um estado de espírito comum. Ainda mais, talvez, o compartilhamento da convicção de que os juristas tinham sua parte de responsabilidade na crise e que essa responsabilidade derivava da resignada adoração da lei positiva, da exasperação do tecnicismo, que impedira a visão dos fundamentos e da finalidade última do direito, da excessiva confiança na construção e no sistema. Ao procurar uma expressão sintética para essa situação, seria possível falar de "revolta contra o formalismo". E nessa revolta confluíam várias atitudes polêmicas, de proveniências diversas, mas movidas por um propósito de revisão semelhante diante das teorias jurídicas até então dominantes. Quatro dessas atitudes me parecem fundamentais, a merecer um exame mais particularizado, ao qual serão dedicados os itens indicados entre parênteses: 1) uma crítica do positivismo jurídico, em defesa do direito natural ("Volta do direito natural"); 2) uma crítica do estatalismo, em favor de uma retomada e de um alargamento da teoria institucional do direito ("Pluralismo jurídico"); 3) uma crítica do legalismo, que deveria ter aberto o caminho para uma revisão do problema das fontes do direito ("Crítica das fontes"); 4) uma crítica do conceptualismo jurídico, em nome de formas menos rígidas de interpretação e de uma jurisprudência mais aberta ao estudo empírico do direito ("A disputa sobre os métodos").

Tratava-se, como se pode ver, de alguns dos problemas clássicos da filosofia do direito: o problema da justificação ética do direito; o problema da relação entre direito e Estado; o problema das fontes do direito; e, enfim, o problema da ciência jurídica, da sua função e de seus métodos. Nas discussões sobre esses problemas, foi dado destaque àquilo que, da concepção até então dominante, tornara-se irreparavelmente gasto, e ao antigo formalismo foi oposta, em cada um dos campos em discussão, uma orientação mais aberta ao estudo dos pressupostos éticos e dos fins sociais do direito. Os exames de consciência terminaram, na maioria das vezes, em atos de contrição, em retratações, em firmes propósitos de renovação radical.

2. Volta do direito natural

Como primeiro remédio para a proclamada crise do direito, foi invocada, sobretudo por parte dos juristas católicos, a volta do direito natural. O positivismo jurídico foi acusado de não ter reconhecido outro direito senão aquele imposto pelo Estado e, portanto, de não conhecer outro critério para distinguir o direito válido do inválido a não ser pelo meramente formal do pertencimento a um sistema dinâmico (no sentido kelseniano). As leis restritivas da liberdade, as leis raciais, em geral, as leis fascistas que haviam violado princípios fundamentais sobre os quais se erigira o Estado liberal tinham de novo proposto a antiga questão: "O cidadão deve obedecer a leis injustas?". Na concepção positivista do direito, uma pergunta semelhante nem podia ser feita, porque o critério formal permitia distinguir as leis válidas das não válidas, mas não as leis justas das injustas. A distinção entre lei justa e lei injusta exigia um critério material de distinção que a resolução do direito como lei formalmente válida não estava em condições de fornecer; ou seja, era necessário um critério de avaliação com base no qual as leis fossem julgadas também com respeito a seu conteúdo. Esse critério podia ser oferecido apenas por um direito cujas regras fossem válidas não por causa da autoridade que as tinha imposto, mas por corresponderem a alguns valores supremos, aceitos como dignos de serem perseguidos, e esse direito era, segundo a tradição, o direito natural.

O problema não era meramente teórico: reconhecida a existência do direito natural, seguia-se que, para uma lei positivista ser obrigatória, não bastava que fosse válida formalmente, mas era necessário que fosse também materialmente válida. Em outras palavras, não bastava que fosse imposta de maneira legítima, era preciso que também correspondesse ao direito natural, isto é, que fosse justa. Portanto, dado que só uma lei válida era obrigatória, e só uma lei obrigatória devia ser obedecida, a lei injusta, embora formalmente válida, não era obrigatória e não devia ser obedecida. Bem por isso, era preciso que o direito natural fosse reconhecido como um direito válido, ou seja, não como um conjunto de princípios ideais dos quais o direito positivo tirava inspiração segundo os tempos e as circunstâncias, mas como um conjunto de regras obrigatórias para todos os homens e, portanto, também para os legisladores, equivalente a um direito no mesmo sentido do direito positivo.

Depois de um congresso realizado em junho de 1949 e de uma discussão na revista dos juristas católicos *Justitia*, surgiu a fórmula do "direito natural vigente". Essa fórmula representava uma tomada de posição, por um lado, contra os juristas que não reconheciam outro direito vigente senão o direito positivo e, por outro lado, contra as escolas idealistas, dominantes na Itália nas primeiras décadas do século XX, que ou tinham negado o direito natural (idealismo neo-hegeliano), ou o tinham considerado uma mera ideia pura da razão (idealismo neokantiano).[6] Sendo "vigente", o direito natural era direito do mesmo modo que o direito positivo e, portanto, obrigatório; sendo "natural", era hierarquicamente superior ao direito positivo, motivo pelo qual, para uma lei ser válida, devia também ser justa. Portanto, à questão "O cidadão deve obedecer a leis injustas?", devia-se dar uma resposta negativa.

---

6 As atas do Congresso e outros escritos sobre o tema estão reunidos no volume: Unione Giuristi Cattolici Italiani, *Diritto naturale vigente*.

A exposição mais acabada daquela doutrina radical foi feita pelo padre jesuíta Salvatore Lener, o qual propôs a seguinte alternativa: ou se renuncia a distinguir o direito da violência, ou é preciso considerar necessária aos próprios ordenamentos positivos a imanência de uma ordem de justiça cuja validade transcende a do direito positivo. O direito natural cumpria a função de integrar o direito positivo, e, onde essa função era reconhecida, a obediência ao direito positivo tinha limites.[7] À definição formal do direito, própria dos juristas positivistas, os novos jusnaturalistas contrapuseram uma definição material, como se segue:

> O direito é o complexo das normas que regulam, em conformidade com a ordem natural, as relações da vida social, com a finalidade de garantir, através de uma ordenada convivência e colaboração social, a consecução do bem comum.[8]

Houve também quem, ao considerar a ordem natural como racional, afirmasse que uma lei contrária à razão não era válida, não sendo preciso, para declarar sua invalidade, que fosse ab-rogada.[9] Até esse limite extremo nem tinha ido o pontífice, que, em um discurso agora largamente conhecido e discutido, em junho de 1949, ao enumerar algumas "normas fundamentais" da conduta do magistrado, afirmara que "o juiz não pode em nenhum caso expressamente reconhecer e aprovar a lei injusta", mas acrescentou logo depois que a não aprovação da lei injusta não implicava sempre e em cada caso o dever de não aplicá-la.

---

[7] S. Lener, La certezza del diritto, il diritto naturale e il magistero della Chiesa. In: *Scritti giuridici in onore di F. Carnelutti*, I, p.345-88.
[8] E. Garbagnati, "Il giudice di fronte alla legge ingiusta", *Jus*, N.S., II, p.437.
[9] D. Barbero, "Rivalutazione del diritto naturale", *Jus*, N.S., III, p.491-508.

3. Pluralismo jurídico

Se uma das consequências do positivismo jurídico era a redução do direito a direito estatal ou, como foi dito, à concepção monista do direito, é verdade que o Estado totalitário apareceu como a exasperação do positivismo. Não faltaram, tanto na Itália como na Alemanha, aqueles que atribuíram às doutrinas jurídicas positivistas, que haviam conferido ao Estado o monopólio da produção jurídica, uma grande responsabilidade pelo totalitarismo, ou pelo menos pelo escasso espírito de resistência entre os homens de lei aos excessos da ditadura e das várias tentativas de justificá-la. Alguns consideraram o Estado totalitário até mesmo como a consequência natural do positivismo jurídico, o qual, não reconhecendo outro ordenamento senão o do Estado, tinha contribuído para o processo de formação do Estado moderno, desenvolvido através da progressiva supressão da autoridade das instituições inferiores.

Por esse aspecto da crise do direito, os movimentos de reação ao positivismo voltaram-se para a teoria institucional, ou da pluralidade dos ordenamentos jurídicos, que retomou seu lugar de honra. De modo diferente ao da doutrina do direito natural, veneranda pela idade, mas pouco agradável aos juristas, a teoria institucional do direito tivera longo eco na Itália, antes do fascismo, por mérito de Santi Romano, e não lhe tinham faltado reconhecimentos e aplicações também enquanto perdurou esse regime político.[10] Uma das discussões que mais atraiu e ainda atrai os filósofos do direito e os juristas na Itália – para quem quiser traçar um panorama da teoria italiana do direito nas últimas décadas, seria um ponto de partida quase obrigatório – é se o direito constitui norma ou instituição, se é lícito falar de

---

10 Uma das primeiras e mais interessantes aplicações da teoria institucional ao estudo dos problemas jurídicos concretos foi a de: W. Cesarini Sforza, "Il diritto dei privati", *Rivista Italiana per le Scienze Giuridiche*, N.S., IV, p.43-124.

ordenamentos jurídicos em referência a grupos organizados diferentes do Estado. Embora a ciência oficial tenha ficado presa ao dogma da estatalidade do direito, a teoria do pluralismo jurídico nunca foi abandonada. A crise do Estado reabriu-lhe as portas. Um jovem filósofo do direito, em um livro de 1953, *La storia come esperieza giuridica* [*A história como experiência jurídica*], fez da instituição, ampliada até englobar toda forma de organização social (também a relação jurídica é nessa obra uma instituição), a noção-chave da experiência jurídica.

A história da humanidade, do ponto de vista da teoria da instituição, mostra-se mais móvel e articulada do que do ponto de vista da teoria estatalista, que considera protagonistas dos acontecimentos históricos apenas os estados (em particular, os grandes estados). Quem quisesse ter uma ideia do prestígio exercido pela teoria da pluralidade dos ordenamentos jurídicos junto aos juristas deveria ler os estudos, em curso de publicação, do jurista Salvatore Romano, o qual considera a esfera em que atua a vontade normativa dos privados como um conjunto de instituições jurídicas diferentes do Estado e precedentes a ele, e resolve a relação entre vontade do Estado e vontade privada em uma relação entre ordenamentos.[11] Seria possível dizer que o abalo do mito do Estado libertou os juristas da reverência ao direito estatal e, assim, induziu-os a adotar uma noção de direito bem mais compreensiva, ampliando seu horizonte de pesquisa e permitindo uma frutuosa comparação entre os elementos comuns das mais diferentes instituições. Em escritos recentes, outro jurista, Enrico Allorio, que se declara a favor da pluralidade dos ordenamentos jurídicos, afirma abertamente acolher "a noção de direito [...] mais ampla concebível" e chama de norma jurídica todo juízo regulador de comportamentos

---

11 S. Romano, "Ordinamenti giuridici privati", *Rivista Trimestrale di Diritto Pubblico*, V, p.149-331; "Autonomia privata", ibid., VI, p.801-922.

humanos, no que "constitui direito objetivo todo sistema de juízos sobre tais comportamentos".¹²

Não é difícil ver, por trás dessa doutrina que se apresenta como científica e se limita a propor uma nova noção de direito, uma carga ideológica bem precisa: a revolta contra o estatalismo, a centralização dos poderes e a ampliação das funções do Estado. Quem ler, por exemplo, os primeiros e os últimos escritos de Capograssi, nos quais o pluralismo é um tema dominante, tomará consciência de que na base da doutrina da pluralidade dos ordenamentos jurídicos há uma sentença de condenação do Estado moderno, que cresceu em prejuízo das chamadas sociedades intermediárias. Basta lembrarmos que, em recente reavaliação dessas "sociedades intermerdiárias", por obra de um jurista da última geração, o valor ideológico do pluralismo foi expressamente afirmado:

> Diante da invasão do Estado totalitário, o pluralismo torna-se um ideal político: esperança de religar a ordem jurídica ao indivíduo, à sua liberdade e dignidade; exigência de criar, para defender a pessoa diante do Estado, toda uma série de barreiras humanas destinadas a filtrar necessidades, interesses, ideias das comunidades particulares.¹³

4. Crítica das fontes

O positivismo jurídico, além de oferecer uma resposta ao problema das relações entre direito e justiça e ao problema da definição do direito, como vimos nos dois tópicos precedentes, compreendia também, nas suas manifestações mais

---

12 E. Allorio, "La pluralitá degli ordinamenti giuridici e l'accertamento giudiziale", *Rivista di Diritto Civile*, I, p.272, 258.
13 P. Rescigno, "Le società intermedie", *Il Mulino*, VII, p.13.

consequentes, como a teoria pura de Kelsen, uma teoria formal das fontes do direito e uma avaliação de sua hierarquia. As fontes do direito, segundo a teoria normativa, são os fatos aos quais o ordenamento jurídico atribui como consequência a produção de normas jurídicas. Na terminologia que se tornou corrente entre os juristas italianos, são chamados de "fatos normativos". Quanto à hierarquia, sempre houve nas escolas positivistas, ligadas, como vimos, ao dogma estatalista, a tendência a considerar a lei como fonte principal do direito, em prejuízo do direito consuetudinário e do direito judiciário, de modo que se fala com razão, em relação ao positivismo jurídico, de teoria não apenas estatalista, mas também legalista do direito.

Contra o positivismo, no seu aspecto de teoria formal das fontes do direito, o ataque partiu sobretudo dos estudiosos do direito internacional. Roberto Ago, por exemplo, considera restrita demais a noção tradicional de direito positivo, de tal modo que não abrange todo o direito vigente, o qual compreenderia, além do direito introduzido pelas fontes normais, todo um complexo de normas jurídicas, importantes sobretudo no direito internacional, que constituem o chamado "direito espontâneo", derivado diretamente do comportamento efetivo dos sujeitos da comunidade internacional. A polêmica contra o positivismo jurídico é manifesta na obra desse autor: ele acha indispensável que

> a doutrina jurídica [...] faça hoje um esforço ulterior para livrar-se definitivamente de certos resíduos e heranças caducas do positivismo jurídico que a impedem de realizar e tornar firmes algumas conquistas que lhe são indispensáveis para os futuros desenvolvimentos da pesquisa científica.[14]

---

14 R. Ago, Diritto positivo e diritto internazionale. In: *Scritti di diritto internazionale in onore di T. Perassi*, I, p.3-65. Ver, do mesmo autor, também o escrito precedente: *Scienza giuridica e diritto internazionale*. Destaca-se como combativo e tenaz defensor da concepção realista no campo do direito internacional na Itália o autor R. Quadri, *Diritto internazionale pubblico*, p.21s, 63s.

Uma posição como essa é, sem dúvida, uma das expressões mais radicais da revolta contra o formalismo da qual se falou no início: a crítica da teoria positivista das fontes do direito está estreitamente ligada, no pensamento de Ago, a uma reforma da ciência jurídica, entendida não mais como ciência normativa, mas como ciência empírica e descritiva. Além disso, conduz a uma reavaliação do direito consuetudinário, o qual, composto de normas de formação espontânea, compreenderia as normas primárias fundamentais de todo ordenamento, inclusive do ordenamento estatal.

Inspirado nessas ideias, outro internacionalista pensou que devia romper os estreitos limites do positivismo jurídico, descobrindo um direito que "vigora no estado de fenômeno jurídico puro, imediatamente ligado à inteira realidade histórica e não constrangido por regras formalmente postas". Para atingir sua meta, ele denuncia as "deformações que o direito positivo tende a impor ao curso natural do fenômeno jurídico puro".[15] Prefere dar ao direito não formal o nome de "direito natural vigente", em vez de "direito espontâneo", mas o alvo polêmico não muda. Há de se notar que, também nesse caso, a crítica da teoria tradicional das fontes leva à reavaliação de outra das fontes reduzidas a secundárias pelo positivismo: o propósito principal desse autor, de fato, é reivindicar o poder "quase criativo" do juiz no levantamento e na integração do direito internacional não escrito.

No âmbito de uma revisão da doutrina tradicional das fontes também no direito interno, o problema dos poderes do juiz tornou-se objeto de estudo em uma direção que podemos chamar, embora de maneira um pouco genérica, de antilegalista. A reação manifesta-se na intolerância em relação à doutrina da supremacia

---

Ver a quarta edição, de 1963, p.26s, 81s. Ver, ainda, do mesmo autor: *Problemi di teoria generale del diritto*, p.56s.
15 G. Barile, *La rilevazione e l'integrazione del diritto internazionale non scritto e la libertà di apprezzamento del giudice*, p.19, 80.

da lei e na crítica da concepção do valor meramente declarativo da atividade do juiz, mesmo que se prejudique o ideal, em outros tempos indiscutível, da certeza. Na subordinação mais uma vez proposta do direito positivo ao direito natural, houve quem acreditasse que ao juiz seria possível atribuir o poder de não aplicar a lei injusta, ainda que com argumentos tirados do direito positivo,[16] ou por ocasião de proposta de reforma legislativa.[17] Contudo, sem chegar a essas posições extremas, alguns dos mais autorizados processualistas notaram a insuficiência da doutrina tradicional, que se recusava a ver o momento criativo da decisão judiciária e reduzia a atividade do juiz a mero exercício de lógica formal. Carnelutti, em 1951, escrevia:

> Poder-se-ia dizer que o processualismo determinou ou está determinando uma reavaliação do julgamento e do juiz, que o codicismo havia imprudentemente desvalorizado. Por efeito desses estudos, o centro de gravidade do mecanismo jurídico, que se deslocara do julgamento para a lei, pouco a pouco se reaproxima do julgamento.[18]

Calamandrei, em um de seus últimos escritos, recordou, à guisa de advertência, que, nas antigas representações, a Justiça, sentada no trono e cercada por suas filhas, tinha no seio a filha predileta, a Equidade.[19] Não por acaso, um dos temas mais discutidos nos últimos anos foi o dos "juízos de valor" na atividade de interpretação: através da insistência com que se ressalta, na atividade do juiz, o momento da valorização subjetiva ou da

---

16 E. Garbagnati, "Il giudice di fronte alla legge ingiusta", *Jus*, N.S., II, p.413s.
17 E. Favara, Il problema della legge ingiusta. In: *Scritti giuridici in onore di A. Scialoia*, IV, p.201-17.
18 F. Carnelutti, "Bilancio del positivismo giuridico", *Rivista Trimestrale di Diritto Pubblico*, I, p.293. Ver também, do mesmo autor: *Discorsi intorno al diritto*, II, p.254.
19 P. Calamandrei, La funzione della giurisprudenza nel tempo presente [1955]. In: *Studi sul proceso civile*, VI, p.97.

escolha que não se reduz ao antigo esquema do silogismo judiciário, é posta em crise, em definitivo, a antiga concepção segundo a qual o juiz, ao aplicar o direito, desempenha uma operação meramente lógica.[20]

5. A disputa sobre os métodos

Essa maior atenção posta no estudo do problema da decisão judicial, que foi comum aos maiores juristas italianos no pós-guerra, nos introduz no último capítulo à reação antiformalista, aquele relativo ao método da ciência jurídica. O *Methodenstreit* sempre esteve vivo na Itália, mas, enquanto nos anos 1920 a 1940 foi colocado em primeiro plano sobretudo o problema teórico da natureza e dos limites da ciência jurídica, agora trata-se do problema mais concreto dos métodos de interpretação e de seu alcance prático. A tendência geral vai em direção ao alargamento dos meios hermenêuticos, ao reconhecimento de uma maior liberdade do intérprete, em suma, também aqui, rumo à liberação dos preconceitos formalistas. Essa tendência chega, no limite, até a repudiar o método sistemático e à proposta de voltar à jurisprudência romana como *ars boni et aequi*.[21]

A maior obra italiana sobre a interpretação, a de Emilio Betti, abre amplo espaço à avaliação dos interesses e, como se sabe, seu autor demonstra ter aprendido a lição da jurisprudência dos interesses e de querer introduzi-la na doutrina italiana. Não falta também, na obra de Betti, a polêmica contra o formalismo das teorias tradicionais: "Considerar a fórmula de per si, em seu valor lógico abstrato, isolada do momento teleológico da norma, é um procedimento ilegítimo e claramente contrário ao cânone

---

20 Ver sobretudo: L. Caiani, *I giudizi di valore nell'interpretazion giuridica*; C. M. De Marini, *Il giudizio di equità nel processo civile*.
21 B. Biondi, "Scienza giuridica come arte del giusto", *Jus*, N.S., I, p.145-77.

hermenêutico da totalidade, que impõe reconhecer a norma como instrumento para um fim e enquadrar isso na órbita de todo o sistema".²² À atividade do intérprete é atribuído o caráter não de "uma operação de natureza aritmética", mas de uma "apreciação".

A batalha mais absorvente para a renovação dos métodos interpretativos foi aquela iniciada por Tullio Ascarelli, o qual, em vários escritos,²³ insiste em realçar o valor criativo da interpretação jurídica e procura levar os juristas a se conscientizarem da diferença entre o que eles creem que é o trabalho do intérprete e o que efetivamente o é. Sem dúvida, no pensamento de Ascarelli há a influência de concepções mais imparciais da interpretação, nascidas nos sistemas anglo-saxões. Mesmo que não se possa absolutamente falar de um verdadeiro enxerto de "realismo jurídico" no tronco já seco do positivismo tradicional (Ascarelli permanece positivista e normativista), a sua orientação poderia muito bem ser ilustrada mediante a distinção de Pound entre *law in books* e *law in action*: o problema central é fazer o olhar dos juristas do direito registrado nos códigos voltar para o direito que vive e se desenvolve em determinada sociedade, a despeito das regras escritas. Ascarelli observa, em vários momentos, que alguns institutos do código não encontram correspondência na realidade e, ao contrário, institutos cuja importância prática torna-se cada vez maior não são disciplinados pelas normas escritas, pois, infelizmente, os juristas se ocupam mais com os primeiros do que com os segundos. Uma correção da orientação

---

22 E. Betti, *Interpretazione della legge e degli atti giuridici*. Ver sobretudo p.181s. A passagem citada é da p.184.
23 Entre esses escritos, podemos citar: T. Ascarelli, Funzioni economiche e istituti giuridici nella tecnica dell'interpretazione [1946]. In: *Saggi giuridici*, p.83-107; Prefácio a *Studi di diritto comparato e in tema di interpretazione*, p.ix-liii; Dispute metodologiche e contrasti di valutazione [1953]. In: *Saggi di diritto commerciale*, p.467-79; Interpretazione del diritto e studio del diritto comparato [1954]. Ibid., p.481-519.

tradicional pode vir, segundo o autor, apenas do estudo da função econômica e social dos institutos jurídicos, que permite adaptar continuamente o direito à realidade mutável e fazer da obra do intérprete uma de criação jurídica. Embora as bases filosóficas de Ascarelli estejam no historicismo, que predominou na filosofia italiana por algumas décadas, seu modo de ver os problemas da interpretação pode ser inserido na orientação geral da jurisprudência sociológica e é certamente a expressão mais viva e coerente que surgiu até agora na Itália de tendências escassamente aclimatadas na ciência jurídica continental.[24]

Ascarelli observa com justeza que, por trás da diferença dos métodos, esconde-se uma diferença nos modos de conceber as relações do indivíduo com a sociedade, digamos, em uma palavra, nas ideologias. Essa tese foi acolhida recentemente também por Bagolini.[25] Estendida a todos os problemas fundamentais de teoria do direito, ela pode servir de comentário e de confirmação para o quadro até aqui delineado: a reação antiformalista, em seus vários aspectos, insere-se em um horizonte ideológico bastante preciso, é a expressão de uma sensibilidade modificada em relação ao Estado e à sua função, de outra concepção das relações entre a sociedade e o Estado.

6. Compasso de espera

Ao expor até aqui algumas tendências polêmicas, estou bem longe de querer levar a crer que a teoria do direito na Itália tenha entrado em conflito. Os juristas em geral são conservadores e suspeitam das novidades. Ademais, algumas reações eram

---

24 Sobre a substância e o desenvolvimento do pensamento de Ascarelli, ver o ensaio de minha autoria: "Tullio Ascarelli", *Belfagor*, XIX, p.411-24, 546-65.
25 L. Bagolini, "La scelta del metodo nella giurisprudenza", *Rivista Trimestrale di Direitto e Procedura Civile*, XI, p.1.054-67.

ditadas, de modo demasiadamente claro, pela grande desordem produzida pela guerra para sobreviver à volta de uma ordem normal. Por isso não faltaram, em relação a todos os problemas até aqui abordados, as resistências, as críticas abertas, a rejeição mais ou menos motivada.

Tenho a impressão, para começar do primeiro ponto, de que o renascimento do direito natural não teve muito sucesso. Já entre os participantes do congresso de 1949, houve quem professasse o princípio positivista segundo o qual uma coisa é a justiça, outra coisa é sua validade, e pelo qual, se o direito natural permite julgar como justa ou injusta uma lei, isso não impede que uma lei injusta seja válida e que o juiz deva aplicá-la. Entre as réplicas imediatas, recordarei a de Scarpelli, que considerava o método jurídico positivo condição essencial para o bom funcionamento do Estado liberal e democrático, no qual a condenação e a eliminação da lei injusta não são confiadas à resistência individual, mas a instituições disciplinadas pelo direito positivo; de resto, observava que o perigo do abandono do método positivo pelos participantes daquela discussão era muito menos grave do que poderia parecer lendo-se o título do livro.[26]

Recentemente, por ocasião da tradução italiana do livro *Natural Right and History*, de Leo Strauss, apareceram duas críticas severas de Fassò, nas quais a teoria do direito natural é dada como esgotada e são mostrados seus aspectos deteriorados:

> Sobretudo na Itália, o renascimento do direito natural tem significado quase exclusivamente político e, por um quarto de reação ao fascismo, por três quartos de medo do comunismo, insere-se no mais vasto quadro da reconquista católica.[27]

---

26 U. Scarpelli, "Diritto naturale vigente?", *Occidente*, IX, p.99-123.
27 Guido Fassò, "Diritto naturale e storicismo", *Il Mulino*, VII, p.240. O outro artigo é: Guido Fassò, "Oggettività e soggettività nel diritto naturale", *Rivista di Diritto Civile*, IV, p.264-72.

O apelo ao direito natural por parte dos juristas com frequência tem valor apenas propiciatório. É empregado solenemente nas cerimônias oficiais ou nos discursos de abertura dos congressos. Mas não parece que os juristas tenham se deixado levar pelas consequências às quais deveria conduzir a admissão de um direito natural superior ao direito positivo, ou seja, que uma norma, para ser válida, também deva ser justa. A distinção entre direito e moral ainda é dominante, e, se isso é indício de positivismo, é preciso concluir que os juristas continuam a ser positivistas. Certamente, encontrou menor resistência a teoria da pluralidade dos ordenamentos jurídicos, que tinha raízes profundas na doutrina italiana. Ela está se tornando hoje uma *communis opinio*. Objeções recentes, realizadas por um defensor de uma concepção finalista do direito, parecem ditadas por preocupações morais, e é de se acreditar que não terão muito sucesso.[28]

Eu seria levado a concluir, neste ponto, que o que está em crise não é o positivismo, se por ele entendemos a doutrina que não reconhece outro direito além do direito positivo, mas a expressão mais estreita dele, o estatalismo, e que essa crise não se expressa através da reafirmação do direito natural, mas da descoberta e da investigação de outros ordenamentos positivos diferentes daqueles do Estado. Também aquela forma mais atenuada de antipositivismo, que já não põe ao lado do direito positivo o direito natural, mas sim o direito espontâneo, já suscitou alguma reação,[29] em nome da unidade do sistema jurídico e da distinção entre o direito e o fato, ou seja, em nome de princípios fundamentais do positivismo jurídico, no sentido tradicional.

No que diz respeito aos outros dois aspectos, a reação contra o legalismo e o conceitualismo, uma transformação perceptível só poderia vir de uma mudança das instituições e da mentalidade

---

28 D. Barbero, "Polemiche sulla sanzione", *Rivista di Diritto Civile*, II, p.901-23.
29 A. P. Sereni, Dottrine italiane di diritto internazionale. In: *Scritti di diritto internazionale in onore di T. Perassi*, II, p.279-301.

do juiz e do jurista. Mas trata-se de mudanças, se acaso ocorressem, bastante lentas e, de qualquer modo, imprevisíveis, sendo arriscada qualquer conclusão nessa matéria. Pode-se dizer desde já que a polêmica contra o chamado conformismo legalista dos juristas corre o risco de ser mais ou menos como a exumação do direito natural: ineficaz, enquanto não for posta em discussão a separação dos poderes sobre a qual se funda a atitude legalista dos juristas. É fato que, não obstante se tenha avançado na proclamação do poder criativo do juiz, nenhum jurista na Itália ousou pronunciar-se a favor da *freie Rechtsfindung*. E também as doutrinas inovadoras mais moderadas, como a jurisprudência dos interesses, são acolhidas com muita cautela.[30]

A outra polêmica contra o que foi chamado, com igual desprezo, de "agnosticismo moral do conceitualismo"[31] corre o risco, ao contrário, de já estar extinta, porque a figura do árido formulador de conceitos, que estuda o direito com a mesma indiferença com a qual um geólogo examina um fóssil, nunca existiu ou, pelo menos, se existiu, está morta faz tempo. A opinião geral de juristas aparece expressa muito bem em um escrito de Petrocelli, o qual, ao defender a escola jurídica do direito penal (que se afirmou na Itália contra a escola sociológica), diz que o jurista não rejeita os valores que transcendem o direito, mas recusa de modo enérgico a confusão entre esses valores e os jurídicos, e sua tarefa é ater-se apenas a eles, para não adentrar o julgamento político, que diz respeito unicamente ao legislador.[32] Carnelutti, não obstante as concessões feitas nos últimos anos ao direito natural, conclui admitindo de maneira substancial "uma notável partida ativa no balanço do positivismo jurídico".[33]

---

30 G. Bettiol, "Il positivismo di F. Carnelutti", *Archivio Penale*, IV, p.287.
31 D. Rubino, La valutazione degli interessi nell'interpretazione della legge. In: *Scritti giuridici in onore di F. Carnelutti*, I, p.237-49.
32 B. Petrocelli, Tecnicismo e antitecnicismo nel diritto penale. In: *Scritti giuridici in onore di F. Carnelutti*, IV, p.339-69.
33 *Bilancio del positivismo giuridico*, p.299.

7. Perspectivas

Suprimi intencionalmente a maior parte de minhas citações de escritos de juristas, mas não de filósofos do direito. É preciso observar que, na Itália, a distinção entre juristas e filósofos do direito sempre foi muito nítida, também pelo fato de que a filosofia do direito, em nossas universidades, constitui um ensino autônomo. Mas, se me for lícito formular uma conclusão geral, diria que essa distinção foi se atenuando nos últimos anos. É muito significativo que, em 1922, um filósofo do direito pudesse falar das "tendências antifilosóficas da jurisprudência moderna na Itália", enquanto agora outro filósofo do direito acreditou poder dedicar um livro à "filosofia dos juristas italianos".[34]

O encontro aconteceu devido a uma aproximação de ambas as partes. Por um lado, os juristas tornaram-se mais conscientes dos problemas gerais que a pesquisa deles pressupõe, e se é verdade que o estado de descontentamento e de insatisfação, que nos pareceu fenômeno geral de nossa jurisprudência nos últimos anos, nem sempre foi traduzido em formulações teóricas claras, no entanto é certo que contribuiu para fazer a maioria dos juristas adquirir uma clara consciência dos limites da ciência jurídica. O que caiu não foi o positivismo, mas o tecnicismo, e com ele a atitude de mal-estar ou de superioridade diante dos chamados problemas filosóficos. Por outro lado, os filósofos do direito pararam ou estão deixando de se ocupar dos "problemas últimos" com uma linguagem que os juristas não compreendiam. Relembro que, durante o domínio do idealismo, os filósofos se propunham nada menos que a tarefa de dar uma definição *a priori* do direito, ou se perguntavam a qual momento do processo do espírito o direito devia ser atribuído.

---

34 A. E. Cammarata, "Sulle tendenze antifilosofiche della giurisprudenza moderna in Italia", *Rivista Internazionale di Filosofía del Diritto*, II, p.234-59; L. Caiani, *La filosofía dei giuristi italiani*.

A divergência entre o direito com o qual se ocupavam os filósofos e aquele trabalhado pelos juristas era tal que uma verdadeira teoria da dupla verdade havia lançado profundas raízes: existia um direito dos filósofos e um direito dos juristas, e não era absolutamente necessário que uns reconhecessem o dos outros. Um dos problemas mais torturantes que sempre ocupou os filósofos é o da distinção entre filosofia e ciência do direito. Se não me engano, a barreira em grande parte caiu. Para terminar com um exemplo, creio que a recente discussão animada, que surgiu entre os juristas, a respeito da noção de sanção, e conduzida por alguns com uma notável consciência metodológica, deva interessar também aos filósofos do direito.[35] Por outro lado, algumas intervenções de filósofos do direito sobre o problema da definição do direito e sobre a questão mais específica da definição da norma jurídica como valoração podem interessar também aos juristas.[36] Iniciou-se, portanto, um diálogo fecundo: uns e outros deveriam cuidar para que ele não cesse.

---

35 E. Allorio, "Osservazioni critiche sulla sanzione", *Rivista di Diritto Civile*, II, p.1-37 – esse artigo discute três escritos anteriores: F. Benvenuti, "Sul concetto di sanzione", *Jus*, N.S., VI, p.223-54; C. Mandrioli, "Appunti sulla sanzione e sua attuazione giurisdizionale", *Jus*, N.S., VII, p.86-120; F. Carnelutti, "Il valore della sanzione nel diritto", *Rivista di Diritto Processuale*, X, p.237-49. Em resposta ao artigo de Allorio: D. Barbero, "Polemiche sulla sanzione", *Rivista di Diritto Civile*, II, p.901-22; F. Carnelutti, "Valore di una polemica", *Rivista di Diritto Processuale*, XI, p.167-8.
36 U. Scarpelli, *Il problema della definizione e il concetto di diritto*; E. Di Robilant, "Osservazioni sulla concezione della norma giuridica come giudizio di valore", *Rivista Trimestrale di Diritto e Procedura Civile*, XI, p.1.377-443.

II
Natureza e função da filosofia do direito

1. Campos de pesquisa da filosofia do direito

Procurar qualquer definição de filosofia do direito é inútil, é perda de tempo. A expressão "filosofia do direito" difundiu-se na Europa há pouco mais de um século e meio: as *Grundlinien der Philosophie des Rechts*, de Hegel, às quais se deve em grande parte a disseminação do nome, são de 1821; a *Philosophie du droit*, de Lerminier, é de 1831; as seis lições de Austin, *The Province of Jurisprudence Determined*, que leva o subtítulo de *A Philosophy of Positive Law* (derivado, por sua vez, de uma conhecida obra de Hugo de 1798), são de 1832; os dois volumes da *Filosofia del diritto*, de Antonio Rosmini, que determinaram o sucesso da disciplina, também do ponto de vista universitário, na Itália, são de 1841 e 1845. Desde o momento em que esse nome se difundiu, é usado para indicar, segundo os diversos autores ou as distintas tendências de pensamento, pesquisas diferentes umas das outras, as quais, com o progresso e a maior articulação dos estudos, vão se diferenciando cada vez mais. Elas têm em comum, talvez, apenas o caráter negativo de voltar-se para a discussão de questões em torno do direito e do esclarecimento de noções relativas ao direito que propositadamente não costumam ser ou são pressupostas pelos juristas em seu trabalho cotidiano de intérpretes do direito positivo.

Penso que as pesquisas diferentes e merecedoras de serem consideradas distintas, abrangidas pela expressão "filosofia do direito", podem ser agrupadas do seguinte modo: 1) propostas sistematicamente elaboradas de reforma da sociedade atual com base na assunção, declarada ou não, deste ou daquele fim geral (a liberdade, a ordem, a justiça, o bem-estar etc.) e seguindo algumas máximas elevadas a princípios supremos da conduta do homem na sociedade (as chamadas máximas da justiça, como "a cada um segundo seus méritos", "a cada um segundo suas necessidades" etc.); 2) análise e definição de noções gerais consideradas comuns a todos os ordenamentos jurídicos, cujo esclarecimento serve normalmente para delimitar o campo do direito dos setores limítrofes da moral e do costume, como justiça, direito, ordenamento jurídico, norma, obrigação, sanção, validade, eficácia, direito subjetivo, poder etc.; 3) estudo do direito como fenômeno social, que compreende, em particular, pesquisas sobre a origem histórica do direito, sobre as diferentes fases de sua evolução, sobre sua função como meio de controle social, sobre a relação entre desenvolvimento social e desenvolvimento jurídico, sobre a relação recíproca entre sociedade e direito, e assim por diante; 4) estudos sobre a ciência jurídica, mais especificamente, sobre a obra dos juristas (ou dos juízes) voltada à descoberta, interpretação e formulação das regras jurídicas e, em geral, também sobre a noção de ciência jurídica e suas relações com outras ciências. Com exceção do primeiro grupo de pesquisas, que não possui, além do nome comum, nenhum nome específico e que confina com a filosofia política, os outros três grupos, à medida que as disciplinas particulares vão aprofundando-se e diferenciando-se, podem agora ser designados com nomes diferentes e mais característicos: o segundo, de teoria geral do direito; o terceiro, de sociologia jurídica; o quarto, de metodologia jurídica.

Outra circunstância também contribuiu para tornar genérica, pouco rigorosa e, portanto, mal definível e não utilmente empregável a expressão "filosofia do direito": o estreito parentesco entre a noção de direito e a noção de Estado (que, em várias tendências, conduziu à total redução do direito a uma manifestação da vontade do Estado). Desse parentesco derivou, com frequência, o desenvolvimento paralelo dos problemas gerais do direito e dos problemas gerais do Estado sob uma única etiqueta, a da filosofia do direito, a qual, por conseguinte, nesses casos, compreende também a matéria de disciplinas que poderiam ser mais propriamente chamadas – e foram chamadas no sucessivo processo de diferenciação – de filosofia política ou doutrina do Estado.

Os tratados seiscentistas e setecentistas de direito natural, que são, em sua parte geral, os precedentes históricos da filosofia do direito oitocentista, constituem também tratados de filosofia do direito e de filosofia política. Dos quatro grupos de investigação abrangidos pela filosofia do direito em sentido estrito, eles compreendem comumente pelo menos os três primeiros: propostas de reforma da sociedade e do Estado, elementos de teoria geral do direito (em particular, análises das noções de justiça, de lei, de obrigação, de soberania) e de sociologia jurídica (o estado de natureza, a passagem do estado de natureza para o estado civil, os vários tipos de sociedade e de Estado). O interesse pela ciência jurídica – com exceção do grande precedente de Leibniz – despertou mais tarde, em seguida à epistemologia e à metodologia em geral, a filosofia das ciências que surgiu e se desenvolveu, deixando de lado, pouco a pouco, a antiga gnosiologia, na segunda metade do século XIX. Quem quiser encontrar precedentes dos estudos sobre a ciência jurídica, hoje em grande expansão, deverá procurá-los nos antigos tratados de *logica legalis* ou de *dialectica* ou *topica legalis*, ou sobre a *interpretatio*, os quais eram, em sua maioria, obras de juristas práticos. Também a primeira tentativa de tratamento sistemático de epistemologia jurídica é, se não me engano, o volume terceiro de *Geist des römischen Rechts*, de Ihering, que é obra de um jurista, não de um filósofo.

Outra prova da polivalência da expressão "filosofia do direito" pode ser encontrada no conteúdo variado, pouco homogêneo e pouco atraente, confuso e indistinto das raras (felizmente) histórias da filosofia do direito, a partir de Stahl em diante. Observe como elas, por força das coisas, e não por capricho, põem juntas, de maneira confusa, teorias políticas como a *República* de Platão com teorias da justiça e do direito, como o livro V da *Ética a Nicômaco*; ou, para chegar aos tempos modernos, a teoria política e jurídica de Hobbes com a sociologia jurídica (*avant la lettre*) de Montesquieu ou da escola histórica, a lógica jurídica de Leibniz com a filosofia política de Hegel. Acabam encerrando em uma só obra, que pretende ser unitária, uma história das ideologias políticas, uma história das doutrinas políticas, uma história da teoria do direito propriamente dita. Desse modo, não faltaram sequer as histórias aparentemente mais homogêneas do direito natural.

2. Filosofia do direito como filosofia aplicada

A ideia de que a filosofia do direito é uma disciplina unitária ainda perdura, apesar do erro de fato, facilmente reconhecível, como foi visto, que ela encerra, porque está bastante ligada a uma concepção da filosofia do direito, de sua natureza e de sua função que predominou pelo menos no continente, e certamente na Itália, no final do século XIX e no início do XX e que ainda não foi de todo abandonada. Falo da concepção da filosofia do direito como filosofia aplicada.

Segundo esse modo de entender a filosofia do direito, há uma filosofia geral ou, para maior precisão, existem várias tendências ou correntes filosóficas que são caracterizadas, comumente, pelas soluções dadas aos chamados problemas máximos (gnosiologia, ontologia, ética etc.). A tarefa do filósofo do direito consiste, abraçando esta ou aquela tendência, em tirar dela inspiração, usá-la como guia, ou até mesmo aproveitar seus princípios já bem estruturados, suas noções e sua terminologia, para dar uma solução unitária, orientada, sistemática para os vários problemas gerais do direito e da justiça. O filósofo do direito se torna, desse modo, um companheiro menor do filósofo; coloca-se em seu percalço e goza do seu esplendor; não brilha com luz própria, mas com luz refletida. A filosofia do direito funciona como *ancilla philosophiae*. Esse modo de entender a filosofia do direito fez surgir, no último século, filosofias do direito positivistas e idealistas, neokantianas, neofichtianas, neo-hegelianas, neotomistas, fenomenológicas e, por último, também existencialistas.

Essa concepção da filosofia do direito apresenta um grave inconveniente. A chamada aplicação com frequência se torna uma transposição extrínseca, quando não forçada, de soluções de um campo ao outro. A consequência disso é que os problemas gerais do direito não são estudados a partir do interior da própria experiência jurídica, mas das soluções dadas a problemas ainda mais gerais e, de qualquer forma, diferentes. Não saberia dizer quanto mal fez a Kelsen ter "flertado" com o neokantismo no início de seus estudos, o que o induziu a considerar o *sollen*, mais do que simplesmente, e de maneira correta, um verbo modal próprio das proposições normativas, como uma categoria transcendental de nosso conhecimento, e acabou por despertar-lhe algumas dificuldades das quais permaneceu prisioneiro até as últimas obras.

Quando se trata de filosofias sistemáticas e onicompreensivas, como o idealismo hegeliano ou o tomismo, ao inconveniente da aplicação extrínseca acrescenta-se também o da confiança no chamado método especulativo, que consiste em deduzir de alguns postulados, aos quais se atribui o privilégio de serem evidentes em si e sem pressupostos, soluções apropriadas e definitivas para todos os possíveis problemas que se apresentam em cada campo da realidade e, portanto, também para aqueles problemas próprios da experiência jurídica. Acontece, assim, que sistemas completos de filosofia do direito são elaborados por quem possui apenas noções muito elementares de direito. Trata-se daqueles sistemas para os quais os juristas voltam desdenhosamente as costas, assumindo aquela atitude característica de agnosticismo filosófico, que consiste na admissão resignada de uma dupla verdade ("isso será verdadeiro para o filósofo, mas não é verdadeiro para mim"). Tal método especulativo teve seus triunfos na tendência idealista neo-hegeliana. Entre os exemplos mais significativos de filosofia do direito construída a partir do alto, sem nenhuma base na experiência jurídica, gostaria de lembrar os *Lineamenti di filosofia del diritto*, de Giovanni Gentile (1916), e a *Grundlegung zur Rechtsphilosophie*, de Julius Binder (1935), o qual, ao contrário do filósofo italiano, também era jurista.

O paralelismo entre sistemas de filosofia geral e sistemas de filosofia do direito, que a concepção desta última como filosofia aplicada comporta, foi muitas vezes utilizado pelos historiadores da filosofia do direito contemporânea. O agrupamento dos filósofos do direito com base no pertencimento a esta ou àquela corrente de filosofia geral (os positivistas, os neokantianos, os idealistas, os neotomistas etc.) apresenta a vantagem de um arranjo já reconhecido e de uma periodização já verificada de maneira mais ampla, põe a salvo das surpresas, evita o trabalho de instituir novos grupamentos. Esse modo de classificar as teorias do direito acabou reforçando a convicção de que não há outra filosofia do direito a não ser a aplicada, de que ela é apenas uma parte da filosofia geral, de que as soluções dos problemas gerais do direito devem ser buscadas não na observação da experiência jurídica, mas nas obras dos filósofos.

Isso costuma produzir consequências pouco recomendáveis, como desviar a atenção de investigações que são mal classificáveis nesta ou naquela corrente, ou forçar sua interpretação, de modo que, em cada livro de filosofia do direito, possa ser colada uma das cinco ou seis etiquetas autorizadas, ou, o que é pior, colocar em primeiro plano, expondo uma teoria do direito ou da justiça, as referências que o autor faz a esta ou àquela corrente filosófica da qual se professa seguidor, as quais muitas vezes têm valor puramente ornamental, e abandonar o essencial, ou seja, a pesquisa efetiva e as soluções novas dadas a este ou àquele problema. Em suma, achar que é mais importante classificar um livro de filosofia do direito do que entendê-lo. Para dar um exemplo, creio que se deva estudar a definição de direito dada por Del Vecchio, prescindindo do fato de que ela é ou pretende ser de algum modo remissível ao movimento neokantiano (ou idealismo crítico), ou a de Duguit, sem se preocupar se ela é positivista ou revela resíduos jusnaturalistas.

Ressalto que essa opinião não significa, absolutamente, uma declaração de guerra contra a variedade das concepções do mundo, das filosofias, das ideologias, ou a recusa em acreditar que as várias teorias do direito foram por elas influenciadas, mas é a manifestação de uma dúvida acerca da dependência, muitas vezes professada, mas não seguida de fato, das teorias do direito em relação às teorias filosóficas gerais, ou, em outras palavras, acerca da perfeita correspondência entre a história da filosofia e a história da filosofia do direito e, portanto, acerca da utilidade de expor as teorias do direito não mais segundo a dialética interna delas, mas de acordo com a ordem de desenvolvimento das correntes de filosofia geral.

Examinando de modo breve, por alto, as teorias do direito contemporâneo, percebemos que a classificação mais útil é aquela que corresponde à distinção entre concepções jusnaturalistas, concepções positivistas e concepções realistas do direito com respeito aos problemas de teoria geral; à distinção entre concepções objetivistas e subjetivistas relativas ao problema da justiça; à distinção entre correntes formalistas e sociológicas no que se refere ao problema da ciência jurídica. Todas elas são distinções que não coincidem com aquelas às quais deveríamos referir-nos se aceitássemos a concepção da filosofia do direito como filosofia aplicada, a qual nos levaria a falar de coisas extravagantes e desviantes, como neokantismo e neo-hegelianismo, fenomenologia e existencialismo, neotomismo e neopositivismo.

3. Filosofia do direito dos filósofos e filosofia do direito dos juristas

Uma distinção que me parece útil para classificar as obras de filosofia do direito é aquela feita entre as escritas por filósofos e as escritas por juristas, ou, preferindo-se, entre filósofos-juristas e juristas-filósofos. Ora, a ideia da filosofia do direito aplicada, que examinamos anteriormente, é própria dos primeiros. A filosofia dos segundos é comumente aquela à qual se aplicaria mal um dos costumeiros "ismos". De meu ponto de vista, salvo algumas exceções (entre as quais eu colocaria, *in primis*, Hobbes), as maiores contribuições para a filosofia do direito foram dadas mais por juristas com interesses filosóficos do que por filósofos com interesses pelo direito. Para dar também aqui um exemplo, uma das obras capitais para o desenvolvimento do pensamento jurídico contemporâneo foi *Der Zweck im Recht* (1877), de Rudolf Ihering, que os filósofos sempre olharam com desconfiança. Comparemo-la com uma obra de um filósofo-jurista escrita também nos anos 1880, a *System der Rechtsphilosophie*, de Adolf

Lasson (1882). Ihering continua a ser lido (ou pelo menos citado) e discutido; Lasson tornou-se letra morta, objeto no máximo de estudos eruditos ou de curiosidade histórica.

Um exemplo mais recente: *Fondamenti di filosofia del diritto*, de Giovanni Gentile, e *L'ordinamento giuridico*, de Santi Romano, este lançado dois anos após o primeiro (1916 e 1918). A primeira obra, sublime, em rápido e altíssimo voo sobre nua e vulgar empiria, visando dar ao direito uma colocação definitiva, embora um pouco subalterna, na vida do espírito; a outra, aparentemente pé no chão, consciente de seus limites, que olha com certa suspeita a filosofia dos filósofos. A obra de Romano abriu, na recente história do pensamento jurídico italiano, um caminho que, agrade ou não, é uma das vias mestras da filosofia do direito contemporânea (o direito entendido como instituição, a crítica ao estatalismo e ao normativismo, a teoria da pluralidade dos ordenamentos jurídicos). A obra de Gentile, que define o direito com um jogo de palavras, *"volere voluto"* [querer querido, vontade querida], merece ser lembrada apenas como exemplo limite de radicalização e de hipostatização filosófica de uma ideia não peregrina do senso comum.

Entre as obras que contam na formação do pensamento jurídico contemporâneo, das quais tirei inspiração, incitamento e sugestões para meu trabalho, e que coloco de bom grado nas mãos dos alunos, encontro exclusivamente obras de juristas: *Science et technique en droit privé positif*, de Gény; *Die juristische Logik*, de Ehrlich; *Reine Rechtslehre*, de Kelsen, e os mais recentes: *The Definition of Law*, de Kantorowicz; *On Law and Justice*, de Ross; *The Concept of Law*, de Hart. Mais ainda, estou convencido de que a leitura de obras semelhantes seria de alguma utilidade para a filosofia moral, a qual não pode dispensar as noções de norma, sistema normativo, obrigação, validade, a que os juristas se dedicaram há algum tempo com particular atenção.

Entende-se que a preferência pelas obras dos juristas que se elevam para a filosofia, em detrimento das obras dos filósofos que se rebaixam para o mundo do direito, revela a preferência por um método, ou melhor, por certo estilo de trabalho que é mais fácil de encontrar nas obras dos primeiros do que nas dos segundos. O que caracteriza esse estilo de trabalho é a precedência dada à análise sobre a síntese, precedência essa fundada na convicção de que, embora análise e síntese sejam momentos necessários de toda pesquisa, é sempre preferível uma análise sem síntese (do que com frequência são censurados os juristas-filósofos) a uma síntese sem análise (vício comum dos filósofos-juristas), a primeira proporcionando pelo menos bons materiais para construir, a segunda construindo casas de areia, nas quais ninguém moraria de bom grado.

As razões dessa preferência podem ser de ordem ética, histórica ou psicológica. Tentarei mencionar algumas delas: 1) a convicção da complexidade daquilo que por brevidade costumamos chamar de "fenômeno jurídico" e da grosseria dos instrumentos linguísticos que estão à nossa disposição para descrevê-lo; 2) a constatação de que as noções fundamentais para o estudo do direito, que chegaram até nós pela tradição, em geral são tomadas da linguagem comum, como direito, lei, norma, obrigação ou, pior ainda, vontade, justiça, sentimento jurídico, e são, em certo sentido, demasiadamente amplas, elásticas, devendo ser desarticuladas, decompostas e tornadas precisas; 3) a reação contra a tendência ao reducionismo, que é a característica de toda filosofia do direito (seja a dos filósofos, seja a dos juristas) e se manifesta nas famosas teses segundo as quais "o direito é comando", "o direito é norma técnica", "o direito é vontade do soberano", "o direito é ordenamento coativo", "o direito é instituição", motivo pelo qual com muita frequência as polêmicas entre os apoiadores de uma e de outra assemelham-se a batalhas nas quais todos, ao contrário da batalha de Pirro, são vencedores; 4) a crença na extrema falibilidade do intelecto humano e na provisoriedade (e revisibilidade) das sínteses às quais ele pode chegar, na tentativa de unir organicamente os dados recolhidos (que nunca são suficientes, e entre os quais é obrigado a fazer uma escolha, determinada também por fatores estranhos aos objetivos da pesquisa).

Ao dizer que o estilo analítico é mais frequente entre os juristas do que entre os filósofos, tinha em mente a situação dos países nos quais mais se desenvolveram tendências de filosofia especulativa, como a Alemanha e a Itália (aconteceu menos na França), e nos quais a pesquisa filosófica comumente é oposta à pesquisa científica, além do fato de entre filósofos e cientistas haver relações não de aliança, mas de hostilidade, e, na melhor das hipóteses, cada um andar por seu caminho sem se preocupar muito com o outro. Na tradição inglesa, a situação é diferente. Não gostaria de errar, mas me parece que nela a diferença entre a filosofia do direito dos filósofos e a dos juristas mostra-se menos nítida. No campo da filosofia do direito útil, entre os poucos filósofos que escolheria, incluiria alguns ingleses, como Hobbes, Hume, Bentham. Isso poderia mostrar que a diferença entre a filosofia do direito dos filósofos e a dos juristas esconde, na realidade, uma diferença mais profunda, entre dois modos de filosofar que gostaria de chamar de monismo e pluralismo, com respeito à concepção da realidade; racionalismo e empirismo, com referência ao problema do conhecimento. Acrescentaria a advertência de que o jurista, pela própria natureza de sua investigação, pende mais para a segunda do que para a primeira.

4. Um programa de trabalho

Como venho dizendo desde o início, são diversas as pesquisas que levam o nome de filosofia do direito. Não tenho restrições particulares a nenhuma delas, e não me forçaria a sustentar que uma mereça mais do que outras o nome de filosofia do direito (dado que esse nome é um título honorífico). Se não possuo impedimentos, tenho, porém, preferências. A filosofia do direito que tenho cultivado, e à qual dediquei amplamente meus cursos universitários, compõe-se de três partes que assim denomino: a primeira, de teoria do direito; a segunda, de teoria da justiça; a terceira, de teoria da ciência jurídica. Se um dia tivesse que escrever um tratado de filosofia do direito (hipótese destinada a não se confirmar), creio que o dividiria nessas três partes.

Considero problema fundamental da teoria do direito determinar o conceito de direito. Se por normativismo entende-se aquela teoria segundo a qual o modo mais adequado de definir o direito é referir-se à noção de norma, sou normativista. Mas é preciso esclarecer que por "direito" (também na linguagem comum) entende-se não uma norma singular, mas um conjunto de normas. Portanto, o conceito de direito pode ser esclarecido apenas fazendo referência não a um tipo de norma, mas a um tipo de conjunto de normas, o que comumente se chama de "ordenamento jurídico". Desse ponto de vista, a teoria do direito identifica-se com a teoria do ordenamento jurídico. De fato, só através da compreensão do ordenamento jurídico em seu conjunto podem-se colher aquelas características do fenômeno jurídico que comumente são lembradas para distinguir o direito da moral e do costume. As partes principais nas quais se poderia dividir a teoria do ordenamento jurídico são as seguintes: 1) composição (conceito de norma e vários tipos de normas); 2) formação (teoria das fontes do direito); 3) unidade (validade e norma fundamental); 4) completude (lacunas e sua integração); 5) coerência (antinomias e sua eliminação); 6) relações entre ordenamentos (relações espaciais, temporais, materiais).

Enquanto os estudos de teoria do direito fizeram notáveis progressos nos últimos anos, a teoria da justiça não recebeu a mesma atenção. Ainda, se foi iniciado algum bom estudo nesse campo, ele diz respeito exclusivamente à definição de justiça (Perelman, depois Kelsen). Ainda não se passou da teoria analítica para a fenomenologia, ou seja, para a exploração, através de uma investigação de direito comparado, dos critérios empregados de tempos em tempos pelas diferentes civilizações, em diferentes épocas, para julgar o justo e o injusto. Aqui tenho em mente uma espécie de direito natural ao contrário: a derivação dos princípios de justiça a partir da natureza do homem – alvo constante dos jusnaturalistas – não é senão um atalho para quem não tem fôlego nem mapas suficientes para tomar o caminho mais longo e contenta-se em imaginar a paisagem, em vez de vê-la. Creio que se chegará igualmente à natureza do homem, mas será um ponto de chegada, não de partida.

De qualquer modo, antes de prosseguirmos, será preciso acertar as contas com a história do direito (a começar pela etnografia jurídica). O critério orientador dessa pesquisa deveria ser o conceito de "justiça", entendida como o conjunto dos valores, bens ou interesses em prol dos quais, para proteger ou ampliar, os homens recorrem àquela técnica de convivência à qual estamos acostumados a dar o nome de "direito".[1] Sempre me parece esclarecedor considerar a teoria da justiça como estudo material do direito e a teoria do direito como um estudo formal. Esta, de fato, elabora as várias formas em que são acolhidos os conteúdos estudados e elaborados pela primeira.

Por teoria da ciência jurídica (aprecio cada vez menos esse nome, mas não encontro outro melhor) entendo o estudo dos procedimentos intelectuais empregados pelos juristas para verificar, interpretar, integrar, conciliar as regras de um sistema jurídico. Desde que existe uma reflexão desse tipo, a atividade do jurista passou a ser considerada ciência e a ser posta em confronto com os outros ramos da grande árvore do saber. Nos últimos séculos, foram elaborados e propostos, em rápida sucessão, diversos modelos para a caracterização da ciência jurídica: entre os jusnaturalistas, prevaleceu o modelo matemático; a escola histórica propôs o modelo da historiografia; Ihering

---

1 Nessa direção, cf. o estudo de E. Di Robilant, *Sui principi di giustizia*.

tomou como modelo a história natural (as ciências descritivas e taxionômicas). Depois, ao separar-se do tronco das ciências tradicionais o grupo das ciências espirituais, ou da cultura, ou normativas, a ciência jurídica passou a ser considerada, de tempos em tempos, ciência espiritual, da cultura, normativa. Com a escola realista, novo modelo foi oferecido pelas ciências naturais explicativas, como a física, a química, a biologia, cujo ofício é fazer previsões mais ou menos prováveis sobre o que acontecerá. Por influência do positivismo lógico, a ciência jurídica foi vista também sob o ponto de vista particular da análise da linguagem. Ora, diante de uma variedade tão desconcertante de opiniões, creio que seja um sinal de sabedoria inverter a rota: em vez de construir um modelo baseado nos mais diversos campos e depois adaptá-lo à obra do jurista, começar a fazer uma análise dos vários tipos de argumentação usados pelos juristas em seu trabalho cotidiano, com a finalidade de elaborar uma nova *logica legalis*, utilizando os serviços que podem tornar a análise mais rigorosa e estendê-la a campos sempre mais vastos, realizada pela lógica moderna (lógica simbólica e *nouvelle rhétorique*).

Não mencionei até agora a história da filosofia do direito, mas foi de propósito. Pessoalmente, acho muito útil e apaixonante o conhecimento do desenvolvimento histórico das doutrinas. Útil porque é uma lição contínua de modéstia, apaixonante como pode ser uma viagem de descoberta que amplia nossos horizontes. Por isso, muitas vezes vejo com certa restrição as várias escolas analíticas, neopositivistas, empíricas, que crescem no isolamento – não se sabe se mais soberbo ou mais ingênuo – das doutrinas precedentes. Mas não aprecio as histórias da filosofia do direito como obras autônomas, porque em geral são (e não poderia ser de outro modo) elementos de doutrinas heterogêneas (aqui uma ideologia política, lá uma teoria do direito) expostas de modo superficial e entre as quais, por mais que estejam dispostas em ordem cronológica, o autor se esforça por encontrar também uma ordem lógica qualquer para dar a seus escritos aquela unidade que a história real de tantos séculos não tem nem pode ter. Não as aprecio porque não as acho úteis nem apaixonantes. Creio que o melhor modo de fazer a história da filosofia do direito seja referir-se às doutrinas do passado, tema por tema, problema por problema, isto é, não esquecer, no tratamento de cada argumento, os precedentes históricos. Não concebo uma boa teoria do direito sem o conhecimento de Grócio ou de Hobbes, de Kant ou de Hegel, de Austin ou de Thon, nem uma boa teoria da justiça sem o livro V da *Ética a Nicômaco* ou as análises de Hume, nem uma boa teoria da ciência jurídica sem Leibniz ou Ihering.

5. Utilidade da filosofia do direito

Costuma-se dizer que o jurista é hostil à filosofia do direito, mas, em geral, ele é hostil à filosofia do direito que não entende e cuja utilidade não reconhece. Não me parece tarefa muito difícil mostrar a utilidade das pesquisas mencionadas no tópico precedente para a formação de um jurista.

É preciso não esquecer que o jurista estuda determinado direito positivo. Pois bem, a teoria do direito ou do ordenamento jurídico elabora os conceitos mais gerais, que são comuns a todos os ordenamentos jurídicos e necessários para a compreensão do fenômeno jurídico em qualquer ambiente social em que ele se manifeste. Além disso, insere o sistema jurídico entre os outros sistemas normativos, como a moral e o costume, e, portanto, ajuda o jurista a sair de seu isolamento. A teoria da justiça, ao chamar a atenção para os valores que inspiram esta ou aquela regra jurídica, põe o jurista em contato com as matrizes culturais das quais deriva todo ordenamento jurídico e, portanto, também aquele ao qual ele está particularmente voltado, além de torná-lo mais sensível à compreensão dos vários condicionamentos ideológicos do sistema jurídico que lhe cabe interpretar.

Enfim, a teoria da ciência jurídica oferece ao jurista a possibilidade de encontrar uma razão para os métodos empregados em seu trabalho, para os instrumentos de pesquisa e de construção, para a variada natureza e eficácia dos argumentos usados, e com o tempo pode contribuir para o refinamento e o aperfeiçoamento da jurisprudência. De resto, o bom jurista é tão pouco hostil à filosofia do direito que, como já disse, a melhor filosofia do direito, sobretudo no campo da teoria do ordenamento jurídico e da teoria da ciência jurídica, foi, *grosso modo*, feita pelos juristas. Se a teoria da justiça não recebeu atenção dos juristas, não se pode dizer que os filósofos a tenham cultivado com intensidade. Aliás, se é esperado um progresso nesse campo de estudos, ele dependerá não tanto de especulações abstratas sobre o conceito de justiça, mas mais do desenvolvimento dos estudos de direito comparado, que estão, um pouco por toda parte, em estado de atraso deplorável, ou seja, mais uma vez, dependerá do desenvolvimento de determinado ramo do saber jurídico.

Não mencionei no tópico anterior, nem neste, estudos sobre o direito como fenômeno social (que elenquei na p.56), não porque não se reconheça seu interesse e sua utilidade, mas porque representam um tipo de pesquisa que, mais do que outras, foi especializando-se e entra sempre mais no âmbito de uma disciplina ampla, como a sociologia. Parece-me difícil que um ensino de filosofia do direito possa ser estendido de modo a abraçar também a sociologia jurídica sem correr o risco de tornar-se eclético e enciclopédico. Parece-me mais razoável que seja introduzida, lá onde esse tipo de estudos começa a florescer, uma cátedra de sociologia jurídica.

O ideal seria uma especialização ainda mais articulada, que conseguisse desmembrar o acervo da filosofia do direito nas diversas disciplinas que ela tradicionalmente abrange e que, com o tempo, foram determinadas e ampliadas: teoria geral do direito e do Estado, filosofia política, metodologia e lógica jurídica etc. Mas trata-se de um ideal difícil de alcançar; sem contar que, ao menos uma vez, o respeito pela tradição não me parece totalmente ruinoso. Antes, oferece algumas vantagens: no fundo, a tarefa da filosofia do direito, do ponto de vista didático, é a de romper os diques que mantêm as disciplinas jurídicas tradicionais no lago artificial de um sistema positivo. Esse objetivo pode ser alcançado com maior facilidade minando a barragem, ao mesmo tempo, em várias partes. Isso pode ser feito, com maior sucesso e força de penetração, por uma disciplina unitária, pelo menos na universidade, do que por muitas disciplinas diferentes, cada uma por sua conta.

III
A filosofia do direito
e seus problemas

1. Quatro problemas da filosofia do direito

Predominou na Itália, no princípio do século, a ideia de que a filosofia do direito tinha três tarefas: 1) deontológica, ou doutrina daquilo que o direito deve ser; 2) ontológica, ou doutrina daquilo que o direito é; 3) fenomenológica, ou doutrina da evolução do direito na sociedade. Quem havia proposto e quem seguia essa tese achava muito provável ter conseguido captar a "verdadeira natureza", a essência da filosofia do direito, à qual são dedicadas tantas páginas de doutas discussões nas introduções de nossos tratados. Na realidade, essa tripartição indicava, muito mais simplesmente, não as tarefas da filosofia do direito, mas os temas aos quais em geral se dedica o filósofo do direito no ensino universitário.

À tarefa deontológica corresponde o estudo dos "valores" que inspiram o ordenamento jurídico, comumente resumidos na noção de "justiça". Nessa sua primeira encarnação, a filosofia do direito apresenta-se como uma teoria da justiça (que recebe a máxima ajuda da história das ideologias políticas). À tarefa ontológica corresponde a elaboração da noção de direito e de todas as noções jurídicas gerais a ela ligadas, como "poder", "dever", "norma", "sanção", "ordenamento jurídico", "Estado" etc. Essa segunda encarnação da filosofia do direito é aquela que conhecemos pelo nome de teoria geral do direito, e os ingleses chamam de *jurisprudence* (aqui, a máxima ajuda é dada pelas disciplinas jurídicas particulares). Por fim, à tarefa fenomenológica corresponde o estudo do direito como fenômeno histórico e social e, portanto, daquela série de problemas que comumente são indicados com o nome de "relação entre o direito e a sociedade". Com essa terceira encarnação, a filosofia do direito desembocará na sociologia jurídica (e as disciplinas auxiliares serão, desta vez, as ciências sociais).

Como se não bastasse, dessa tripartição escapava toda uma série de problemas em geral considerados como pertencentes à filosofia do direito e dos quais os filósofos da área tinham se apossado, fazendo disso, pouco a pouco, pelo menos na Itália, até mesmo sua tarefa principal e preferida: refiro-me ao problema metodológico da ciência jurídica. Não sei se é o caso de mencionar uma quarta e mais recente encarnação do direito, mas é certo que grande parte da disciplina que se chama "filosofia do direito" coincide hoje com os estudos sempre mais difundidos de metodologia jurídica. Aqui, o filósofo do direito vale-se da ajuda da teoria do conhecimento e da lógica.

Não discuto o fato de que matérias tão diversas requerem preparações específicas muito diferentes – a primeira, de filósofo; a segunda, de jurista; a terceira, de sociólogo; a quarta, de lógico –, pelo simples motivo de serem indicadas pelo nome genérico de "filosofia do direito" e por continuarem a ser atribuídas, no curso de nossos estudos jurídicos, ao mesmo docente. Limito-me a observar que essa extensão excessiva do âmbito dentro do qual o filósofo do direito de nossas faculdades tem a liberdade e o dever de mover-se reflete, por um lado, uma situação de fato já superada, na qual uma distinção tão nítida entre as várias esferas de competência ainda não tinha sido realizada e, sobretudo, duas das pesquisas mencionadas, a sociológica e a metodológica, não tinham experimentado o desenvolvimento dos últimos anos. De fato, olhando bem, os filósofos do direito discutiam, na Alemanha e na Itália, no início deste século, principalmente problemas relativos à ideia e ao conceito do direito, correspondentes, *grosso modo*, às duas primeiras tarefas. Por outro lado, reproduz uma concepção não mais atual da filosofia, ou pelo menos que eu não considero mais atual, segundo a qual a filosofia é uma percepção global do mundo, e o filósofo é um ser onisciente que mete o nariz em todas as questões e resolve todas elas com base naquela percepção.

Se alguém pedisse minha opinião sobre o ensino da filosofia do direito, sugeriria que esse ensino, o qual, com o atrativo de três ou quatro tarefas, convida o docente a se ocupar com muitas coisas diferentes, tomasse o nome que mais corresponde a seu conteúdo efetivo, o de "teoria geral do direito", e que fossem iniciados ensinamentos complementares, se já não houver, de história das ideologias políticas, de sociologia jurídica e de lógica jurídica.

Sei que algum colega na Itália poderia censurar-me por prestar um mau serviço à disciplina que ensino há muitos anos. Responderia a ele que, em minha sonhada reforma (que, aliás, nunca será realizada), a única coisa que desapareceria da filosofia do direito seria o nome. Mas não é culpa minha se esse nome tornou-se cada vez mais genérico e, portanto, inútil, ou mesmo perigoso, e continua a ser pronunciado com ostentada superioridade pelos filósofos e com indiferença que tende à malevolência pelos juristas. Haveria, em compensação, a vantagem de eliminar para sempre a disputa puramente verbal e que enche tantas páginas dos tratados sobre qual é a real natureza da filosofia do direito e se a verdadeira tarefa dela é a de fazer juízos de valor sobre o direito vigente ou de elaborar a estrutura formal do ordenamento jurídico, se é fazer ideologia política ou crítica da jurisprudência. Aliás, sendo "filosofia do direito" um nome, ninguém tem o monopólio dele. Qualquer pessoa tem o direito de usá-lo a seu modo e, também, se pretende tirar alguma vantagem disso, de não usá-lo de modo algum. Ademais, querendo empregá-lo com maior aderência a seu uso tradicional, diria que, entre as quatro tarefas examinadas, aquelas às quais com mais direito cabe o nome são a primeira, ou teoria da justiça, e a quarta, ou crítica da jurisprudência.

2. O problema deontológico

Nem todas essas diferentes tarefas da filosofia do direito foram igualmente cultivadas na Itália nas últimas décadas. À guisa de informação preliminar, embora um pouco aproximativa, diria que a maior atenção esteve voltada para o segundo e o quarto problemas, ou seja, para os da noção do direito e da crítica metodológica, ao passo que os mais negligenciados foram o primeiro e o terceiro problemas, ou seja, os da justiça e da relação entre direito e sociedade.

Comecemos pelo problema da justiça. O panorama que se apresenta é bastante desolador. A única tentativa de elaborar uma teoria da justiça foi feita por Giorgio Del Vecchio em uma obra amplamente conhecida que remonta a 1923. Afora essa obra, nada há a registrar senão a perpétua disputa entre defensores e adversários do direito natural. As filosofias oficiais dominantes na Itália na passagem de dois séculos, o positivismo e o idealismo, posicionaram-se decididamente contra o direito natural e, não obstante a diversidade de pontos de partida, encontraram-se no ponto de chegada, ao afirmar que da antiga doutrina seria possível salvar apenas a exigência de não se deter no direito positivo como critério último de avaliação dos fatos humanos.

Um positivista como Levi falava, seguindo Ardigò, de "idealidades sociais"; um idealista como Cammarata, de "crítica das leis". Mas nem as idealidades sociais do positivista nem a crítica das leis do idealista ancoravam-se em valores absolutos, externos à história, deduzidos, como faziam os jusnaturalistas, de uma natureza humana sempre igual. Entre os juristas, por outro lado, o formalismo jurídico sempre ia abrindo caminho. Por essa expressão entendo aquela doutrina segundo a qual o que caracteriza uma norma jurídica não é ter este ou aquele conteúdo, o qual é avaliável apenas de acordo com o critério do justo e do injusto, mas possuir certa forma, por exemplo, de norma imposta pelos órgãos do poder supremo.

Para quem adota um ponto de vista formal, a fim de que uma norma seja jurídica, não importa que seja justa, e sim apenas que seja imposta pela autoridade que está autorizada a isso. Uma das consequências mais óbvias da concepção formalista do direito era que o direito natural, por não ser formalmente válido, não podia sequer dizer-se propriamente direito. Carnelutti, um dos juristas italianos mais conhecidos, no mesmo momento em que se retratava de seu agnosticismo ético pretérito e reconhecia que há leis morais às quais o direito deve obedecer, negava que essas leis pudessem ser consideradas legitimamente "direito natural", porque "o direito, como tal, não é, não pode ser senão positivo, conjunto de comandos humanos".[1] Poderia concluir-se que os filósofos, fossem positivistas ou idealistas, haviam se enfurecido com o adjetivo "natural" na expressão "direito natural", e os juristas, com o substantivo. Diante da pergunta: "O que é o direito natural?", alguns tinham negado que fosse natural, e outros, que fosse direito. E no campo de batalha, do direito natural não restara mais nem sinal.

Nos últimos anos, a cena mudou. Com o mesmo fundamento com que, em 1929, Felice Battaglia escreveu o pequeno

---

1 F. Carnelutti, *Metodologia del diritto*, p.30.

livro *Crisi del diritto naturale* [*Crise do direito natural*], hoje se poderia escrever um que recebesse o título do antigo livro de Carmont, *La renaissance du droit naturel* [*O renascimento do direito natural*] (1910). Creio que ocorreram essas duas coisas. Primeiro, o aparecimento dos estados totalitários e a catástrofe da última guerra mundial despertaram os juristas, na Itália e alhures, do sono dogmático. Eles aperceberam-se de que o direito positivo, que tinham até então considerado uma fortaleza, havia se tornado, ao contrário, uma prisão. Aquele mesmo direito que eles haviam considerado, kantianamente, a garantia da liberdade externa do indivíduo apresentava-se, marxistamente, como um simples instrumento de domínio.

Uma vez descoberto que o direito era um simples meio, era preciso outra vez preocupar-se com o fim. E o caminho mais fácil para encontrar um fundamento para o direito positivo era ainda o antigo caminho do direito natural, que ia ao encontro deles pela tradição, nunca apagada, apenas adormecida. Segundo, no campo filosófico havia ocorrido uma crise análoga. Aqui, os próprios acontecimentos tinham abalado a fé, que era própria do idealismo hegeliano, na racionalidade da história: a astúcia da razão tecera tramas tão sutis e complicadas que até os representantes da razão, os filósofos, tinham perdido o fio. O idealismo, que era a filosofia dominante, foi se extinguindo aos poucos naqueles anos. Muitos de seus seguidores deram início a uma direita idealista que se professou espiritualista e fez aliança com a religião dominante.

Ao mesmo tempo, tendo o altivo adversário se enfraquecido até quase o esgotamento, levantou a cabeça o nunca domado neotomismo. Espiritualismo e neotomismo são ambos velhos paladinos do direito natural: a ancoragem que podiam oferecer aos juristas era no velho porto desse tipo de direito. Assim aconteceu que, no exato momento em que os juristas se livravam de seu proverbial agnosticismo e procuravam ultrapassar as paredes domésticas do direito positivo, os filósofos fizeram que encontrassem no caminho, já bem percorrido, a solução do direito natural. (Pessoalmente, teria preferido que a aventura, a viagem de descoberta dos juristas, durasse mais tempo, pois tenho muito medo de que do dogmatismo positivista eles tenham caído em outro dogmatismo. Mas aqui descrevo o que aconteceu e nada acrescento.) O mesmo Carnelutti que, em 1939, afirmara que não havia outro direito senão o direito positivo, em 1951 escrevia que o direito positivo nascia como um produto artificial no tronco do direito natural, o qual nasce espontaneamente no mundo do espírito, como as plantas no mundo da natureza.[2]

O encontro real entre filosofia do direito e juristas em busca do direito natural aconteceu em um congresso da Unione dei Giuristi Cattolici [União dos Juristas Católicos], em 1949. Dele resultou um livro intitulado *Diritto naturale vigente* [*Direito natural vigente*], no qual não era de admirar tanto a sutileza teórica quanto a sobrevivência do prestígio de uma antiga fórmula que continua a ser invocada, apesar de a crítica filosófica e histórica ter demonstrado sua insuficiência. O único aspecto interessante, para o historiador das ideias, estava no título: os juristas tinham rejeitado até então o direito natural porque consideravam a positividade elemento característico do direito. Agora, finalmente a aceitavam, porque estavam convencidos ou tinham sido convencidos de que também o direito natural era, como o direito positivo, um tipo vigente, ou seja, não um sistema puramente ideal, mas um sistema real de normas obrigatórias e com a mesma força, ainda que a título diferente, do direito positivo. "Direito natural vigente", em suma, foi uma fórmula de compromisso para a qual os filósofos emprestaram a substância e os juristas, a forma.

---

2 F. Carnelutti, "Bilancio del positivismo giuridico", *Rivista Trimestrale di Diritto Pubblico*, I, p.284. Também em: *Discorsi intorno al diritto*, II, p.245.

3. O problema ontológico

O tema central dos filósofos do direito na Itália foi o ontológico, ou do conceito do direito. O campo foi dominado por duas disputas de natureza procedimental: 1) se o conceito do direito, que o filósofo tinha a tarefa de elaborar, era *a priori* ou *a posteriori*; 2) se os caracteres diferenciais do direito deviam ser buscados na norma enquanto tal ou na atividade do sujeito que impõe a norma. Ambas as disputas nasceram e desenvolveram-se no clima antipositivista que na Itália, como alhures, caracterizou o pensamento filosófico nas primeiras décadas do século XX e representaram duas tentativas diferentes de reafirmar, sob dois pontos de vista distintos, o primado da filosofia sobre a ciência.

Contra a redução do conceito do direito a um conceito empírico, obtido por meio da generalização dos dados oferecidos pela sociologia, os neoidealistas, como Petrone, Del Vecchio e Ravà, afirmaram que era tarefa da filosofia elaborar um conceito *a priori* do direito, pressuposto e condição da própria formação da experiência jurídica. Contra a outra pretensão dos positivistas, a de conhecer o fenômeno jurídico em sua objetividade, os neo-hegelianos, com Croce e Gentile à frente, partindo do conceito de que o direito era um momento do espírito universal, que se resolvia em determinado modo de se comportar do sujeito em sua atividade prática, consideraram que a essência do direito devia ser buscada não tanto nos fatos objetivos, como as normas e as instituições, mas em certa determinação da vontade. Falou-se de vontade econômica (Croce), de vontade querida (Gentile), de vontade constante (Pekelis), de vontade normativa (Cesarini Sforza) e também, por parte de filósofos que não eram seguidores da filosofia neo-hegeliana, de vontade que alcançou a consciência do valor da ação (Capograssi) e, recentemente, do direito pura e simplesmente como atividade (Piovani).

Apesar do reboliço suscitado por esses debates procedimentais – a jovem escola idealista gabava-se de ter invertido o tradicional ponto de vista do estudo do direito, não mais considerado *a parte obiecti*, mas *a parte subiecti* –, em minha opinião sua importância é menor do que aquela que lhes foi atribuída na Itália. O que conta, com maior razão em uma resenha informativa, são os resultados: não o procedimento, mas a substância.

Pelo que diz respeito aos resultados, acho que as respostas dadas à pergunta "o que é o direito?" podem ser reunidas em três grupos, conforme o direito seja considerado: 1) como relação intersubjetiva; 2) como norma de conduta; 3) como instituição social, ou sociedade organizada. E noto de imediato, como prova da escassa importância que se deve atribuir às batalhas sobre os pressupostos procedimentais, que, em cada uma das classes, acabaram por encontrar-se em boa companhia filósofos e juristas pertencentes às diferentes correntes e adversários encarniçados exatamente com tais pressupostos. Entre os partidários da teoria do direito como relação intersubjetiva, há o neokantiano Del Vecchio, o idealista absoluto Battaglia e o positivista Levi; entre os seguidores da teoria normativa, o gentiliano Cammarata e o jurista Carnelutti; entre os fautores da concepção institucional do direito, o jurista positivo Romano e filósofos de diferentes temperamentos e orientações, como Capograssi e Fassò.

Se uma tendência característica deve ser notada entre os filósofos do direito, independente da linha filosófica que abraçam, é a de absolutizar as categorias das quais fazem uso, eliminando as diferenças específicas para ver apenas o que há em comum, acreditando com isso eliminar, da noção que se propõem a ilustrar, elementos empíricos e acidentais. É verdade. Para o jurista, a relação jurídica é do tipo intersubjetivo que se distingue da classe geral das relações intersubjetivas por algum aspecto particular, por exemplo, pelo vínculo obrigatório que liga os dois sujeitos. Já para Levi, toda relação social é, pelo simples fato de constituir uma relação do tipo intersubjetivo, uma relação jurídica. Pode-se falar de uma concepção relacional do direito (Battaglia), do direito como relação (Treves), como se, uma vez identificada a relação entre sujeitos como elemento constitutivo da realidade jurídica, não fosse preciso acrescentar outra coisa. Ainda: para o jurista, a norma jurídica é uma regra de conduta que se distingue de outras por certos requisitos específicos, por exemplo, porque é tornada válida através de uma sanção organizada. Ao contrário, para Cammarata, toda ação considerada *sub specie legis* é jurídica. Encara como suficiente, para que uma ação seja considerada jurídica, que a ela possa ser atribuída uma das três possíveis qualificações normativas de uma ação: o obrigatório, o lícito e o proibido.

Do mesmo modo que da definição do direito como relação deriva a teoria filosófica do caráter relacional do direito, da tradicional definição do direito como regra de conduta deriva a teoria filosófica do direito como normatividade. Enfim, quando um jurista como Romano afirma que o direito é instituição, não quer dizer que ele se resolve em uma qualidade qualquer de grupamento social, mas em certo tipo específico de sociedade no qual as atividades de seus membros são ordenadas por meio de uma rede de normas e de institutos que constituem a organização social. Recentemente, porém, Fassò sustentou que é impossível distinguir instituições organizadas de instituições não organizadas, que todas as sociedades – ou, antes, todas as relações que o homem tem com outros homens – contêm um germe de organização e, portanto, constituem instituições jurídicas. Ao lado do direito como relacional e como normatividade, temos agora, e era exatamente o que faltava, a teoria do direito como institucionalidade.

Não desejaria que a atribuição dessas formas características de reducionismo parecessem mero capricho. Os filósofos olham para o alto, não para baixo. Um dos mais antigos problemas da filosofia do direito é a distinção entre o direito e a moral. Pois bem, quando o filósofo do direito diz que o direito é relação, pensa sobretudo em diferenciá-lo da moral, que não diz respeito à bondade de minha ação em confronto com a do outro, mas à bondade absoluta da ação, ou da ação em si mesma. Quando diz que é normatividade, refere-se àquele outro modo tradicional de distinguir o direito da moral, baseado no discernimento entre ação conforme a norma (legalidade) e ação livre (autonomia). Enfim, está bem claro que aquele que reduziu o direito a instituição tinha em mente alguma outra coisa que não pode ser institucionalizada, e é a vida moral, a vida vivida, "além de toda consciência racional, de quem por um átimo se ergue, por maravilhosa exceção, da normalidade da vida social à liberdade suprema do Absoluto".[3]

4. O problema fenomenológico

No que diz respeito à tarefa fenomenológica, que implicava um contato, favorável ou hostil, com a sociologia jurídica, não há outra coisa a fazer senão algumas melancólicas considerações. A sociologia jurídica floresceu durante o positivismo, tanto que levou, com Ardigò, a parte do leão, e depois de ter dado, em clima positivista, boas promessas com a sociologia criminal, com o reavivado interesse de insignes juristas (de Brugi a Bonfante) pelo estudo das relações entre instituições jurídicas e sociedade, com alguma tentativa isolada e ainda ingênua de construir uma teoria do direito e do Estado sobre bases sociológicas (Vaccaro), ela caiu, como é amplamente conhecido, em grave descrédito durante as primeiras décadas do século XX. Tampouco lhe valeu, para manter a categoria de disciplina eleita, o constante cuidado a ela dedicado até nossos dias por alguns fiéis discípulos de Ardigò (como Groppali).

Contribuiu para que ela definhasse, em primeiro lugar, a restauração filosófica do princípio do século XX, que chegou à Itália sob a bandeira do idealismo. É significativo que um desses

---

3 G. Fassò, *La storia come esperienza giuridica*, p.141.

idealistas (Petrone) tenha escrito, em 1905, um artigo para demonstrar "a elisão lógica da sociologia na filosofia do espírito". O foco do artigo era que a sociologia não tinha objeto: uma vez dado às pesquisas particulares dos fenômenos sociais e históricos aquilo que pertencia à filosofia, absolutamente nada mais restava à sociologia. O que é a sociologia? Com aquele mesmo atrevimento com que os positivistas haviam respondido "tudo", os novos idealistas respondiam "nada".

A batalha pela nova filosofia foi em grande parte, no campo dos estudos jurídicos, uma batalha contra a sociologia. Pela influência que os dois maiores filósofos do tempo, Croce e Gentile, exerceram sobre a cultura italiana, a sociologia se tornou, aos olhos de seus seguidores, algo reprovável como a alquimia aos olhos de um químico. Quem se preparava para ela era considerado um vadio ou um personagem anacrônico. Um estudioso como Mazzarella, que por mais de trinta anos enfileirou, um atrás do outro, uma vintena de volumes de etnologia jurídica (catorze sobre o antigo direito indiano), viveu isolado e esquecido, admirado às vezes com aquele misto de curiosidade e maravilha com que se olha um animal pré-histórico, e nenhum filósofo do direito da nova escola ocupou-se dele, nem sequer para demoli-lo. Quando Pareto publicou a imponente obra, pela corpulência e pela riqueza de ideias, que é seu *Tratado de sociologia geral* (1916), a indiferença geral pela desprezada ciência empírica dos fatos sociais também não foi abalada. Pareto tornara-se culpado de lesa-filosofia, e isso bastava para que se pronunciasse contra ele uma severa condenação. Croce limitou-se a repreendê-lo. De Ruggiero tratou-o com rudeza ao escrever que tinha lido aquela obra "com um sentimento de grande tristeza".[4]

No campo dos estudos jurídicos, o golpe de misericórdia foi dado à sociologia pelos próprios juristas. No princípio do século

---

4 B. Croce, *Etica e politica*, p.245; G. de Ruggiero, *La filosofía contemporánea*, v.II, p.230.

XX, eles estavam empenhados na elaboração da jurisprudência como ciência à qual foi dado o nome de "jurisprudência sistemática". Iniciada no campo do direito privado, ela estendeu-se rapidamente ao direito processual, constitucional e penal. O motivo inspirador dessa tendência estava na convicção de que o objeto da jurisprudência era o direito positivo – como se dizia então, os comandos do legislador – e de que sua finalidade principal era a construção de categorias gerais tiradas da comparação, classificação, organização dos comportamentos regulados pela lei. Tal modo de conceber o trabalho do jurista afastava de seu interesse tanto as forças históricas e os interesses sociais que haviam produzido as normas como o comportamento efetivo daqueles aos quais as leis se referiam. Em suma, ignorava tudo o que pode se tornar objeto da sociologia jurídica.

O método jurídico foi contraposto ao método sociológico, e afirmou-se repetidamente que o único método que convinha ao jurista era o primeiro. Para dar um exemplo mais clamoroso, também no campo do direito penal, no qual foi mais forte a influência da escola sociológica, prevaleceu a direção oposta, chamada de técnico-jurídica, entendida como a análise das disposições da lei positiva penal, a fim de interpretá-las e ordená-las em um sistema. Assim, enquanto os filósofos idealistas punham a sociologia no ostracismo, os juristas demonstravam não precisar dela. Uns e outros, ainda que por razões diferentes, contribuíram para enfraquecer o interesse pela sociologia jurídica e deixá-la por muitos anos em estado de completo abandono.

Foi também observado,[5] e creio que com razão, que, para fazer o silêncio cair sobre a sociologia e sobre os poucos sociólogos fiéis a um ensino que se tornou cada vez mais enfraquecido, contribuiu a atmosfera política na qual amadureceu e depois prevaleceu na Itália, por longos anos, um regime totali-

---
5 U. Scarpelli, *Il problema della definizione e il concetto di diritto*, p.109.

tário. A sociologia encontrara beneplácito, no final do século passado, o XIX, nos ambientes políticos radicais. Fez furor entre os intelectuais socialistas ou propensos ao socialismo. Com frequência foi considerada o modo científico para enfrentar a questão social. Também, pela afinidade do nome, muitas vezes foi confundida como parente próxima do socialismo, embora não o fosse. Prescindindo de toda tinta ideológica, a sociologia levava consigo a exigência da política como ciência.

Os regimes totalitários nasceram, ao contrário, sob o signo do irracionalismo, da exaltação da genialidade, do instinto. A política aparecia sob a roupagem de uma religião, evidentemente falsa. Os antigos positivistas, agora tão desprezados, viam no homem político um irmão menor do estudioso das ciências sociais; os totalitários invocaram, ao contrário, o chefe carismático, irmão menor do mago. Os primeiros acariciavam o ideal de uma política elaborada em um gabinete de cientistas; os segundos preferiram um diálogo excitado, na praça, entre o chefe e a multidão. Uma das funções práticas da sociologia era a de desobstruir o terreno político de mitos que impediam a libertação do erro e da miséria. Mitos e superstições sociais foram instrumentos cômodos de dominação da "era das tiranias". E, se a história e a ciência ainda foram invocadas, isso aconteceu só pelos serviços que podiam prestar aos detentores do poder, mas foram invocadas a falsa história da ideologia imperial e a falsa ciência da ideologia racista.

Superados os empecilhos até aqui elencados, nota-se, nos últimos anos, um renovado interesse pela sociologia, embora ele ainda não tenha dado frutos maduros. Por um lado, a filosofia idealista cessou de ser dominante. As orientações filosóficas que tomaram seu lugar – falo em especial das filosofias militantes, como o neoempirismo, o neomarxismo, o pragmatismo – são favoráveis às pesquisas sociológicas. Também a corrente espiritualista, difundida sobretudo nos ambientes acadêmicos, mostra-se amiga da sociologia pelo único fato de ter debelado seu inimigo, o historicismo. Um dos homens mais eminentes do mundo cultural e político católico, Luigi Sturzo, foi cultor da sociologia, e foi fundado um instituto que recebeu seu nome para desenvolver esse gênero de pesquisas.

No campo específico da filosofia do direito, um chamado insistente ao abandono do formalismo e, ao mesmo tempo, ao estudo das relações entre o momento jurídico e a sociedade, entre forma jurídica e valores éticos, políticos, culturais, proveio de estudiosos que receberam sugestões de filosofias heterodoxas, como a filosofia dos valores e da cultura (Perticone, Treves). Com a atenção posta nas relações entre regime político e ordenamento jurídico, entre valores culturais e direito, ela merece ser considerada, a esta altura de nossas notas, uma contribuição à chamada tarefa fenomenológica da filosofia do direito, produzida por vias diferentes daquelas da filosofia hegeliana da história ou da sociologia positivista.

Além disso, as rápidas transformações sociais, a sempre mais ampla intervenção do Estado nas relações econômicas, com o consequente suceder-se e sobrepor-se vertiginoso de leis, os problemas nascidos da inflação e da passagem de um regime totalitário a um regime democrático, permanecendo os textos legislativos, obrigaram os juristas a examinar com maior atenção a realidade dos interesses sociais e a não considerar mais a interpretação da lei como sua única tarefa. Não digo que o tecnicismo jurídico esteja em declínio, mas havia chegado a tal perfeição formal que começava a ser olhado com mal-estar. E, como sempre acontece, onde o método lógico-formal decai, volta a ser honrado o método sociológico. São frequentes os convites, que partem dos próprios juristas, a olhar mais para a vida e menos para os livros.

Enfim, a volta ao regime democrático estimula as investigações sociológicas na mesma medida em que o regime totalitário, de longa permanência, as tinha impedido. É sabido que as investigações sociológicas estão hoje mais avançadas nos países que há muito tempo são regidos por governos democráticos. Aqui limito-me a uma consideração: onde se recorre menos à força e mais à persuasão para governar, é preciso um conhecimento mais exato dos interesses, das necessidades, das ideias dos diversos grupos que compõem a sociedade. As pesquisas sociológicas constituem um dos instrumentos desse conhecimento. A política democrática tende a tornar-se, no limite, uma política científica, e um dos instrumentos dessa política é a investigação das estruturas sociais nas quais se insere a obra do legislador.

5. O problema metodológico

O quarto problema, o metodológico, suscitou maior interesse entre os filósofos do direito e os juristas da Itália. Tradicionalmente, divide-se em dois aspectos: 1) se a jurisprudência é ciência; 2) posto que seja ciência, a que tipo ela pertence. Como prevaleceu na Itália, desde o final do século XIX, a corrente sistemática, o primeiro problema foi em geral considerado resolvido em sentido afirmativo. Reapresentaram-se algumas dúvidas, recentemente, nos estudos de Leoni, que tendem a realçar na experiência jurídica um elemento irracional, isto é, irredutível a uma construção unitária e coerente. Alguém, cansado do excessivo tecnicismo da dogmática tradicional, na crise da jurisprudência conceitual, deixou-se tomar pela tentação de considerar, segundo uma antiga distinção, o trabalho do jurista não como ciência, mas como arte. Não se trata, porém, de uma tendência vital, nem deu lugar a verdadeiras batalhas ideológicas.

A segunda questão foi muito mais discutida. Na esteira do historicismo, a classificação das ciências mais adotada foi a que distingue as naturais ou generalizantes das históricas ou individualizantes. Tratava-se de saber se a ciência jurídica era uma do tipo natural ou histórico. Os filósofos do direito, pertencentes à corrente dominante, ao idealismo historicista, responderam em concordância, na esteira de Croce e de Gentile, e, salvo algumas exceções (Calogero), que a ciência jurídica é uma ciência natural (Cesarini Sforza, Cammarata, Battaglia). E foi tão decisivo o clima de cultura criado pelo idealismo que escritores pertencentes a outra orientação, como Capograssi, acolheram a tese de que a ciência jurídica era o momento da pesquisa objetiva da experiência jurídica, isto é, do direito como vontade abstrata do legislador, o momento, teria dito um idealista, no qual o direito apresenta-se como natureza, e não como espírito. Aliás, exatamente nessa orientação, verificou-se que os filósofos diziam as mesmas coisas que os juristas, os quais, pela boca de Carnelutti, atribuíam à ciência jurídica aquelas operações de observação do dado exterior e de comparação e classificação, de decomposição e recomposição que são próprias das ciências naturais e as distinguem da história como estudo daquilo que é individual e irrepetível.

Entre filósofos e juristas havia, porém, uma grande diferença. A expressão "ciência natural" era usada por uns e outros com diferente peso valorativo, negativo para os primeiros e positivo para os segundos. Para um idealista, afirmar que a ciência do direito era uma do tipo natural significava considerá-la uma forma inferior de conhecimento com respeito à filosofia e à história, forma inferior de conhecimento caracterizada, segundo Croce, pela elaboração de meros pseudoconceitos (distintos dos conceitos puros), ou confinada, segundo Gentile, ao campo daquela lógica abstrata que se opõe à lógica filosófica ou concreta. Para o jurista, ao contrário, que sempre considerara as ciências da natureza um modelo de pesquisa científica, a ciência por excelência, atribuir à do tipo jurídico o título de ciência natural significava reconhecer o longo caminho que ela havia percorrido desde a pura e simples exegese dos códigos até a elaboração sistemática das categorias jurídicas, significava fazer uma apreciação favorável de seu recente desenvolvimento e de suas futuras possibilidades. Era, em suma, um título de honra, do mesmo modo que, para os filósofos, era uma razão de censura. Em outras palavras, pode-se dizer que, para os juristas, o reconhecimento da cientificidade da jurisprudência era o ponto de chegada; para os filósofos, era simplesmente o ponto de passagem para alcançar aquele conhecimento mais profundo da experiência jurídica, que era dada a quem, filósofo ou historiador, subia da norma ao ato que tinha posto a norma, ou descia do abstrato da lei ao concreto da realidade histórica, da qual a lei é uma manifestação.

Penso que essa distinção de planos entre ciência abstrata e história concreta – que foi um dos cavalos de batalha do historicismo italiano – não deixou de exercer influência benéfica no desenvolvimento da ciência jurídica. Ajudou a identificar dois grandes perigos inseridos no chamado naturalismo dos juristas: 1) o do objetivismo, para o qual, uma vez resolvida a experiência jurídica da norma objetiva, o trabalho do intérprete, como o de um biólogo, o de um químico, o de um físico, consiste em reproduzir e reconstruir os fenômenos dados sem avaliá-los, de onde segue a afirmação de que a interpretação jurídica é uma atividade reprodutiva, sem ser criativa, pura e simples obra de transmissão da lei, além de colaboração com o legislador; 2) o do formalismo, para o qual, separada a norma jurídica da história que a produziu e da sociedade que a reflete, o trabalho do jurista resolve-se na elaboração de categorias formais e na tentativa desesperada de extrair a solução do caso controverso pela dedução de princípios, em vez de pela investigação da realidade social, de onde se tira a consideração da interpretação jurídica como pesquisa mais lógica do que histórica ou sociológica.

E, de fato, querendo fazer um julgamento abrangente da orientação atual da ciência jurídica na Itália, não é absolutamente temerário afirmar que o naturalismo jurídico esteja agora em declínio. É significativo que um dos juristas que mais sentiu o efeito da educação filosófica idealista, Ascarelli, tenha estado na vanguarda dessa polêmica antinaturalista e tenha afirmado, contra o objetivismo, que a interpretação jurídica é criativa, e não meramente reprodutiva, e, contra o formalismo, que o jurista não pode se desinteressar das condições históricas nas quais um instituto jurídico surgiu e da função econômica à qual se destina. Não afirmo que se esteja chegando à apreciação do direito livre, que na Itália nunca deixou raízes. Simplesmente, começamos a olhar com desconfiança para o puro tecnicismo jurídico, que havia alcançado notável perfeição, e não nos contentamos mais com isso, nem nos acomodamos com os resultados alcançados. Um sintoma: o jurista Piero Calamandrei, um dos mais representativos da geração do tecnicismo, em 1941 fazia o elogio da ciência jurídica como guardiã da legalidade, mas em um de seus últimos escritos, ao contrário, lamentou o abuso da lógica abstrata, convidando os juízes a enveredar com mais coragem o caminho dos julgamentos equitativos.[6]

Uma última observação: não passou sem eco, no campo da metodologia jurídica, o recente movimento de revisão da concepção tradicional da ciência e da lógica, que recebeu o nome de positivismo lógico. Já se fizeram ouvir algumas vozes nessa direção. E vai se difundindo uma aura favorável àquela maior consciência linguística que é fruto dos vários movimentos da filosofia analítica. Não me admiraria que, através da posse de uma concepção mais madura do conhecimento científico e dos novos instrumentos lógicos e de análise da linguagem, se fizesse valer, em reação à tendência antidogmática, uma nova tendência à reavaliação dos ideais da certeza e do rigor. Não se trata, porém, tanto de impor à ciência jurídica uma nova concepção prefigurada da própria ciência, segundo a pergunta que tinham

---

6 P. Calamandrei, "Il nuovo processo civile e la scienza giuridica", *Rivista di Diritto Processuale Civile*, XVIII, p.53-75; "La funzione della giurisprudenza nel tempo presente", *Rivista Trimestrale di Diritto e Procedura Civile*, IX, p.252-72.

feito a si mesmos, até agora, os filósofos do direito: "A ciência jurídica é uma ciência natural ou uma ciência histórica?". Trata-se, sim, de conduzir uma investigação particular dos procedimentos usados pelos juristas em seu trabalho de interpretação e de organização. Trata-se, mais do que de uma epistemologia jurídica, de uma lógica jurídica e de uma teoria da argumentação jurídica.

6. O que a filosofia do direito fez e o que deveria fazer

À guisa de conclusão, gostaria de tocar em dois pontos: primeiro, qual contribuição a filosofia do direito deu aos estudos jurídicos nas últimas três décadas; segundo, quais são, atualmente, os temas da filosofia do direito mais merecedores de serem tratados nos diversos campos até aqui examinados.

Em geral, pode-se dizer que a contribuição dada pela filosofia do direito aos estudos jurídicos foi a de esclarecimento dos problemas de fronteira e a de aumento da consciência crítica com relação aos tradicionais problemas gerais do direito, portanto, de ruptura de posições que vinham se cristalizando. Com respeito ao problema da justiça, a posição que a filosofia do direito combateu, seja em sua orientação jusnaturalista, seja em sua orientação antijusnaturalista, foi a do legalismo ético, ou da concepção legalista da justiça, segundo a qual é justo o que é conforme a lei ou, em outras palavras, a lei é justa só pelo fato de ser lei. Houve uma disposição comum, entre os filósofos do direito, de acentuar a diferença entre fatos e valores, de considerar a justiça como valor e o direito como fato histórico e social, para depois distingui-los conforme o fundamento dos valores estivesse colocado na vontade divina, na natureza ou na história.

No âmbito das questões levantadas em torno do conceito do direito, diria que a maior contribuição dada pela filosofia tenha consistido na distinção entre direito e Estado e na ampliação desse conceito – não importa se entendido como relação, como norma ou como instituição –, até compreender ordenamentos diferentes do estatal. Na atividade tradicional dos juristas, foi se consolidando, ao lado de uma concepção legalista da justiça, uma concepção estatalista do direito. No campo dos filósofos do direito, prevaleceu a concepção oposta, que, afirmada por Croce e elaborada sobretudo por Romano, foi acolhida favoravelmente pelos que pertenciam às mais diversas orientações. Segundo essa teoria, dita da pluralidade dos ordenamentos jurídicos, o direito é um fenômeno social, e o Estado não é senão uma das formas, ainda que historicamente a mais importante, das sociedades juridicamente organizadas.

Quanto ao problema da ciência jurídica, penso que, através da orientação historicista predominante na Itália, foram abertas as portas às correntes metodológicas mais isentas de preconceitos, que pouco a pouco reduziram a fragmentos a estrutura da dogmática jurídica e sacudiram os juristas de sua idolatria do puro tecnicismo. Não digo que o tecnicismo jurídico, cujas benemerências não são desconhecidas por ninguém, deva ser abandonado, mas ele não satisfaz mais. Os próprios juristas que o praticam percebem seus limites e, mesmo continuando a praticá-lo, procuram ampliar o horizonte no qual se inscreve o fenômeno jurídico e munir-se de novos instrumentos de pesquisa.

E para terminar: quais são os temas da filosofia do direito que mais merecem ser aprofundados?

No campo da teoria da justiça (tarefa deontológica), entendida a justiça como um critério de avaliação dos comportamentos humanos, os problemas mais estimulantes são aqueles que dizem respeito a juízos de valor, sua natureza e seu *status* lógico, à relação entre juízos de valor e juízos de fato, para os quais se voltaram, recentemente, os filósofos analíticos. Com base na distinção entre juízos de valor e juízos de fato e em sua respectiva indedutibilidade, dever-se-ia retomar a crítica da doutrina do direito natural (cujo despertar deve-se mais a razões políticas, sentimentais, do que teóricas), doutrina caracterizada pela pretensão de extrair os valores dos fatos, o critério de avaliação das ações humanas da existência, ou da pretensa existência, de certos caracteres constantes no homem. A rejeição do direito natural nos obriga a uma ampla e minuciosa pesquisa dos critérios de avaliação que estão compreendidos no termo genérico "justiça" e de sua recíproca relação, investigação que deveria ser realizada positivamente sobre um número sempre maior de ordenamentos históricos e vigentes, e que ainda não possuímos. Trata-se de uma pesquisa que se poderia chamar de "fenomenologia da justiça".

No campo do conceito do direito (tarefa ontológica), acredito que a direção mais fecunda e frutuosa foi a kelseniana, e penso que ela deva ter prosseguimento, desenvolvendo-se as pesquisas iniciadas por Kelsen e por sua escola relativamente à teoria formal do ordenamento jurídico. Não se trata de acolher todas as soluções de Kelsen, mas de dar continuidade a sua obra. Para esse fim, podem ajudar as pesquisas em torno da lógica das proposições normativas, que estão se tornando cada vez mais intensas entre os lógicos. Diria que, nesse campo, estamos passando do estudo da estrutura da norma jurídica (as conhecidas questões se a norma é um comando ou um julgamento, quais são os destinatários da norma jurídica etc.), que atraiu os teóricos do direito no final do século XIX, para o estudo da estrutura do ordenamento jurídico (no qual vejo sobretudo os méritos de Kelsen), que nos põe diante dos problemas do ordenamento como sistema de regras de conduta com os três problemas conexos da hierarquia, da compatibilidade e da completude das normas que o compõem.

No campo da chamada pesquisa fenomenológica, trata-se de abandonar as grandes sínteses, insuficientemente fundamentadas, às quais os positivistas voltaram-se com excessiva confiança na sociologia, e de iniciar estudos particularizados sobre a composição, a estrutura, a função e a dinâmica dos grupos sociais que o jurista está interessado em especial em conhecer, desde as famílias às grandes associações, para tirar daí todas as indicações que possam ser úteis para uma legislação tecnicamente adequada e para uma interpretação evolutiva, em particular daquela mais vasta e complexa sociedade que é a sociedade estatal, na qual surgem os problemas da formação e do exercício do poder, da classe política e da classe dirigente, da circulação das elites e de sua composição, das ideologias políticas e de sua real influência sobre a determinação da conduta, que são os tradicionais problemas da filosofia política, dos quais o filósofo do direito não pode mais de modo algum desinteressar-se se não quiser resignar-se à aceitação passiva de uma mitologia política que já teve sua época.

Enfim, no campo da teoria da ciência do direito (tarefa metodológica), a chamada disputa dos métodos – jurisprudência conceitual ou jurisprudência dos interesses, interpretação declarativa ou criativa? – está se exaurindo, até porque nos damos conta de que, por trás dos diferentes métodos, há diversas orientações éticas e políticas e de que a diferença dos resultados depende não tanto da impostação metodológica, mas sim dos diversos pontos de partida ético-políticos dos quais se consideram os conteúdos normativos. Hoje, o problema mais sério nesse campo não é tanto o de propor novas maneiras de interpretar a lei, mas de estudar os procedimentos intelectuais efetivamente usados pelo legislador para impor as normas, e pelo jurista e pelo juiz para aplicá-las, valendo-se dos novos instrumentos oferecidos pela lógica simbólica e pela teoria da argumentação, assim como os juristas medievais tinham-nos estudado valendo-se da lógica e da retórica clássicas. Trata-se de um reconhecimento amplo e objetivo do instrumental lógico dos juristas, que deve visar ao enriquecimento daquele capítulo da filosofia do direito, em geral transcurado, que é a lógica legal.

O fato de esses serem os temas atuais da filosofia do direito não significa que são os mais abordados. Ainda há filósofos do direito, na Itália, que parecem voltados sobretudo para o tratamento de temas que julgo menos interessantes ou totalmente esgotados. São temas atuais para mim, ou seja, são os temas dos quais ocupo-me faz alguns anos e dos quais desejaria ocupar-me também no futuro.

Parte II

Do positivismo jurídico

Preâmbulo

Um dos maiores obstáculos a obstruir o caminho da filosofia do direito e a impedir o livre curso das disciplinas que deveriam recolher sua herança é a disputa tradicional entre positivismo jurídico e jusnaturalismo, que se configura como oposição entre duas escolas em perpétua guerra, tendendo, cada uma, à eliminação da outra.

Nos ensaios desta segunda parte, busca-se mostrar as diversas faces do contraste e, por isso mesmo, torná-lo menos embaraçoso para o desenvolvimento de nossos estudos. No primeiro ensaio, realiza-se uma análise dos significados de formalismo jurídico, que se tornou o alvo dos antigos jusnaturalistas, por um lado, e dos novos realistas, por outro, aliados entre si, e procura-se fazer ver que nem todas as várias espécies de formalismo caem sob os mesmos golpes. Prossegue-se, no segundo ensaio, com uma pesquisa em torno dos diversos significados de positivismo jurídico, apresentado ora como um modo de aproximar-se do estudo do direito, ora como uma teoria do direito e do Estado, ora como uma ideologia política. No terceiro ensaio, termina-se propondo uma distinção entre três formas típicas de jusnaturalismo, o que permite considerar a antítese entre positivismo jurídico e jusnaturalismo sob diversos aspectos, de modo a tornar mais difícil seu enrijecimento sectário.

O apêndice constitui uma confirmação das teses sustentadas no segundo ensaio, a propósito de um livro recentemente publicado.

IV
Formalismo jurídico

1. Revolta contra o formalismo

Se fosse preciso escrever um ensaio sobre as orientações da teoria do direito na Itália depois da guerra, talvez não pudesse resistir à tentação de tornar meu o título do feliz livro de Morton White sobre a cultura norte-americana da era rooseveltiana: *A revolta contra o formalismo*. Os testemunhos são tantos e tão importantes que o único obstáculo é o da escolha. A história não é nova: formalismo e antiformalismo são as posições extremas, e sempre recorrentes, entre as quais oscila o pêndulo da jurisprudência, como ocorre, em estética, com classicismo e romantismo. Quando a minha geração debruçou-se sobre os estudos, o tecnicismo jurídico – como se chamava a nova encarnação do formalismo – celebrava seu triunfo sobre as tendências sociológicas, sobre a escola do direito livre, sobre a livre investigação científica, em uma verdadeira revolta contra o antiformalismo.

A revolta contra a revolta a que hoje assistimos não é senão um momento da alternância dos estudos jurídicos. Aqueles que ao abraçarem, por causa da idade, o curso de duas gerações, viveram tanto os dias fastos como os dias nefastos do tecnicismo, não se maravilham com isso; antes, levantam para contemplar o processo histórico em seu movimento variado e complexo. Aprenderam a resguardar-se dos ardores demasiado iconoclastas, das impaciências demasiado frementes, das expectativas demasiado confiantes. Sua tarefa, hoje, pode ser a de fazer que, na reação ao passado, não seja perdido o que havia de válido, de digno de ser conservado; evitar que, no ódio a alguns excessos, queira-se recomeçar tudo do princípio, e, por amor do novo e pelo novo, as exumações se façam passar por descobertas.

Tenho plena consciência de que a história procede aos saltos. Aliás, são até bastante evidentes as razões históricas, sociais, ideais da transformação também no pensamento jurídico, para justificar uma atitude de incompreensão, de resistência ou, pior, de desafio. Uma das tarefas do homem de razão e de ciência, porém, é exatamente fazer que os saltos não sejam por demais bruscos.

Não é minha intenção realizar um balanço, que, ademais, já foi feito com propriedade por outros.[1] Tenho propósito mais modesto. Como está em questão o formalismo jurídico, não parece inoportuno nem impertinente fazer, à guisa de discurso introdutório, a seguinte pergunta: por formalismo jurídico entende-se o quê? Minha suspeita, não de hoje,[2] é que essa

---

1 F. Carnelutti, "Bilancio del positivismo giuridico", *Rivista Trimestrale di Diritto Pubblico*, I, p.281-300, agora em: *Discorsi intorno al diritto*, II, p.241-61; E. Allorio, "La vita del diritto in Italia", *Jus*, N.S., I, p.42-73, agora em *La vita e la scienza del diritto in Italia e in Europa*, p.3-46.

2 N. Bobbio, Formalismo giuridico e formalismo etico (1954). In: *Studi sulla teoria generale del diritto*, p.145-62. Sobre o problema do formalismo jurídico, ver também os dois amplos verbetes "Formalismo giuridico" na *Enciclopedia italiana*, apêndice III, v.I, de R. Orestano, e no *Novissimo Digesto Italiano*, de G. Tarello. Nesse último há uma riquíssima bibliografia. Tarello distingue vários significados de "formalismo jurídico", conforme a

expressão significa coisas diferentes, muito diferentes, algumas boas, outras más, outras ainda sobretudo inevitáveis, com esta consequência: uma polêmica geral e genérica contra o formalismo acabará sendo fonte de confusão que produzirá equívocos, incompreensões, discussões inúteis, exclusões injustificadas. Neste artigo, examino quatro significados de formalismo jurídico, e não pretendo que sejam os únicos.

2. A concepção formal da justiça

Em uma primeira acepção, por formalismo jurídico entende-se certa teoria da justiça, em particular a teoria segundo a qual ato justo é aquele conforme à lei, e injusto, o que é diferente. Mais propriamente, deveria ser chamado de formalismo ético, porque tem em comum com toda teoria formalista da ética a afirmação de que o juízo ético consiste em um juízo de conformidade de um ato com a norma, e por isso é bom o ato realizado para fazer cumprir a lei, e é mau o ato praticado para transgredi-la. O termo mais comumente usado para designar essa teoria é "legalismo". Então, podemos dizer que, nessa primeira acepção, o formalismo jurídico coincide com a concepção legalista da justiça. Não há dúvida de que parte das acusações ao formalismo jurídico são dirigidas contra a concepção legalista da justiça, em defesa de uma ideia que consiga distinguir o juízo de legalidade do juízo sobre a

---

expressão indique determinado tipo de ordenamento jurídico, determinada atitude do jurista diante do direito, determinada concepção do direito (o direito como forma), determinada concepção da ciência jurídica (como ciência formal), determinado modo de interpretar o direito. O terceiro, o quarto e o quinto desses significados correspondem aproximadamente ao segundo, terceiro e quarto discutidos neste capítulo. Há certa correspondência também entre o segundo significado proposto por Tarello e o primeiro considerado por mim (o que chamo de formalismo ético). Falta, porém, na minha exposição, uma consideração do formalismo como caráter de certos ordenamentos jurídicos.

justiça ou a injustiça das ações, e seja consciente do fato de que os dois juízos divergem de tal modo que nem sempre a ação legal é justa, nem sempre a ação justa é legal.

Essa concepção da justiça chama-se "formal" porque define a ação justa como cumprimento do dever, o homem justo como aquele que cumpre seu dever, prescindindo completamente de toda consideração em torno da natureza ou do fim do dever. De modo análogo, fala-se em "verdade formal" de uma proposição da qual nos limitamos a constatar a correspondência às regras do discurso de que faz parte, descartando qualquer verificação do evento ao qual ela se refere. Aqui, o termo "formal" é empregado em um de seus significados mais tradicionais, mais clássicos, como modelo ideal, à maneira do qual se ajustam atos ou acontecimentos. Um sistema normativo é aqui considerado um modelo, ou melhor, um conjunto de modelos para as ações humanas. A justiça das ações consiste na adequação delas aos modelos estabelecidos.

Por mais que a polêmica antiformalista se obstine contra essa espécie de formalismo, ele não é muito comum entre os juristas, que são defensores convictos da legalidade. Mas o dogma da legalidade, ao qual eles são fiéis, é diferente da concepção legalista da justiça (ou seja, do legalismo). A legalidade é um critério que serve para distinguir os atos jurídicos dos não jurídicos, mas não para formular um juízo sobre sua justiça ou injustiça. É bastante pacífico que um defensor da legalidade afirme que as leis positivas devem ser obedecidas e aplicadas porque são leis, não porque são justas, e, portanto, devem ser obedecidas ainda que sejam injustas. O "desconsolado obséquio às leis apenas porque são leis" de que falou Calamandrei nos anos turvos[3] – que muitas vezes foi censurado pelos neojusnaturalistas –, não

---

3 La certeza del diritto e la responsabilità della dottrina (1942). In: *Studi sul proceso civile*, V, p.99.

seria "desconsolado" se a legalidade coincidisse em tudo e por tudo com a justiça.

A concepção legalista da justiça, formulável em sua pureza deste modo: "A lei positiva é justa pelo único fato de ser lei" (redução da justiça à validade), é, na realidade, bastante rara. De novo, constitui um paradigma para os classificadores de teorias ou um alvo para os amantes da polêmica. Historicamente, conheço dois modelos principais dessa ideia: um inspirado em uma concepção convencionalista da ética, e o outro, em uma concepção naturalista. Segundo o modelo convencionalista, não existe justiça ou injustiça antes de qualquer convenção, porque, na natureza, tudo é lícito. Mas, estabelecida uma convenção, a justiça consiste em respeitá-la, e a injustiça, em infringi-la. É a posição de Hobbes: "Não se pode fazer injustiça a não ser àquele com quem se está ligado por algum pacto".[4] Segundo o modelo naturalista, é justo aquilo que cada um tem, por natureza, o poder de fazer, por isso não há outro critério para distinguir o justo do injusto senão a regra posta por aquele ou aqueles que têm o poder de fazer que seja respeitada. É a posição de Spinoza: "O direito natural de cada indivíduo estende-se até onde vai sua capacidade".[5]

No entanto, se é rara a teoria integral da justiça formal, observe-se que não é menos rara a doutrina oposta, que se atribui aos jusnaturalistas, se a formularmos em sua forma extrema: "A lei (positiva) é válida só se for justa" (redução da validade à justiça). Na realidade, sabemos bem que a teoria jusnaturalista clássica foi acompanhada, em geral, pela teoria da obediência, isto é, pela teoria segundo a qual a lei deve ser obedecida, mesmo se injusta, em muitos casos. Dizer que uma lei deve ser obedecida significa afirmar, exatamente, que é válida. Desse modo, a teoria da obediência corrige a teoria jusnaturalista pura até

---

4 *De Cive*, III, 4.
5 *Tratado político*, II, 4.

transformá-la na seguinte fórmula: "A lei é válida mesmo se for injusta". Porém, essa fórmula acaba coincidindo com aquela comumente aceita pelos juristas positivistas, ainda que cheguem a ela muitas vezes através de um processo inverso, ou seja, por meio da correção da concepção legalista da justiça. O princípio que interessa ao jurista é o de que a lei deve ser obedecida. Esclarecido que isso se refere à validade, e não à justiça, o passo decisivo é dado para chegar à fórmula: "A lei, mesmo se injusta, pode ser válida", que é uma formulação diferente da precedente, mas com igual significado. Ambas estão fundadas no princípio não da redução da validade da justiça ou vice-versa, mas da distinção entre validade e justiça, segundo a fórmula: "Uma norma pode ser justa sem ser válida e válida sem ser justa".

O que não é absolutamente raro é a teoria legalista da justiça não mais referida ao direito positivo, mas ao direito natural. Também na história do direito natural, a definição mais frequente da justiça é justamente a definição formal. A quem não se contenta com a resposta do positivista legalista: "Esta ação é justa porque corresponde à lei positiva" e pergunta: "Mas a lei positiva é justa?", o jusnaturalista tem o caminho aberto para duas respostas: "A lei positiva é justa porque comanda coisas justas" ou "A lei positiva é justa porque é conforme à lei natural". Essa segunda resposta é a expressão do legalismo jusnaturalista. Quem afirma que a justiça consiste na correspondência às leis divinas ou naturais dá uma definição legalista da justiça, de maneira não diferente daquele que afirma que a justiça é correspondência às leis positivas. Percebe-se então que, nesse significado mais amplo, a concepção legalista da justiça é bastante frequente. Quando Carnelutti, por exemplo, diz que "a justiça é conformidade à ordem do universo",[6] dá uma definição puramente formal da justiça. Isso nos permite entender que a concepção formal da justiça não deve absolutamente ser repudiada,

---

6 *Teoria generale del diritto*, §7.

muito menos escarnecida, mas deve estar bem presente em toda discussão em torno do justo e do injusto, porque qualquer ordenamento jurídico, seja ele positivo ou natural, divino ou humano, parece não poder passar sem ela.

Na realidade, essa concepção satisfaz pelo menos dois valores fundamentais que contribuem para formar, em separado ou conjuntamente, a noção mais comum de justiça: os de ordem e igualdade. Que a noção da justiça como conformidade a uma regra satisfaça o valor da ordem, é óbvio, e creio que ninguém irá querer contestar. A ordem exige não que as regras sejam desta ou daquela natureza, mas que sejam observadas (independente do modo como é obtida a observância, mesmo usando a força). Uma das formulações mais comuns e menos contestadas ou contestáveis da justiça como ordem é *pacta sunt servanda* [os pactos devem ser respeitados]. Trata-se de uma regra que estabelece não o que se deve fazer – e, nesse sentido, não diz respeito ao conteúdo das ações –, mas que se deve fazer tudo o que foi convencionado, qualquer que seja o objeto da convenção.

Que as leis devam ser obedecidas – norma que está no fundamento, seja ela expressa ou tácita, de todo ordenamento estatal – é o análogo da regra *pacta sunt servanda* nos ordenamentos de tipo hierárquico. Mas a noção da justiça formal satisfaz também o valor da igualdade. Do fato de que os sujeitos a quem as regras são dirigidas se conformam a elas deriva a consequência muito importante de que todos esses sujeitos devem ser tratados de modo igual. Que essa igualdade diga respeito ao critério que inspirou a regra, à quantidade de vantagens ou desvantagens a distribuir, à quantidade de pessoas a quem a regra se refere – quer dizer, que não seja uma igualdade absoluta – não significa que a obediência à regra enquanto tal, pelo simples fato de ser uma regra, e não por seu conteúdo, tenha por consequência a igualdade de tratamento. Como Perelman esclareceu: "A igualdade de tratamento é apenas uma consequência lógica do fato de se seguir a regra".[7] Aquele que viola a regra (ou o pacto) e pretende para si um tratamento diferente daquele que a regra estabeleceu para os outros infringe o princípio da igualdade, pelo simples fato de não respeitar a regra (ou o pacto). A violação da regra é, nesse caso, ao mesmo tempo, a violação do princípio de igualdade, na medida em que a igualdade de tratamento é a consequência do fato não de que a regra estabeleça isto ou aquilo, mas de que ela exista e seja obedecida.

3. Direito como forma e teoria formal do direito

Por formalismo jurídico entende-se uma teoria particular do direito. Não mais uma teoria da justiça, ou seja, do critério com base no qual as ações ou as leis são julgadas justas ou injustas, mas uma teoria do jurídico, isto é, daquela esfera da atividade prática do homem que costuma ser distinta da moral, do costume, da economia etc. Enquanto uma teoria da justiça mira, em última análise, uma definição do que o direito deveria ser, uma teoria do direito mira, em última análise, uma definição do direito como é, a fim de distinguir o direito ora da moral e do costume, ora da moral e da economia etc. São ditas "formalistas" aquelas teorias que apresentam o direito como uma forma (geralmente constante) com respeito a um conteúdo (comumente variável). Enquanto todas as teorias, pelo próprio fato de visarem oferecer uma noção o mais compreensiva possível do direito, tendem a pôr em relevo os aspectos constantes dele – e desse ponto de vista se poderia dizer que toda teoria é formal –, há algumas, em particular, que definem o direito como forma, ou seja, fazem do próprio direito um aspecto ou um momento formal de uma realidade mais ampla (seja ela uma realidade social ou, ainda mais amplamente, prática) que o compreende. Aqui, é claro, estamos nos

---

7 Ch. Perelman, *De la justice*, p.55 (cf. trad. it., p.71).

referindo não às teorias formais do direito, porque todas as teorias que alcançam certo grau de sistematicidade são formais, mas às teorias do direito como forma.[8]

Um exemplo bastante interessante dessas teorias é encontrado na doutrina do direito de Kant. Não me parece, porém, que tenha tido seguidores entre os juristas. Kant fixa três notas do conceito do direito, tiradas do tipo de relação intersubjetiva que ele abraça ou institui. A relação jurídica é caracterizada, segundo o autor, pelo fato de ser: externa, recíproca e formal. Ele formula essa terceira característica assim:

> Nessa relação recíproca de um arbítrio com outro, não se leva absolutamente em consideração a matéria do arbítrio, ou seja, a finalidade que alguém se propõe com o objeto que visa. Por exemplo, não se perguntará se uma pessoa com as mercadorias que comprou de outra para seu comércio poderá ou não desfrutar também sua própria vantagem, mas não se deve considerar senão a forma na relação dos dois arbítrios, enquanto esses são considerados absolutamente livres, e buscar unicamente que a ação de um dos dois possa harmonizar-se com a liberdade do outro segundo uma lei universal.[9]

Esse texto de Kant pode ser interpretado de vários modos, mas o que me parece mais interessante é que a tarefa do direito não é estabelecer o que os indivíduos devem fazer nas suas relações recíprocas, mas como devem fazê-lo, de modo a não ofenderem uns aos outros. O direito não diz, para ficar no exemplo, o que devo comprar, isto é, se devo comprar um cavalo ou um automóvel, mas diz como, ou seja, em quais formas, devo comprá-lo para que a coisa adquirida se torne "minha" (e por "meu"

---

8 Sobre esse aspecto do problema do formalismo, cf.: G. Lazzaro, "Il diritto come forma", *Rivista Internazionale di Filosofia del Diritto*, XXXIX, p.636-55. O autor ilustra de modo particular a diferença entre forma formante e forma formada.

9 I. Kant, *Metaphysik der Sitten. Einleitung in die Rechtslehre*, §B.

e "teu" externos Kant entende aquela parte do mundo externo "com respeito à qual qualquer coisa que me impedir seu livre uso me causaria dano").[10]

Essa definição do direito é manifestamente unilateral. Basta uma breve análise de qualquer ordenamento jurídico para se dar conta de que, ao lado de normas que estabelecem o modo pelo qual alguns comportamentos devem ser postos em prática – definíveis como normas ditas "técnicas", segundo a fórmula "se queres A, deves B" –, há normas que entram diretamente no mérito do comportamento, para dar um exemplo que foi objeto de estudo há pouco tempo, todas as normas, em crescente desenvolvimento nos ordenamentos modernos, contêm diretivas econômicas.[11] Mas é igualmente manifesto que a razão dessa definição formal não é teórica, mas ideológica. Provém da concepção de que o fim do direito é a limitação das liberdades individuais, concepção que nasce de uma ideologia política de tipo individualista e desemboca na teoria liberal e negativa do Estado. De qualquer forma, a posição de Kant é interessante para os fins do nosso discurso, para chamar a atenção à pluralidade das acepções de "formalismo jurídico" e para sua irredutibilidade. Ele se mostra formalista na definição do direito, mas não o é na definição da justiça, segundo o sentido ilustrado no tópico anterior.

A teoria do direito como forma, predominante hoje entre os juristas, é diferente daquela resultante da definição de Kant, mesmo que em outras passagens da mesma obra do autor (e não apenas dele, é claro) se possa encontrar uma antecipação dela. Por exemplo, onde Kant, considerando a coação como elemento constitutivo do direito, explica que a passagem do estado de natureza para o estado civil, ou da sociedade natural (na qual vige o direito natural ou privado) à sociedade política (na qual vige o direito positivo ou público), se dá mediante a instituição do

---

10 Ibid., I, §5.
11 E. Di Robilant, *Direttiva economica e norma giuridica*, 1955.

poder coativo, o qual tem a finalidade de tornar peremptórias as relações intersubjetivas que, no estado natural, são apenas provisórias. Poder-se-ia sintetizar o pensamento de Kant sobre esse assunto dizendo que o direito positivo é igual às relações naturais intersubjetivas, mais a coação. Leia-se esta passagem:

> Este [o direito público] não contém nada mais ou não contém outros deveres dos homens entre si do que os que podem ser pensados no primeiro [no direito privado]: a matéria do direito privado é igual em ambos os casos. As leis do direito público dizem respeito, portanto, apenas à forma jurídica da união dos homens entre si (a sua constituição).[12]

Não há quem não veja a analogia jurídica entre esse modo de entender o direito e a doutrina jurídica contemporânea, à qual melhor cabe o título de teoria do direito como forma. Quero dizer, a teoria pura do direito de Kelsen (o qual, de resto, como é sabido, se professa kantiano em vários momentos).

Também Kelsen parte da coação como elemento constitutivo do direito e da definição do ordenamento jurídico como ordenamento coercivo. O que caracteriza o direito não é esta ou aquela matéria de regulamentação (todos os comportamentos humanos, salvo aqueles necessários ou impossíveis, podem ser regulados juridicamente), mas a forma da regulamentação, em particular, para Kelsen, a regulamentação mediante o exercício do poder coativo. Aqui se pode falar de uma definição formal do direito, na medida em que se contrapõe a todas as outras definições que contêm uma referência ao conteúdo, por exemplo: "normas jurídicas são aquelas que regulam as relações intersubjetivas entre os homens"; ou uma referência ao fim, como neste caso: "normas jurídicas são aquelas que têm por escopo a conservação da sociedade"; ou uma referência aos valores, por

---

12 I. Kant, *Metaphysik der Sitten*, I, §41.

exemplo: "normas jurídicas são aquelas que se inspiram no valor da justiça".

Além dessas teorias que procuram captar o elemento característico do direito em seu posicionamento como forma dos fenômenos econômicos ou sociais em geral, pode-se falar apropriadamente de formalismo jurídico, com maior razão ainda devido à maior difusão da doutrina corrente entre os intérpretes do direito positivo, seja estatal ou internacional, conhecida pelo nome de "normativismo". Em sua definição mais corrente, o normativismo é aquela doutrina segundo a qual um fato (no sentido mais amplo) é jurídico quando tomado em consideração por uma norma jurídica que lhe atribui determinadas consequências. Ou seja, é característico da teoria normativa o reenvio do critério distintivo do direito do fato à norma, em outras palavras, de seu conteúdo – pelo qual, por exemplo, um fato pode ser econômico, social, moral – a sua forma, pela qual só pode ser ou comandado, ou proibido, ou permitido. Aqui, "forma" é entendida no sentido mais comum de "recipiente", ou seja, de continente que não muda quando o conteúdo se altera. Atos humanos e fatos naturais, relações e instituições tornam-se jurídicos desde o momento em que ingressam nos esquemas normativos fornecidos por determinado ordenamento.

Teoria do direito como forma, no sentido apontado, e normativismo não coincidem necessariamente, embora sejam muitas vezes confundidos e se encontrem lado a lado nos mesmos tratados. A primeira é uma teoria geral do direito que responde à pergunta: "Qual é a natureza do direito?". O segundo é um modo de considerar os fenômenos jurídicos, um ponto de vista sobre a atividade jurídica, em geral, sobre todo o mundo da experiência jurídica, vista como *sub specie legis*, que responde à questão: "Como se distinguem os fatos juridicamente relevantes dos irrelevantes?".

A diferença resulta também da distinção das doutrinas às quais ambos se opõem. A definição do direito como conjunto de normas com eficácia reforçada mediante o poder coativo contrapõe-se a qualquer teoria que busque defini-lo fazendo referência à noção de bem comum. A teoria normativa do direito se opõe às teorias sociológicas e realistas. Aqui preciso dizer que, enquanto alguns juristas resistem à primeira espécie de formalismo, a segunda espécie é um dos pressupostos de seu trabalho de intérpretes, uma das ferramentas de trabalho às quais parece que não podem renunciar – prova, se ainda fosse preciso, da necessidade de distinguir as várias espécies de formalismo e de rejeitar toda polêmica que não faça essa distinção.

4. Ciência do direito como ciência formal

O normativismo abre o caminho para considerar-se um terceiro significado, ou melhor, grupo de significados ligados à expressão "formalismo jurídico". "Normativismo" designa não apenas certo modo de conceber a experiência jurídica, como *sub specie legis*, mas também determinada maneira de fazer ciência do direito. Aliás, os dois significados estão estreitamente ligados. Em geral, pode-se dizer que, ao falar-se em "formalismo jurídico", é possível referir não só a uma concepção formal da justiça e a uma concepção do direito como forma, mas também a uma concepção da ciência jurídica como ciência formal. Ao lado de um formalismo ético e de um formalismo jurídico (em sentido estrito), aparece entre os juristas também um formalismo científico.

Não se fala de ciência jurídica como ciência formal, no sentido mais estrito e rigoroso da palavra, segundo o qual se distinguem as ciências formais (como a lógica) das ciências empíricas (como a biologia). Fala-se dela em sentido mais amplo, como forma de saber, que não tem por objeto fatos do mundo físico ou humano, mas qualificações normativas de fatos, e cuja tarefa não é a explicação, própria das ciências naturais, mas a construção e, em última instância, o sistema.

A noção de "construção" foi estruturada pela primeira vez, como se sabe, por Ihering. Ora, "construção" é o termo mais comumente usado pelos juristas para indicar a operação característica da ciência do direito (distinta, exatamente, da mera interpretação das leis), que consiste em definir um fato, um ato, uma relação, um instituto com o fim de inseri-lo no sistema dos conceitos jurídicos. Através do conjunto de operações denotado com o nome de "construção", o jurista inclui dado fato, ou ato, ou relação, ou instituição nesta ou naquela categoria jurídica, a fim de atribuir-lhe esta ou aquela qualificação normativa e classificá-lo no sistema. Da construção depende a atribuição de determinadas consequências jurídicas a um fato ou ato, ou relação, ou instituição. À construção é confiada a formação do sistema jurídico. Nessa acepção, o termo "construção" está estreitamente relacionado à noção de "dogmática", a qual é, em sentido dinâmico, o efeito da construção dos juristas e, em sentido estático, um conjunto de modelos preparados para a obra de construção. Não é incomum que um jurista exprima a exigência de "construir do ponto de vista dogmático" um instituto,[13] e muitas vezes essa operação é chamada "construção dogmática", ainda que o adjetivo pareça agora ter se tornado pleonástico, pelo uso rico de significado do substantivo. A designação de uma pesquisa assim orientada como "formal" ou, em sentido depreciativo, "formalista", explica-se considerando que seu fim não é nem a explicação causal, nem a justificação teleológica de um instituto, mas a determinação de seu *status* normativo.

É comumente considerada incorreta, do ponto de vista da técnica científica do jurista, uma definição jurídica qualquer que diga como surge e para que serve uma instituição, e não qual é seu *status* normativo. Veja-se, por exemplo, como, inspirando-se

---

13 R. Nicolò, *L'adempimento dell'obbligo altrui*, p.14.

nessa pureza metodológica, nessa espécie de rigorismo antiteleológico, Allorio há pouco tempo suprimiu dos conceitos juridicamente relevantes o de sanção, porque ele não teria nenhuma autonomia, do ponto de vista estrutural, podendo ser reduzido "ao dispositivo normal da norma, entendida como juízo sobre os comportamentos humanos".[14] Responde a Benvenuti, que define a sanção como "garantia da juridicidade do preceito", rejeitando a fórmula, porque dela, no máximo, "teríamos aprendido para que serve a sanção, mas não o que ela *estruturalmente é*".[15]

O parentesco entre esse formalismo da ciência jurídica e o normativismo é evidente. Na base da concepção formal da ciência jurídica está a do direito, própria da teoria normativa, segundo a qual ele é um conjunto de qualificações normativas de comportamentos, em que a tarefa de uma investigação científica do direito resolve-se em uma recondução dos comportamentos às estruturas e em uma contínua constituição e reconstituição das próprias estruturas.

Isso não impede que se possa falar em pesquisas formais no campo do direito, independentemente do ponto de vista normativo adotado. Parece-me importante destacar esse ponto porque, se não se fazem as devidas distinções, acaba-se por envolver na crítica ao normativismo – que vem sendo cada vez mais difundida e insistente nos últimos anos – algumas pesquisas inocentes, que podem ser ditas formais sem estarem necessariamente comprometidas com a teoria normativa. Eu mesmo chamei várias vezes de "formal" a teoria geral do direito, na medida em que se ocupa dos problemas relativos às regras jurídicas, prescindindo do que é regulado, e compreende o estudo dos problemas conexos à

---

14 E. Allorio, "La pluralità degli ordinamenti giuridici e l'accertamento giudiziale", *Rivista di Diritto Civile*, I, p.262.
15 E. Allorio, "Osservazioni critiche sulla sanzione", *Rivista di Diritto Civile*, II, p.5. Destaque do autor.

estrutura normativa do direito como ordenamento jurídico, mas nunca pensei, com isso, considerar o normativismo a única teoria possível do direito.[16] Um autor que fez de "formalismo" o termo central de sua construção teórica foi Cammarata.[17] Mas por formalismo ele entende, em oposição à dogmática, o estudo das figuras de qualificação jurídica, que resultam da consideração do direito como critério exclusivo de regularidade dos comportamentos, ou seja, um estudo que prescinde de qualquer investigação de caráter psicológico sobre os motivos da ação.

Não estou julgando se os termos "teoria formal do direito" e "formalismo" são convenientes, ou se poderiam ser encontrados outros melhores. O que me interessa é que nem a teoria formal do direito, nem o formalismo, no sentido de Cammarata, são propostos como únicas formas possíveis do conhecimento jurídico. O que fazem é pôr à luz a importância e a autonomia dos problemas de estrutura e distingui-los dos problemas sociológicos, históricos, psicológicos etc. E censurar as pesquisas estruturais por serem formais é como censurar um cavalo por ser equino.

É preciso, enfim, distinguir essas pesquisas estruturais daquelas de lógica jurídica, também chamadas, com pleno direito, ainda que em outra acepção, formais. Se não se quiser criar a confusão das línguas, será bom falar de lógica jurídica em sentido estrito, ou seja, de pesquisas sobre a estrutura das proposições normativas e sobre o raciocínio jurídico. Como tal, a lógica jurídica, mesmo sendo legitimamente chamada de ciência formal, da mesma maneira que a lógica, da qual é parte, não cairá em nenhum dos significados do formalismo até aqui apresentados. De fato, pode-se falar de lógica jurídica em sentido estrito,

---

16 N. Bobbio, *Studi sulla teoria generale del diritto*, p.4, 34.
17 Ver, na conclusão de uma série de estudos sobre os problemas mais discutidos da teoria geral do direito, o ensaio "Limiti fra formalismo e dommatica" [1936], agora republicado na coletânea das principais obras de Cammarata, intitulada *Formalismo e sapere giuridico: studi*.

isto é, de lógica aplicada ao direito, de dois modos: como lógica das proposições normativas e como pesquisa sobre o raciocínio dos juristas.[18] São dois campos de pesquisa, o primeiro em grande parte novo e em fase de preparação, e o segundo em fase de nova discussão e de renovação, através do interesse pela retórica distinta da lógica. As distinções, por exemplo, entre imperativos positivos e negativos, ou entre imperativos categóricos e hipotéticos, são de caráter lógico cuja elaboração é obra da lógica jurídica em sentido estrito. Note-se a diferença entre esses tipos de distinção e aquelas feitas, por exemplo, entre normas de direito material e de direito processual, entre normas de direito estatal e de direito internacional.

Pelo exemplo dado, deveria ficar claro que a lógica jurídica é um ramo do estudo do direito, cuja utilidade e fecundidade podem ser discutidas o quanto se quiser, mas ela não deve ser confundida com nenhuma concepção formalista do direito. É de lamentar que a frequente confusão entre formalismo jurídico e lógica jurídica esteja levando muitos estudiosos do direito a uma atitude de desconfiança em relação à segunda, justo no momento em que ela suscita o interesse dos lógicos e em que a colaboração entre lógicos e juristas seria extremamente desejável.[19] Fique bem claro que o estudo da lógica jurídica, no duplo sentido de lógica das proposições normativas e da jurisprudência, não envolve absolutamente uma concepção geral do direito como forma sem conteúdo, ou como sistema racional hipotético-dedutivo, nem insinua a pretensão, temida pelos juristas, de que se quer chegar a uma formalização rigorosa do raciocínio jurídico.

---

18 Para mais informações sobre esse assunto, remeto a meu ensaio "Diritto e logica", *Rivista Internazionale di Filosofia del Diritto*, XXXIX, p.11-44.

19 Um primeiro encontro entre lógicos e juristas, desencadeado pelos primeiros, ocorreu em um colóquio em Louvaine, realizado de 8 a 9 de setembro de 1958. Mas a atitude de muito juristas participantes foi a de quem foge de um inimigo. Ver as atas do Congresso em *Logique et Analyse*, I, 1958, n.3-4.

5. Interpretação formal do direito

Um quarto significado de "formalismo jurídico" – talvez o mais frequente no uso polêmico e, portanto, o mais conhecido – diz respeito à teoria da interpretação jurídica. Os traços de uma teoria formalista, nesse campo, são tirados ora do método adotado para interpretar e aplicar a lei, ora da função atribuída ao intérprete, ora de ambos. Em relação ao método, é considerada formalista, por exemplo, a prevalência dada à interpretação lógica e sistemática sobre a interpretação histórica e teleológica; a essa distinção se refere, em grande parte, a conhecida controvérsia entre jurisprudência conceitual e jurisprudência dos interesses. Em relação à função, é tida formalista toda doutrina que atribui ao juiz apenas o poder declarativo da lei vigente, sem o poder de criar direito novo; os exemplos mais significativos são as disputas entre os seguidores do método tradicional e a escola do direito livre, no início do século, e a disputa análoga entre os seguidores do método tradicional e a jurisprudência realista na América, na era rooseveltiana.

Não é preciso sublinhar o parentesco entre as disputas em torno do método e da função. Prezar as argumentações de caráter lógico-sistemático é sinal de que se quer um juiz declarador do direito existente; dar a prevalência à investigação dos fins sociais e dos interesses é sinal de que se prefere um juiz criador de direito novo.

Ninguém mais acredita realmente que as operações realizadas pelo juiz para interpretar o direito sejam apenas lógicas, no sentido estrito da palavra, isto é, que sejam operações de dedução de certas conclusões a partir de determinadas premissas; em outras palavras, que a atividade do juiz seja meramente mecânica ou automática. Os juristas e os filósofos do direito tornaram-se cada vez mais atentos à presença, manifesta ou escondida, consciente ou inconsciente, dos juízos de valor. Vale para todos a retratação de Calamandrei sobre a famosa teoria da sentença como silogismo.[20] Isso não impede que exista diferença entre uma interpretação fundada no exame dos chamados conceitos jurídicos e outra fundada na avaliação dos interesses, e que a escolha de uma ou de outra, como Bagolini ainda recentemente mostrou,[21] tenha consequências na diversidade da decisão. Só que não se trata de uma diferença entre uma decisão entendida como a consequência de uma operação lógica e outra vista como a consequência de uma avaliação, mas, talvez, de uma decisão mais atenta às questões lógico-linguísticas, que podemos chamar "formais", e de uma decisão mais atenta às questões de fato (interesses em jogo, fins sociais a alcançar), ou substanciais.

Dado que a escolha de uma posição ou de outra pode influenciar o mérito da decisão, é provável que a própria escolha do método seja condicionada pela apreciação favorável ou desfavorável das consequências da decisão. O juiz adotará este ou aquele método conforme queira obter este ou aquele resultado, o que faz que frequentemente se diga aos juízes que a decisão vem, de fato, antes dos argumentos que a justificam. Sobre a diferença entre jurisprudência formalista e jurisprudência dos interesses, pode-se dizer que, no final das contas, ambas são legítimas segundo o fim que se quer alcançar: em geral, a primeira é ideologicamente mais conservadora e a segunda, mais progressista. O ostracismo dado pela jurisprudência dos interesses à jurisprudência conceitual esconde, sob o argumento de método, avaliações diferentes da tarefa da jurisprudência diante do desenvolvimento da sociedade.

Com isso, porém, a controvérsia antiformalista perde muito de seu interesse. Ao se prescindir do fim que se quer alcançar, é impossível dizer qual o melhor método, se há um método bom e um ruim. Uma vez que se tenha reconhecido o valor decisivo

---

20 P. Calamandrei, *Processo e democrazia*, p.30.
21 L. Bagolini, "Le choix de la méthode en jurisprudence", *Logique et Analyse*, I, p.2.

do fim, a disputa não é mais metodológica, mas ideológica. Trata-se de saber, talvez, qual das duas ideologias se prefere. Mas por parte de quem? Em quais circunstâncias? Afirmar, como aqui mesmo foi feito antes, que a interpretação conceitual é mais conservadora e aquela voltada para os fins sociais e os interesses é mais progressista não significa formular um juízo de valor. "Conservador" e "progressista" são usados, nesse contexto, em seu uso descritivo, um para indicar a função de manter um *status quo*, o outro, a função de mudá-lo.

Que essa operação seja de estimar ou de desaprovar, isso depende unicamente da avaliação do *status quo*: se o julgamos digno de ser conservado, a operação de mantê-lo é boa; se o consideramos merecedor de retoques, melhor é a operação oposta. Não nos admiremos com o fato de que quem defendeu a interpretação mais formalista durante o fascismo tenha se tornado, por ocasião da queda do regime e no período de renovação das instituições democráticas, propagador de uma interpretação evolutiva e até equitativa. Lá, o formalismo era uma defesa contra o novo que não se queria aceitar; aqui, a equidade é um ataque contra o velho que se quer derrubar. Exaltamo-nos diante do juiz Holmes, que interroga, como se diz, as necessidades sociais e reduz a fragmentos o rigor de seus colegas sobre questões famosas, como a da liberdade contratual. Acreditamos, com isso, exprimir um juízo de escolha entre dois métodos interpretativos e declarar nossa preferência pelo método evolutivo. Na realidade, expressamos um juízo de escolha entre duas ideologias, o liberalismo clássico ou puro e o liberalismo social, e julgamos a bondade dos métodos pelos resultados obtidos.

Quando a interpretação evolutiva, criadora ou semelhante era invocada pelos homens de lei nazistas, nunca nos alegramos com isso. A consciência social, o espírito do povo, para as quais eles apelavam, era, na realidade, a consciência racial, o espírito de um partido de fanáticos. Acreditávamos exaltar a legalidade contra o direito livre: na realidade, condenávamos um regime e sua ideologia. E não pensávamos ser confundidos com os adversários de Holmes apenas porque também eles eram formalistas e rejeitavam o apelo à consciência social.

Em geral, formalista quer dizer simplesmente que se é contra as mudanças. Se a mudança é no sentido do progresso, o formalista é um conservador; se é no sentido da reação ou da restauração, é um progressista. Assim, o apelo à consciência social significa apenas que não se está satisfeito com o direito vigente e se quer mudá-lo, mas, diante de uma legislação inspirada nos princípios do liberalismo econômico, os intervencionistas invocarão a voz irresistível da consciência social, do mesmo modo que, diante de uma legislação inspirada na intervenção do Estado, os defensores do livre comércio invocarão a igualmente irresistível voz dos direitos naturais. Mais uma vez, formalismo e antiformalismo, se quisermos servir-nos desses termos, não têm um valor ou um desvalor em si mesmos, seu valor ou desvalor dependem da ideologia à qual servem e que aceitamos (ou rejeitamos).

6. Conclusões

Examinei nesta parte as diversas acepções que a expressão "formalismo jurídico" assume em referência aos problemas da justiça, do direito, da ciência do direito e da interpretação jurídica. Constatei que, pela acentuação do elemento formal em relação ao elemento material, nos diversos campos, surgiram quatro diferentes teorias conhecidas: a concepção legalista da justiça (ou legalismo), a teoria normativa do direito (ou normativismo), a concepção da ciência jurídica como dogmática, a chamada jurisprudência dos conceitos (ou conceitualismo jurídico). Aqui, a modo de conclusão, sinto-me obrigado ainda a fazer duas observações: por um lado, as quatro teorias não se implicam necessariamente e, portanto, não podem ser confundidas ou, pior, identificadas; por outro lado, todas as quatro exprimem uma exigência comum, não facilmente eliminável da experiência jurídica, e, portanto, propõem um problema ou uma série de problemas que não podem ser desconsiderados, muito menos suprimidos.

Para ilustrar o primeiro ponto, valho-me de dois argumentos. O primeiro me é oferecido pela constatação de que, com frequência, um autor segue uma das quatro teorias e não as outras, e dificilmente as quatro são sustentadas ao mesmo tempo. Talvez exista um nexo estreito apenas entre a segunda e a terceira teorias, mas não entre a primeira e a segunda, nem entre a segunda (e a terceira) e a quarta. Nossos juristas são, em sua maioria, fiéis a uma teoria formal do direito, que dá uma definição dele em termos de seu caráter imperativo, estatal, coativo, independentemente de toda consideração da matéria da regulamentação, mas nem por isso aceitam a teoria formal da justiça.[22] Em Perelman, ao contrário, encontro uma definição formal da justiça, mas, ao mesmo tempo, uma rejeição das concepções formalistas da ciência jurídica e da interpretação judiciária.[23] Em Kelsen, a teoria do direito como forma não anda junto à concepção legalista da justiça e suporta sem contradição, a seu lado, uma crítica da jurisprudência conceitual em favor das teses que, nesse campo, são costumeiramente sustentadas pela jurisprudência sociológica. E, para voltar às origens, Ihering, ao qual remonta a paternidade da jurisprudência dos interesses, declara explicitamente uma concepção formal do direito.[24]

---

22 Claramente, nesse sentido, ver: B. Petrocelli, Tecnicismo e antitecnicismo nel diritto penale. In: *Scritti in onore di F. Carnelutti*, IV, p.348s.
23 Ch. Perelman, *Traité de l'argumentation*, I, p.176 *passim*.
24 Como é sabido, Ihering, em *Der Zweck im Recht*, define o direito como "o complexo das normas coativas válidas num Estado" (citado da 2.ed., 1884, I, p.320) e elabora sua definição, de modo não diferente de Kelsen, analisando exclusivamente os conceitos de norma e de coação.

O segundo argumento pode ser tirado da diferente proveniência ideológica e teórica das doutrinas que recorrentemente são contrapostas aos quatro formalismos: a polêmica contra a concepção formal da justiça, empreendida, em particular, pelos que sustentam o direito natural, é um episódio, talvez o mais importante, da recente renovação desse direito, entendido como uma ética material dos valores; a teoria do direito como forma é atacada, ao mesmo tempo, pelas correntes sociológicas e historicistas (incluído aí o marxismo), que não estão absolutamente aliadas com o jusnaturalismo ressurgente; à consideração da ciência do direito como dogmática opõe-se a da ciência do direito como empírica, segundo um modelo naturalista (a importância, por exemplo, dada à natureza das coisas como fonte do direito), que se une, por certos aspectos, ao jusnaturalismo e, por outros, ao empirismo renovado; a teoria da interpretação conceitual precisa acertar as contas como a maior consciência dos pressupostos ideológicos da decisão e com todas aquelas teorias que separam, de modo mais ou menos incisivo, a esfera dos fatos da dos valores, e atribuem o mundo do direito e a obra do intérprete não à primeira, mas sobretudo à segunda, em contraste com toda tentativa de redução da jurisprudência a ciência fatual ou empírica.

A palavra "forma" é um dos termos-chave de nossa linguagem filosófica. Como toda noção-chave, foi empregada com inumeráveis significados, ou famílias de significados. Aqui não seria viável tentar uma análise deles, se possível, pois seria como querer refazer a história da filosofia. Certamente, pelo menos em um vasto e relevante grupo de significados, ela indica, em um fragmento qualquer da realidade, o elemento constante com respeito ao variável, o que não participa da mudança, mas, ao acolhê-la, fixa-a. Ora, nesse contínuo retorno do conceito de forma nos diversos planos em que se articula a experiência jurídica, há, embora nem sempre consciente, a exigência de afirmar a *função estabilizadora* do direito.

Na mudança histórica, o direito representa o que detém o movimento, canaliza-o e solidifica-o; na variação das ações humanas, representa a determinação de uma ordem. A tendência ao formalismo dos juristas emerge, portanto, da própria natureza e da função do direito na sociedade.[25] Considerar justo o que é conforme à lei significa fazer um juízo positivo, prescindindo de qualquer outra consideração moral, de um arranjo estável da sociedade que repousa mais sobre a certeza do que sobre a equidade. Definir o direito como um instrumento para a realização dos mais diversos fins sociais, caracterizado pela técnica da coação, ou da eficácia reforçada, significa pôr o acento no conjunto dos meios indispensáveis para a conservação duradoura de determinado grupo social. Atribuir ao intérprete do direito uma tarefa mais de reconstrução conceitual e sistemática do que de avaliação dos interesses e dos fins sociais implica prestar homenagem, no momento da aplicação, outra vez, mais aos ideais da ordem, da certeza, da estabilidade, da paz social do que aos ideais da justiça substancial.

Quanto à consideração da ciência jurídica como formal,[26] a tendência à formalização é própria de qualquer pesquisa que se coloca como ciência rigorosa, independentemente da natureza de seu objeto. Ao lado dos valores substanciais há valores formais, como o da ordem, da constância, da coerência. Esses valores presidem e caracterizam a experiência jurídica, de modo que prescindir deles significa privar-se dos principais pontos de apoio para a compreensão do fenômeno jurídico. O formalismo

---

25 Leio em G. Battaglini, citado por Petrocelli, embora em sentido um pouco mais restrito: "O formalismo, nos limites que racionalmente lhe competem, é *próprio do direito* (mesmo fora do campo do direito, de resto, ele não pode não existir onde quer que se trate de dar ordens, de agir em conformidade com elas, de julgar à maneira delas a atitude dos outros)" (*Diritto penale*, Parte generale, p.71).

26 Como foi observado por Kelsen em "Formalismo giuridico e dottrina pura del diritto", *Nuovi studi di Diritto, Economia e Politica*, IV, p.127.

segue o direito como a sombra segue o corpo: quem quisesse eliminá-lo, deveria fazê-lo como quem é obrigado a destruir seu corpo por terror de sua sombra.

Das duas observações feitas nos tópicos anteriores, a primeira, sobre os diversos significados de formalismo jurídico, leva-me a concluir que uma polêmica indiscriminada contra o formalismo é injusta porque, querendo atingir adversários demais de uma vez, acaba atingindo também quem não o é. A segunda, sobre o estreito nexo entre experiência jurídica e valores formais, convida-me a especificar que a polêmica, além de injusta, é, em seus termos mais gerais, vã, porque, quando se acabou de procurar o adversário, percebe-se que ele não existe ou, pelo menos, é, como o diabo, menos feio do que se pinta.

V
Aspectos do positivismo jurídico

1. Formalismo jurídico e positivismo jurídico

A "revolta contra o formalismo", da qual tratei no capítulo precedente, andou junto, nos últimos anos, com a crítica ao positivismo jurídico, tanto que muitas vezes é difícil distinguir uma da outra. O formalismo jurídico, em quase todas as acepções antes examinadas, é comumente considerado um dos motivos de acusação e de condenação do positivismo jurídico.

Como prova, considere-se o seguinte fato: a polêmica antipositivista tomou nos últimos anos, na Itália, duas direções: 1) uma direção jusnaturalista, na qual ao direito positivo é oposto um direito superior, que funciona como critério de avaliação do primeiro;[1] 2) uma direção realista, segundo a qual ao lado do direito positivo – considerado, em sua acepção mais

---

1 Ver: S. Lener, La certeza del diritto, il diritto naturale e il magistero della Chiesa. In: *Scritti giuridici in onore di F. Carnelutti*, I, p.345-88; D. Barbero, "Rivalutazione del diritto naturale", *Jus*, N.S., III, p.491-508.

restrita, como direito posto por fontes formais – põe-se um direito diferente, como aquele que emana diretamente do comportamento dos sujeitos (o chamado "direito espontâneo").[2]

Não há dúvida de que as duas polêmicas contêm pontos antiformalistas: por um lado, a teoria do direito natural é apresentada como material do direito, na medida em que o define não através dos procedimentos de sua produção ou aplicação, mas de seu conteúdo e de sua finalidade;[3] por outro lado, a teoria do direito espontâneo é indicada como uma crítica das teorias formais das fontes do direito, segundo a qual o direito seria apenas aquele posto, em determinadas circunstâncias e com procedimentos particulares, pelos órgãos de produção jurídica disciplinados pelas chamadas normas sobre a produção jurídica.

Pode-se sustentar que as duas noções de formalismo e positivismo jurídico coincidem no que diz respeito à extensão e, de fato, são muitas vezes usadas como sinônimos. Parecerá, ao longo deste capítulo, que todas as principais acepções de formalismo jurídico encontram-se nos principais significados de positivismo jurídico.

Antecipando brevemente os resultados da investigação, aviso desde já que: 1) existe um estreito parentesco entre o formalismo ético e o terceiro significado que abordarei de positivismo jurídico (o positivismo jurídico como ideologia); 2) o formalismo na definição do direito (direito como forma), o formalismo da ciência jurídica (a ciência jurídica como ciência

---

2 Trata-se da tese apoiada por R. Ago, Diritto positivo e diritto internazionale. In: *Scritti di dirito intenazionale in onore di T. Perassi*, I, p.3-65. A essa tese aderem: G. Barile, *La rilevazione e l'integrazione del diritto internazionale non scritto e la libertà di apprezzamento de giudice*; L. M. Bentivoglio, *La funzione interpretative nell'ordinamento internazionale*, p.79s.

3 Ver, para uma resenha de teorias recentes nessa direção: A. Von Verdross, "Die Erneuerung der materialen Rechtsphilosophie", *Zeitschrift für schweizerisches Recht*, LXXVI, p.181-213.

formal) e o formalismo na interpretação (a interpretação jurídica como operação lógica) podem ser considerados características peculiares do positivismo jurídico em seu segundo significado, entendido como uma teoria específica do direito; 3) só em seu primeiro significado, o positivismo, entendido como um modo de se aproximar da compreensão do fenômeno jurídico, ou seja, como uma forma típica de *approach* ao estudo do direito, não entra em nenhuma das acepções de formalismo jurídico.

A complexidade do problema emerge do fato de que, como existem vários significados de formalismo jurídico, há vários significados de positivismo jurídico. Para evitar a repetição de deploráveis confusões, é preciso estabelecer algumas distinções. É um fato que, sempre que se faz alguma crítica à doutrina do direito natural, ouve-se dizer que há vários modos de entendê-lo, e minha crítica vale para um e não para o outro (e, é claro, vale para aquele não partilhado por nosso adversário). Mas a mesma coisa poderia ser dita de um seguidor do positivismo jurídico diante das críticas de um jusnaturalista: há vários modos de entender esse positivismo. Com esta diferença: enquanto os vários aspectos da doutrina do direito natural foram mais vezes examinados e discutidos, isso não aconteceu, em geral, com os vários aspectos do positivismo jurídico.

Existe uma história do jusnaturalismo (acredita-se que a história da filosofia do direito coincida com a da doutrina do direito natural), mas não há, que eu saiba, uma história ampla, documentada, exaustiva do positivismo jurídico.[4] Um bom encaminhamento para a discussão foi oferecido por H. L. A. Hart, no artigo "Positivism and the Separation of Law and Morals".[5] Aqui

---

4 Para uma análise histórica bastante ampla do positivismo jurídico nos vários países, ver: W. Friedmann, *Legal Theory*, p.125s.
5 O artigo está publicado na *Harvard Law Review*, p.593-630. Hart distingue cinco significados de positivismo jurídico, segundo se afirme: 1) que as leis são comandos; 2) que a validade e a justiça de uma norma não são necessariamente conexas; 3) que a análise dos conceitos jurídicos deve ser

me proponho a distinguir e ilustrar os vários aspectos que costuma apresentar aquilo que comumente se denomina "positivismo jurídico" e mostrar como a aceitação ora de um, ora de outro pode dar lugar a significados diversos e não confundíveis da mesma expressão. Só levando em conta esses diversos significados pode-se começar uma discussão profícua sobre o que hoje foi superado e do que perdura do positivismo jurídico.

2. Três aspectos do positivismo jurídico

Para proceder a uma caracterização do positivismo jurídico, penso que possa ser útil distinguir três aspectos diferentes com os quais ele historicamente se apresentou:
1) como um modo de aproximar-se do estudo do direito;
2) como determinada teoria ou concepção do direito;
3) como certa ideologia da justiça.

Por "modo de aproximar-se do estudo do direito" entendo algo diferente de "método". Não se trata, de fato, dos instrumentos ou das técnicas empregados na pesquisa, com relação aos quais o positivismo jurídico não apresenta nenhuma característica peculiar. Refere-se, antes, à delimitação do objeto da pesquisa, que revela certa orientação para estudar mais alguns

---

mantida distinta da sociologia jurídica e da crítica das leis; 4) que um sistema jurídico é um sistema lógico fechado, no qual podem ser tomadas decisões jurídicas corretas com meios puramente lógicos; 5) que os juízos morais não podem ser estabelecidos e defendidos com argumentos ou provas racionais. Uma sequência da discussão ocorreu em um seminário de filosofia do direito realizado em setembro de 1960 em Bellagio, por iniciativa da Rockefeller Foundation, do qual participaram, além do professor Hart, e quem escreve, os professores A. Ross, A. Passerin d'Entrèves, R. Treves e alguns jovens estudantes ingleses, norte-americanos e italianos. Um amplo e vivaz relatório dessa discussão pode ser lido no ensaio de dois participantes: R. A. Falk; S. I. Shuman, "Un colloquio sul positivismo giuridico", *Rivista di Diritto Civile*, VII, p.542-57.

problemas do que outros e determinada atitude relacionada com a própria função da pesquisa. Por "teoria" entendo o conjunto de asserções ligadas entre si, com as quais certo grupo de fenômenos é descrito, interpretado, levado a um nível muito alto de generalização, depois unificado em um sistema coerente. Não o modo de aproximar-se de uma realidade, mas de entendê-la, de oferecer uma descrição e uma explicação global dela. Por "ideologia" encaro certa tomada de posição diante de dada realidade, fundada em um sistema mais ou menos consciente de valores, expressa em juízos de valor que tendem a exercer alguma influência sobre a própria realidade, conservando-a assim como é se a avaliação é positiva, modificando-a se negativa.

Considero útil distinguir esses três aspectos daquilo que costuma-se ver como uma única doutrina, porque não me parece que exista necessariamente uma relação entre eles, pelo menos na direção que procede do primeiro aspecto para o segundo, e do segundo para o terceiro (e aqui compreendo como "relação necessária" tanto a relação lógica como a causal). O positivismo, como modo de aproximar-se do estudo do direito, não produz obrigatoriamente nem implica aquela teoria particular do direito que costuma ser chamada de positivismo jurídico. E aquela teoria particular à qual se atribui o nome de "positivismo jurídico" não produz inevitavelmente nem implica a ideologia que se costuma atribuir aos que sustentam o positivismo jurídico. Dar-se conta dessa distinção induz a formular dois critérios metodológicos que a meu ver devem estar presentes no exame das doutrinas do positivismo jurídico.

O primeiro critério diz respeito à análise descritiva da doutrina e pode ser formulado deste modo: identificar um jurista como positivista jurídico, com respeito ao modo de considerar o direito, não significa que ele o seja também com relação à teoria e à ideologia; identificar um jurista como positivista jurídico no que concerne à teoria do direito não implica que ele o seja também quanto à ideologia. O outro critério diz respeito ao momento crítico ou avaliativo da doutrina e pode ser formulado deste modo: a aprovação ou a condenação de um dos aspectos do positivismo jurídico não implica a aprovação ou a condenação dos outros dois. Não levar em conta o primeiro critério conduz a julgamentos unilaterais ou errados sobre este ou aquele jurista e, em geral, norteia a um tratamento muitas vezes simplista de um fenômeno complexo. Não levar em conta o segundo traz como consequência uma polêmica muitas vezes infecunda e a crença de estar livre do adversário quando, ao contrário, no máximo conseguiu-se amputar um membro dele, e nem sempre o mais importante.

3. Positivismo jurídico como modo de aproximar-se do estudo do direito

No primeiro aspecto – ou seja, como modo de aproximar-se do estudo do direito –, o positivismo jurídico é caracterizado pela distinção clara entre direito real e direito ideal, ou, usando expressões equivalentes, entre direito como fato e direito como valor, entre o direito como é e o direito como deve ser, e pela convicção de que o direito do qual deve ocupar-se o jurista é o primeiro, e não o segundo. Para designar essa forma de *approach* ao direito usando uma só palavra, poderíamos chamá-lo de "científico" (nesse caso, com referência às ciências descritivas e explicativas, não às ciências demonstrativas).

É opinião comum que o progresso do saber científico, na Idade Moderna, é devido à superação da concepção finalista do universo, que induzia a pronunciar juízos de valor sobre fatos naturais. Mesmo que, como foi infinitas vezes repetido, essa suspensão dos julgamentos de valor seja mais difícil no domínio dos fatos humanos, é incontestável que a característica da orientação científica, no estudo dos fatos morais, seja representada, antes ainda do que pelo uso de certas técnicas, pela objetividade, entendida exatamente como abstenção de toda tomada de posição diante da realidade observada, ou neutralidade ética, ou, para empregar a célebre fórmula weberiana, *Wertfreiheit*.

Nessa primeira acepção de positivismo jurídico, positivista é aquele que assume diante do direito uma atitude isenta de valoração, ou objetiva, ou eticamente neutra, ou seja, que adota como critério para distinguir uma regra jurídica de uma não jurídica sua derivação de fatos verificáveis, como ter sido promulgada por certos órgãos seguindo determinados procedimentos, ou ter sido efetivamente seguida por certo período de tempo por um grupo de pessoas, e não sua correspondência ou não a determinado sistema de valores. A mentalidade que o positivista jurídico rejeita é a daquele que inclui na definição do direito elementos finalistas – por exemplo, o alcance do bem comum, a realização da justiça, a proteção dos direitos de liberdade, a promoção do bem-estar –, e por causa dessa inclusão depois é obrigado, se quer ser coerente (felizmente, muitas vezes os antipositivistas não são coerentes), a rejeitar como não jurídicas aquelas normas que, embora promulgadas pelos órgãos competentes, obedecendo aos procedimentos estabelecidos, não servem para alcançar o bem comum, para realizar a justiça, para garantir a liberdade, para promover o bem-estar. Pensemos em um linguista que pretendesse acrescentar, na definição de fenômeno linguístico, a correspondência a uma linguagem ideal e, portanto, afastasse de seu campo de observação todos os fatos linguísticos desaprovados pela língua ideal. O positivismo jurídico, nesse primeiro aspecto, não é outra coisa senão a rejeição das pretensões desses estranhos linguistas, aplicadas ao estudo da experiência jurídica.

Se for conveniente chamar de direito positivo aquele vigente em determinada sociedade, ou seja, um conjunto de regras promulgadas segundo procedimentos estabelecidos, que são habitualmente seguidas pelos cidadãos e aplicadas pelos juízes, então pode-se definir "positivismo jurídico" como toda teoria do direito que parta do pressuposto de que o objeto da ciência jurídica é o direito positivo. Isso é diferente de afirmar que "não existe outro direito senão o positivo". O jurista que se professa positivista não nega, em geral, que exista um direito ideal, natural ou racional; nega apenas que seja direito da mesma maneira que o positivo, deixando entender que justamente o caráter que o distingue do direito positivo – o fato de não ser vigente – é o que afasta o interesse de fazer dele um objeto de pesquisa científica.

4. O positivismo jurídico como teoria

Por positivismo jurídico como teoria entendo aquela concepção particular do direito que liga o fenômeno jurídico à formação de um poder soberano capaz de exercer a coação: o Estado. Trata-se aqui da comum identificação do positivismo jurídico com a teoria estatalista do direito. Historicamente, essa teoria é a expressão ou a tomada de consciência, por parte dos juristas, daquele complexo fenômeno na formação do Estado moderno, que é a monopolização do poder de produção jurídica por ele.

A melhor abordagem desse processo foi feita, em minha opinião, por Ehrlich, na obra *Die juristische Logik* [*A lógica jurídica*] (1918), na qual, como se sabe, ele afirma que o método tradicional do jurista, contra o qual trava sua famosa batalha em nome da livre avaliação dos interesses por parte do juiz, é caracterizado por estes três princípios: 1) toda decisão judiciária pressupõe sempre uma regra preexistente; 2) essa regra é sempre posta pelo Estado; 3) o complexo das regras postas pelo Estado constitui uma unidade. Ehrlich combateu a teoria do positivismo jurídico, mas, ao fazer isso, analisou tão bem seus princípios constitutivos, descreveu tão claramente sua origem e seu desenvolvimento histórico que seu livro, além de um vivaz *Pamphlet*, pode ser considerado o mais convincente e cativante tratamento do positivismo jurídico como teoria.

O nexo entre o primeiro modo de entender o positivismo jurídico (examinado na seção anterior) e este segundo, ou seja, entre o positivismo como *approach* e o positivismo como teoria, é factual ou histórico. Quando os juristas, no final do século XVIII, afastaram-se pouco a pouco do direito natural e foram atraídos pelo estudo do direito positivo, até transformar a teoria do direito natural na filosofia do direito positivo, este, que se apresentava a eles como objeto de estudo, era o direito já unificado pelo poder estatal das monarquias absolutas.

Historicamente, parece-me que se pode dizer que positivismo jurídico no primeiro e no segundo sentido surgem ao mesmo tempo. Mas esse nexo histórico não pode ser confundido, sem grave mal-entendido, com um nexo lógico: o estudo do direito como fato levava à concepção estatalista do direito, porque de fato todas as regras que os juristas elaboravam como direito vigente eram impostas, de maneira direta ou indireta, por órgãos do Estado. O positivismo jurídico apresentou-se como estatalismo por razões históricas. Nada impediu que, com respeito ao modo de estudar o direito, e não ao modo de entendê-lo, tenha sido possível falar de positivismo jurídico com referência a outros ordenamentos, como o internacional e o canônico.

É a esse segundo aspecto do positivismo jurídico, ou seja, à concepção estatalista do direito, que estão ligadas algumas notas teóricas habitualmente consideradas características desse positivismo: 1) com relação à definição do direito, a teoria da coatividade, segundo a qual se entende por direito um sistema de normas que se fazem valer pela força, ou cujo conteúdo é a regulamentação do uso da força em dado grupo social; 2) com referência à definição de norma jurídica, a teoria imperativista, segundo a qual as normas jurídicas são comandos, com todo o séquito de subdistinções (comandos autônomos ou heterônomos, pessoais ou impessoais, categóricos ou hipotéticos, éticos ou técnicos, abstratos ou concretos, gerais ou individuais); 3) com respeito às fontes do direito, a supremacia da lei sobre as outras fontes e a redução do direito consuetudinário, do científico, do judiciário, daquele que deriva da natureza das coisas a fontes subordinadas ou aparentes; 4) no que concerne ao ordenamento jurídico em seu conjunto, a consideração do conjunto das normas como sistema ao qual se atribui o caráter da completude ou falta de lacunas e, de maneira subordinada, também o da coerência, ou falta de antinomias; 5) com respeito ao método da ciência jurídica e da interpretação, a consideração da atividade do jurista e do juiz como essencialmente lógica, em particular, a consideração da ciência jurídica como mera hermenêutica (Escola da Exegese francesa) ou como dogmática (Escola Pandectista alemã).

Mais uma vez, é preciso advertir que essas características do direito não foram descobertas em consequência da consideração do direito como fato, mas por se ter identificado, em dada época histórica, que coincide com a centralização da produção jurídica nos órgãos estatais, o fenômeno jurídico com o complexo das regras produzidas pelo Estado. Certamente, o *approach* positivista está estreitamente ligado a alguma teoria do direito, pela razão de que a própria distinção entre o direito que é e o que deve ser não pode ser feita a não ser com base em uma teoria relativamente elaborada em torno do direito, mas ele não está necessariamente ligado com a teoria à qual o uso linguístico comum atribui o título de doutrina típica do positivismo jurídico. Tanto é verdade que, hoje, a maior parte dos juristas que se referem ao *approach* positivista não aceita a teoria estatalista, e a consequência disso é que podem dizer-se positivistas no primeiro sentido, mas não no segundo. Para eles, a teoria do estatalismo jurídico é apenas errônea e, dado que toma por direito real o que é tido como tal por seus seguidores, não é mais sequer uma doutrina positivista no primeiro sentido, ou seja, no sentido em que os seguidores da distinção clara entre o direito que é e o que se desejaria que fosse aceitam chamar-se de positivistas.

Observe-se, porém, que recusar que a teoria estatalista seja positivista no primeiro sentido, enquanto teoria não factual, não obriga a refutar seu nome de positivista no segundo sentido, porque, nele, aquela doutrina chama-se assim pura e simplesmente por razões históricas, as quais não faltam, ainda que a teoria resulte, em análise ulterior, errada.

5. Positivismo jurídico como ideologia

Como ideologia, o positivismo jurídico representa a crença em certos valores e, com base nessa crença, confere ao direito existente um valor positivo, pelo simples fato de existir, independentemente de qualquer consideração acerca de sua correspondência a um direito ideal. Essa atribuição de um valor positivo ao direito existente costuma acontecer através de dois tipos diferentes de argumentação: 1) o direito positivo, apenas pelo fato de ser positivo, ou seja, de ser a emanação de uma vontade dominante, é justo; ou o critério para julgar sobre a justiça ou injustiça das leis coincide perfeitamente com aquele empregado para julgar sobre sua validade ou invalidade; 2) o direito, como conjunto de regras impostas pelo poder que detém o monopólio da força em determinada sociedade, serve, com sua própria existência, independentemente do valor moral de suas regras, à consecução de certos fins desejáveis, como a ordem, a paz, a certeza e, em geral, a justiça legal. Das duas posições resulta que as normas jurídicas devem ser obedecidas por si mesmas, enquanto tais. Em outras palavras, a obediência às normas jurídicas é um dever moral, entendendo-se por dever moral uma obrigação interna ou de consciência, ou seja, a obrigação devida por respeito à lei, em oposição à obrigação externa, ou por medo da sanção.

Enquanto os juristas elaboram uma teoria do positivismo jurídico no sentido apresentado no tópico precedente, eles limitam-se a levar em consideração um complexo de fatos históricos

– no caso concreto, a redução do direito a regra posta e imposta pelo Estado – e a representá-los em uma série mais ou menos coerente e completa de noções sistemáticas. A teoria do positivismo jurídico não implica necessariamente uma avaliação positiva dos dados como foram, de modo objetivo, observados e representados. Tem função sobretudo descritiva e apenas indiretamente prescritiva. Seu objetivo (e também seu limite) é descrever, interpretar, compreender uma realidade, não recomendar esta ou aquela solução como melhor que outra.

Para um teórico do positivismo jurídico, afirmar, digamos, que a fonte principal do direito é a lei significa enunciar não o juízo de valor: "é bom que a lei seja a fonte principal", mas o juízo de fato: "é factualmente verdadeiro que a lei é a fonte principal"; afirmar que o juiz tem poder declarativo, e não criativo, não significa sustentar que essa é a melhor solução para o estabelecimento do direito, mas é a situação real, a qual provém do sistema efetivamente vigente, fundado, por exemplo, na separação dos poderes e na regra positiva, segundo a qual toda decisão do juiz deve estar baseada em uma regra preexistente não criada por ele. A passagem da teoria para a ideologia do positivismo jurídico é a da constatação de um fato para a avaliação favorável dele. O sistema vigente não é mais apenas objetivamente descrito e interpretado, mas indicado como bom, ou até como o melhor. O efeito dessa passagem é a transformação do positivismo jurídico de teoria do direito a teoria da justiça, ou seja, a teoria que pretende não mais indicar aquilo que é, no plano dos fatos, o direito, mas recomendar o que é, no plano dos valores, o justo.

Mais uma vez, a passagem de um aspecto ao outro do positivismo jurídico é factual ou histórica, não necessária ou essencial. A teoria positivista é a reflexão, na consciência dos juristas, da formação do Estado moderno. A ideologia positivista está ligada, ao contrário, à exaltação do Estado, assim como é expressa, por exemplo, na filosofia hegeliana e, portanto, pressupõe uma filosofia da história e uma série de postulados éticos razoavelmente explícitos. É verdade que positivismo jurídico e exaltação do Estado caminharam muitas vezes lado a lado, sobretudo na ciência jurídica alemã – e daqui pode ter surgido alguma confusão. Mas é igualmente verificável que estatalismo jurídico e estatalismo ético não são absolutamente *unum et idem* e que se pode ser, por honestidade de cientistas, positivista jurídico no primeiro sentido, sem ser, por convicções morais e políticas, no segundo sentido. Creio que bastará o exemplo de Kelsen, cuja teoria é sem dúvida um produto do positivismo jurídico, mas não constitui em absoluto uma exaltação do Estado e tende, em termos ideológicos, talvez, ao primado do direito internacional; também não contém a afirmação de que a obrigação de obedecer às leis do Estado seja moral.

6. Como se podem distinguir os três aspectos do positivismo jurídico

A distinção entre os três planos ou aspectos em que se apresenta, historicamente, o positivismo jurídico permite-nos desobstruir de muitos equívocos o terreno da análise histórica e da crítica ético-política dessa corrente, que não é homogênea, e especificar, em definitivo, sem prevenções e falsos alvos, o que foi chamado por um autorizado jurista italiano de "balanço" do positivismo jurídico.[6]

Como modo de aproximar-se do estudo do direito, o positivismo jurídico apoia-se em um juízo de conveniência ou de oportunidade que pode ser formulado deste modo:

> Partir do direito como ele é, em vez do direito como deve ser, serve melhor ao objetivo principal da ciência jurídica, que é o de fornecer

---

6 F. Carnelutti, Bilancio del positivismo giuridico [1951]. In: *Discorsi intorno al diritto*, II, p.241-61.

esquemas de decisão à jurisprudência e elaborar um sistema do direito vigente.

Esse pressuposto está fundado na constatação histórica de que o direito que se aplica nos tribunais e que, portanto, é importante conhecer, é um conjunto de regras cuja validade deriva não de sua conformidade a um direito ideal, mas do fato de serem postas por certas autoridades ou de serem efetivamente seguidas por aqueles que devem aplicá-las. Entende-se que, ao atribuir à ciência do direito também a tarefa de fornecer esquemas de decisão ao legislador, falta a oportunidade de não levar em conta o chamado direito ideal. É conhecida a distinção entre a tarefa *de iure condito*, que, no ambiente influenciado pelo positivismo jurídico, é considerada própria da ciência jurídica, enquanto a tarefa *de iure condendo* é tida mais política do que jurídica e atribuída à ciência da legislação, ou à chamada política legislativa. Dado que aqui se trata da escolha de um ponto de partida baseada no julgamento da maior conformidade de certos meios ao alcance do objetivo, uma crítica torna-se fecunda apenas se leva à discussão sobre a oportunidade da escolha. A validade do modo positivista de aproximar-se do direito independe tanto da verdade ou falsidade da teoria do estatalismo jurídico como da bondade ou maldade da ideologia do estatalismo ético.

Quanto ao positivismo como teoria, ele se apoia em um juízo de fato, ou melhor, em uma série de juízos de fato, e pode ser resumido nesta fórmula: "É factualmente verdadeiro que o direito vigente é um conjunto de regras de conduta que, direta ou indiretamente, são formuladas e feitas valer pelo Estado". Quem quiser rejeitar essa teoria não deverá dirigir sua crítica para provar que ela não serve ao objetivo, mas mostrar que é falsa, ou seja, que os fatos por ela enunciados não são absolutamente verificados ou não foram verificados da maneira como foram interpretados.

Fique bem claro, porém, que esse segundo tipo de refutação não contém ou absorve o primeiro. Pode-se provar que a teoria é falsa, parcial ou inteiramente, sem com isso provar a inoportunidade daquele modo de aproximar-se do objeto. Os erros de fato podem ser imputáveis à má colocação metodológica, mas as duas coisas não se implicam.

Enfim, a ideologia do positivismo jurídico é a expressão de um sistema relativamente coerente e elaborado de valores e pode ser resumida nesta fórmula: "O direito, pelo modo como é posto e feito valer, ou pelo fim ao qual serve, qualquer que seja seu conteúdo, tem por si mesmo um valor positivo e deve-se prestar obediência incondicional a suas prescrições". Quem quiser confutar essa ideologia, deverá valer-se de argumentações diferentes daquelas empregadas para provar ou desmentir fatos. Irá se tratar de opor aos postulados éticos, aos quais a ideologia positivista remete de modo não totalmente explícito, outros postulados éticos, e a argumentação mais forte talvez seja tirada do fato de pôr sob os olhos do interlocutor as consequências funestas ou insatisfatórias de assumir-se certos valores como guia da conduta.

O que importa destacar por ora é que a confutação da ideologia positivista não contém nem absorve a confutação precedente da teoria do positivismo jurídico. Pode-se ser convencido de que a ideologia positivista deve ser desaprovada e continuar a entender que, de fato, a teoria estatalista é verdadeira.

7. Defesa do positivismo jurídico como ideologia

Além disso, é preciso ter presente que, como a polêmica contra o positivismo jurídico foi dirigida ao método, à teoria ou à ideologia, a linha de defesa dos positivistas, em consequência, foi diferente. Trata-se agora de examinar em mais detalhes essa linha de defesa, porque isso pode ser útil para clarear a situação atual do positivismo jurídico, para evitar as costumeiras refutações pouco pertinentes e pouco rigorosas ditadas por aqueles que atribuíram a si mesmos a missão de defender nossa civilização e para ajudar cada um a pronunciar-se sobre o que julga aceitável e o que acha que deve rejeitar. Para este último exame, inverto a rota, ou seja, começo pela ideologia, para passar depois para a teoria e, enfim, para o método. A razão dessa inversão ficará clara no caminho.

A batalha antipositivista, nos últimos anos, desde quando se fala com insistência de um enésimo renascimento do irredutível direito natural, foi travada principalmente contra o positivismo jurídico como ideologia. O principal motivo de acusação foi que ele é responsável, pelo menos em parte, por alguns fenômenos típicos do totalitarismo. Os acusadores têm cartas favoráveis, ao pôr em relação a forte tradição do positivismo jurídico entre os juristas alemães e o cego estatalismo do regime nazista. Acusações análogas foram lançadas, sobretudo por juristas franceses, contra a ciência jurídica alemã no final da Primeira Guerra Mundial.[7]

Vejamos de modo breve se e em que medida essas acusações têm fundamento. Antes de tudo, é falso, do ponto de vista histórico, que a doutrina da obrigação moral de obedecer às leis positivas seja positivista. A teoria da obediência, muito mais do que a da resistência, foi afirmada pelas teorias jusnaturalistas tradicionais.[8] Diria que, em geral, assumir a obrigação moral de obedecer a leis positivas não é nem jusnaturalista nem positivista,

---

7 Ver: J. Bonnecase, *La notion de droit en France au dix-neuvième siècle*, sobretudo no prefácio, que contém uma invectiva contra a ciência jurídica alemã, que subordina o direito à força, e contra os juristas franceses subservientes à ciência jurídica alemã. Ver também: F. Gény, *Science et technique en droit privé positif*, v.IV, na crítica ao positivismo jurídico dos juristas franceses, em particular ao sistema de Carré de Malberg, p.253 (nota).

8 Para uma ampla abordagem do problema, sempre devem ser consultadas as páginas de J. Dabin, *La philosophie de l'ordre juridique positif*, seção IV, p.633s.

porque deriva da constatação, tão antiga como a filosofia do direito, de que nenhum ordenamento jurídico pode sustentar-se confiando apenas na obediência arrancada com o temor da sanção. Ao se entender por "obrigação moral" aquela devida por respeito à lei, por "obrigação jurídica" aquela devida pelo temor da sanção, é um fato que todo ordenamento conta também com a obrigação moral de obediência, pelo menos por parte daqueles a quem é confiada a tarefa de punir quem não demonstrar que sente essa obrigação nem tiver medo da sanção. A censura à exigência da obrigação moral de obedecer às leis é uma daquelas que os dois adversários remetem de bom grado um ao outro e, portanto, vale pouco.

Em segundo lugar, é preciso levar em consideração a distinção, introduzida na quinta seção, entre a doutrina que fundamenta a obrigação moral de obedecer às leis positivas na afirmação de que as leis positivas são justas enquanto tais (é justo o que é comandado, é injusto o que é proibido) e a doutrina que fundamenta a mesma obrigação na afirmação de que as leis positivas, justas ou injustas, boas ou más, devem ser obedecidas, porque servem para concretizar valores sem os quais nenhuma sociedade poderia sobreviver, como a ordem, a paz, a certeza, em geral, e a justiça legal. A primeira é obrigada a sustentar uma obrigação incondicionada de obedecer às leis, pois não reconhece valores diferentes e superiores àqueles por elas acolhidos e as torna o último e insuperável critério do bem e do mal. Mas há alguém entre os juristas positivistas que tenha sustentado semelhante doutrina? Também no sistema hobbesiano, no qual é justo o que é comandado pelo soberano, a razão da obediência falta quando as leis, em vez de assegurar a realização do fim para o qual foram postas – a proteção da vida individual –, põem-no em risco. Para a segunda doutrina, que é aquela em geral atribuída aos positivistas, a obrigação moral de obedecer às leis é duplamente condicionada: primeiro, ao reconhecimento de que as leis dadas constituem meios idôneos para alcançar o fim que lhes é próprio; segundo, ao reconhecimento de que os valores garantidos pelo direito não entram em conflito com outros, como aqueles do respeito, da vida, da liberdade, da dignidade humana, que a consciência moral julga superiores.

Enfim, no que diz respeito à relação entre ideologia do positivismo jurídico e ditadura, é estranho que com facilidade tende-se a esquecer que os postulados éticos do positivismo jurídico – o princípio de legalidade, a ordem como fim principal do Estado, a certeza como valor do direito – foram elaborados no século XVIII pela doutrina liberal, de Montesquieu a Kant, para levantar uma barreira ao despotismo, ou seja, como freios ao arbítrio do príncipe, como defesa da liberdade individual contra a enorme potência do Poder Executivo, como garantia de igualdade de tratamento contra os privilégios. Na Itália, nos anos da ditadura fascista, a resistência ao arbítrio foi conduzida pelos juristas em nome dos postulados éticos do positivismo jurídico, com a defesa ilimitada da justiça legal contra a pretensa justiça substancial, que era, naquele caso, subversora da ordem liberal e do princípio da certeza.[9]

Isso demonstra que uma contraposição abstrata, distanciada de determinado contexto histórico, entre o valor da justiça legal e o da justiça substancial, é absolutamente infecunda. A ideologia do positivismo jurídico não é, abstratamente considerada, nem melhor nem pior do que qualquer outra. Não leva à ditadura mais do que conduz ao estado de liberdade. É significativo que, na Itália, aqueles mesmos juristas que, durante o fascismo, haviam invocado o respeito ao princípio da legalidade tenham se tornado defensores, no tempo da reconstrução democrática, do princípio oposto.

---

9 Ver o livro de: F. Lopez de Oñate, *La certeza del diritto*, reimpresso em 1950 por G. Astuti (Org.) com prefácio de G. Capograssi, Gismondi, Roma, e a recensão que P. Calamandrei fez dele, quando apareceu pela primeira vez, no ensaio "La certeza del diritto e la responsabilità della dottrina", agora em *Studi sul processo civile*, v.V, p.99.

As leis positivas são meios para realizar certos fins. A obediência escrupulosa às leis é recomendável quando os fins são bons, e desaconselhável quando são ruins. Ao positivismo jurídico, nascido em uma época de grande confiança na bondade das leis, na ciência da legislação, nas codificações, no estado de direito, não podem ser censuradas as consequências que foram tiradas daqueles princípios em um regime de leis ruins. Se não se pode admitir que a obediência às leis enquanto tais seja sempre um bem, tampouco se pode admitir a opinião contrária, ou seja, de que a obediência escrupulosa às leis positivas seja sempre um mal. O erro de certo positivismo jurídico é, talvez, o de ter elevado a ideologia da obediência a valor absoluto. Mas não é maior do que o erro das teorias contrárias, de elevar a valor absoluto a ideologia da desobediência.

8. Defesa do positivismo jurídico como teoria

Enquanto a oposição à ideologia do positivismo jurídico foi particularmente animada no campo dos partidários do direito natural, em todas suas formas, e esse é um episódio da recorrente polêmica entre positivismo e jusnaturalismo, a oposição ao positivismo jurídico como teoria nasceu no terreno da sociologia jurídica, e esse é um episódio de outra recorrente oposição entre jurisprudência dos conceitos e jurisprudência sociológica, entre teoria estatalista e teoria social do direito, entre formalismo e realismo. A crítica dos horrores (*orrori*) é substituída pela crítica dos erros (*errori*). O livro de Ehrlich, já citado, é um exemplo desse tipo de crítica. Seu objetivo não é mostrar que a ideologia dos juristas tradicionais é ruim, mas, sobretudo, que as teses deles sobre a noção do direito, sobre a função do jurista e a do juiz estão erradas.

Diante do avanço das teorias sociológicas do direito, o positivismo jurídico reagiu de vários modos: negando os erros a ele atribuídos e acusando os adversários de incompreensão; modificando suas teses, de modo a levar em conta as críticas dos adversários, sem faltar a seus princípios; reconhecendo abertamente o erro e adaptando a teoria de modo a levá-la a abraçar também as teses adversárias.

Um exemplo interessante da primeira resposta pode ser encontrado na discussão em torno da completude do ordenamento jurídico. A uma fase acrítica do problema, que coincide com a confiança cega na onisciência do legislador e corresponde àquela corrente que foi chamada, na França, de Escola de Exegese, sucedeu a fase da crítica aberta, cuja representante mais combativa foi a Escola do Direito Livre. A resposta do positivismo jurídico foi, por um lado, a teoria dita do espaço jurídico vazio (Bergbohm; na Itália, Romano), segundo a qual o caso não regulado por leis positivas não constitui uma lacuna do ordenamento, mas um fato juridicamente irrelevante; do outro lado, a teoria da norma jurídica exclusiva (Zitelmann; na Itália, Donati), segundo a qual o caso não regulado pela norma especial cai no âmbito da norma geral, que exclui da regulamentação da norma especial todos os possíveis casos que não entram nela. As lacunas das quais fala o jurista sociólogo seriam, desse ponto de vista, ideológicas, ou seja, representariam a falta não de uma norma jurídica positiva, mas da norma como ela deveria ser, a fim de que o sistema jurídico possa ser considerado ideologicamente aceitável.

Um exemplo interessante do segundo tipo de resposta surge, em minha opinião, na discussão em torno da imperatividade. Escritores considerados positivistas por excelência, como Kelsen, abandonaram a noção de imperatividade, considerando-a não essencial a uma teoria positivista coerente do direito. A noção que parece, hoje, mais apta a indicar as normas jurídicas é aquela mais genérica de prescrição, da qual o comando é uma espécie. É a noção acolhida pelos seguidores de uma das teorias mais extremas do realismo jurídico, como Ross.[10] E é encontrada, não obstante a *communis opinio* contrária, também em Kelsen.[11] A noção de "proposição prescritiva" parece mais apta para abranger os vários tipos de regras que compõem um ordenamento jurídico e, ao mesmo tempo, desempenha a própria função da noção de "comando", que é a de distinguir a esfera das regras jurídicas daquela das leis naturais.

O exemplo mais significativo de acolhimento das críticas adversárias diz respeito à teoria das fontes. É um fato que, com respeito às origens históricas, o positivismo jurídico está ligado à consideração da lei como fonte principal e à desvalorização do direito judiciário. Ainda recentemente, o chamado "codicismo" foi tido como característica essencial do positivismo jurídico.[12] Na opinião corrente dos adversários, sobretudo dos seguidores da escola realista, um dos traços característicos do positivismo jurídico é a concepção mecanicista da interpretação judiciária e o desconhecimento do poder criativo do juiz.

Com frequência ouve-se dizer que o positivismo jurídico é aquela teoria que considera o juiz um autômato, e a decisão judiciária, um silogismo. Aqui, as críticas provenientes das correntes sociológicas abriram uma brecha que não foi mais fechada, porque foram feitas não no terreno dos programas, mas das provas de fato; e os fatos aduzidos eram dificilmente confutáveis. Foi observado que, mesmo prescindindo da discussão programática sobre se é bom ou ruim conceder maior liberdade ao juiz na busca do direito, o juiz de fato cria direito, apesar da supremacia da lei e da obrigação de decidir em conformidade com regras precedentemente postas. A criação de direito por parte do juiz, antes de ser uma exigência, que poderia levar ao desejo de

---

10 A. Ross, *On Law and Justice*, que fala de *directives*, distinguindo-as das *assertions* e das *exclamations* (p.8s).
11 H. Kelsen, *Teoria generale del diritto e dello stato*, p.45.
12 No artigo citado de Carnelutti, "Bilancio del positivismo giuridico", p.255.

modificar o sistema, é uma realidade dentro do próprio sistema, contra a qual os argumentos éticos embotam-se como as pontas das flechas contra um muro. Até os mais fiéis e ortodoxos defensores do positivismo jurídico não puderam fazer outra coisa senão levar essa realidade em consideração.

A teoria mecanicista da interpretação foi abandonada quase por todos. O próprio Kelsen deu o bom exemplo. E, a julgar pelo interesse suscitado na Itália nos últimos anos, na cidadela antes inexpugnável dos juristas, pelas teorias da jurisprudência sociológica e pela discussão em torno dos juízos de valor na decisão judiciária, é preciso reconhecer que Carnelutti tinha razão quando, há algum tempo, já vinha repetindo que finalmente se descobriu, também entre nós, que o momento decisivo da vida do direito é o julgamento. Com isso, não se quer pôr a concepção mecanicista da interpretação no ostracismo, mas dá-se a ela o lugar que lhe cabe, que não é mais o de ser o reflexo fiel do que acontece de fato nos sistemas com prevalência legislativa, mas o de ser uma das possíveis atitudes a ser assumidas pelo juiz diante das regras que deve aplicar.

A esta altura, porém, o que nos interessa, para os fins da presente análise, é a resposta a esta pergunta: "Uma consideração mais realista da atividade do juiz, pela qual somos todos devedores às teorias sociológicas do direito, tem o poder de modificar de algum modo a tradicional teoria das fontes, própria do positivismo jurídico?". Parece-me que a resposta só pode ser negativa. Há duas alternativas: ou se consideram "fontes do direito", como o faz a doutrina tradicional e o próprio legislador (por exemplo, o art. 1 das Disposições sobre a lei em geral), os fatos que o ordenamento jurídico qualifica como produtivos de normas obrigatórias gerais, e então a constatação de que, através do juiz, o direito vigente de determinado país evolui, se completa, se adapta às novas situações, não autoriza o teórico do direito a inserir a decisão dele entre as fontes do direito em que não vigora o instituto do precedente obrigatório: de fato, a decisão do juiz, na medida em que é obrigatória, isto é, relativa às partes, não é geral; na medida em que toma a forma de uma enunciação de uma máxima geral, não é obrigatória; e se tende a tornar-se obrigatória através da prática dos tribunais, fonte do direito, é, neste caso, o costume, e não o juiz. Ou se considera um significado muito mais vasto de "fonte do direito", que abranja também as normas individuais (no sentido kelseniano), e então, certamente, a decisão judiciária inclui-se entre as fontes do direito, mas essa assunção não depende da descoberta do poder criativo do juiz, porque a sentença é norma individual tanto no caso de constituir produto do poder criativo do juiz quanto no caso de ser mera aplicação de uma norma geral. É preciso estar atento para não atribuir ao melhor conhecimento do modo como um sistema funciona a virtude de modificá-lo.

9. Defesa do *approach* positivista do direito

Resta falar da validade do *approach* característico do positivismo jurídico, ou seja, do ponto de vista factual que ele toma diante do direito. Aqui, o acordo é mais vasto: enquanto, com respeito ao ponto examinado na seção precedente, o positivismo jurídico tem contas a ajustar com as correntes sociológicas ou realistas, na consideração do direito como fato e na distinção entre o que o direito é e o que ele deve ser, positivismo e realismo coincidem e são ambos aliados contra as correntes jusnaturalistas. De qualquer modo, aqui a questão, como já disse, é de oportunidade ou conveniência em escolher o ponto de partida mais adequado para a elaboração da ciência jurídica e da teoria geral do direito.

Parece-me difícil que se possam apresentar bons argumentos para provar a oportunidade do ponto de vista contrário, isto é, que a ciência jurídica deva se ocupar do direito como deveria ser, ou melhor, do direito existente sob a condição de ser conforme um direito ideal ou racional. O exemplo da linguagem é apropriado: o linguista – quer se ocupe de línguas mortas ou de vivas – considera linguagem o que é efetivamente falado, não importa que ela seja bárbara ou refinada, vulgar ou culta. No limiar da pesquisa, o cientista abandona os juízos de valor. Assim, no que diz respeito ao direito, não se vê o motivo pelo qual o que se admite sem dificuldade para a história do direito não deva ser considerado para o estudioso de um direito vigente, ou seja, que é direito e, portanto, objeto de pesquisa da ciência jurídica, tanto o justo quanto o injusto. Todos concordam com esse ponto de partida? Então, todos são positivistas, mesmo sem saber.

Alguém poderia ainda objetar que quem se opõe ao positivismo jurídico, nesse terreno, não desfere seu ataque tanto contra a oportunidade do ponto de vista factual, mas contra sua insuficiência. Admitamos, diz o jusnaturalista impenitente, que um sistema de direito vigente seja constituído de fatos históricos e que, portanto, seja preciso partir de considerações factuais. Mas essas considerações factuais não são suficientes para dar uma justificação do direito ou, pelo menos, a única justificação que elas sabem dar é aquela que o reduz à força. Aqui, a resposta será mais breve e também, pela gravidade da acusação, mais severa. Antes de tudo, não se pode pedir a uma doutrina que se propõe uma pesquisa factual do direito que também seja boa em oferecer critérios éticos de justificação dos fatos. Ou melhor, qualquer jurista que se inspire nos cânones do positivismo tem bons critérios para dar uma justificação do direito, mas não os mistura na pesquisa para não confundir questões diferentes. A insuficiência do *approach* positivista, se de insuficiência se pode falar, é desejada.

Quanto à redução do direito à força, pode-se responder que o positivismo jurídico, não sendo uma teoria sobre a justificação do direito, não justifica a força mais do que qualquer outro fundamento que se queira atribuir ao direito. Limita-se a afirmar que, a fim de elaborar uma ciência jurídica, é oportuno considerar o "direito" aquele conjunto de regras que, em determinada sociedade, são efetivamente seguidas ou feitas valer (princípio de efetividade).

Com isso, não se está dizendo que as regras efetivamente seguidas ou feitas valer devam sua eficácia sobretudo à força exercida pelos órgãos do poder coativo, já que tal eficácia pode derivar da adesão espontânea, nem que o poder que exerce a coação seja derivado de um ato de força ou se apoie nela, pois pode ser derivado do consenso e ancorar-se nele. Entre princípio da efetividade e redução do direito à força há uma grande diferença: um estabelece o âmbito da ciência jurídica e indica o que é oportuno considerar "direito" para o fim de uma pesquisa científica, o outro é uma das tantas tentativas, mais ou menos sábias, de dar uma justificação do que acontece. Sucede que, com base no princípio da efetividade, considera-se o "direito" certo conjunto de regras eficazes, independentemente do motivo de sua eficácia, tanto as regras que são efetivas por consenso quanto as que o são pela força.

O princípio da efetividade vale também para o direito internacional, mas as normas desse direito têm por fundamento o consenso, não a força. Se depois descobre-se que as regras jurídicas de um Estado estão fundadas exclusivamente na força, não se chega a compreender como, dessa lamentável (mas não surpreendente) realidade, possa ser incriminado o princípio da efetividade e, portanto, o positivismo jurídico, que se limita a constatar o que acontece, na maioria das vezes, e não se preocupa em dar uma justificação ética disso.

Talvez a acusação mais grave ao positivismo jurídico, nesse terreno, seja outra: a de não ser fiel ao ponto de partida. É realmente verdadeiro – acrescentam os críticos mais encarniçados – que o positivista deixa os julgamentos de valor no limiar da pesquisa? Ele se ilude ao fazer isso. Na realidade, toma posição, mesmo que não se dê conta disso, e acredita que é objetivo. A pretensão de ser eticamente neutro é infundada.[13] A tarefa do jurista não é apenas descrever o que é direito em uma determinada sociedade, mas também interpretar o direito vigente por sua aplicação nos tribunais.

É fato que ninguém mais acredita, como se reconheceu na seção precedente, que a interpretação, também aquela chamada de mecânica, seja uma operação meramente lógica. Mas essa objeção leva verdadeiramente a demonstrar a infidelidade do jurista ao ponto de partida factual? Não creio. Quando o positivista defende que o objeto da ciência jurídica é o direito como é, e não como deve ser, não quer dizer que o direito como é não seja constituído também por uma série de avaliações sobre situações de fato das quais derivam as regras, e que fazer essas avaliações é tarefa que cabe somente ao legislador e não também ao juiz ou ao jurista. Que a atividade do jurista não seja apenas lógica, mas avaliativa, eticamente orientada, não modifica o fato de que suas avaliações se tornam direito não pelo fato de serem boas, sábias, justas, conformes ao direito natural, mas por se tornarem regras válidas do sistema.

A tese de que o direito é o que é de fato não leva a excluir que, entre esses elementos, haja também avaliações pessoais do legislador, do jurista e do juiz. Significa apenas que essas avaliações tornam-se direito à medida que são acolhidas no sistema das fontes, através de procedimentos estabelecidos e objetivamente verificáveis, e não por sua maior ou menor conformidade a certos ideais de justiça do que a outros. É preciso distinguir o momento em que o jurista faz do direito um objeto de sua pesquisa daquele em que contribui para produzi-lo (a analogia com o linguista é mais uma vez iluminante): é óbvio que o

---

13 Ver a conclusão da discussão entre o prof. Hart e o prof. Fuller, e as últimas palavras deste último em "Positivism and Fidelity to Law", *Harvard Law Review*, v.71, p.672.

modo factual de considerar o direito diz respeito ao primeiro, e não ao segundo.

10. Conclusões

As considerações feitas até aqui sobre os diversos aspectos da doutrina do positivismo jurídico tiveram o único objetivo de convidar a uma reflexão sobre o fato de que, na crítica do positivismo jurídico, não se pode deixar de distinguir o bom do ruim. Como conclusão, gostaria de retomar alguns pontos de consenso e dissenso.

O aspecto mais discutível ou, pelo menos, aquele sobre o qual é oportuno exprimir certa reserva e fazer distinções muito nítidas, é o ideológico. Se por ideologia do positivismo jurídico entende-se a atração pelo estatal, para a qual o Estado é o supremo portador dos valores do bem e do mal, seus adversários têm razão em reprovar suas consequências funestas. Mas, ao se identificar a ideologia do positivismo jurídico mais com a defesa de certos valores, para cuja realização parece particularmente idôneo o ordenamento jurídico, como os da legalidade, da ordem, da certeza, torna-se importante dar-se conta de que esses valores não são os únicos e, como tais, podem entrar em conflito com outros; deve-se considerá-los, portanto, como relativos e refutar sua absolutização.

Como ética da legalidade, da paz, da certeza, o positivismo jurídico tem os papéis perfeitamente em ordem para ser acolhido entre as ideologias não repugnantes, por exemplo, a uma concepção democrática do Estado. Não chego a dizer que seja a mais compatível, porque a relação entre positivismo jurídico e Estado democrático é mutável com o tempo. Mas não vejo como se possa lançar o anátema sobre o positivismo jurídico em nome dos valores da democracia. De resto, positivismo jurídico e concepção democrática do Estado tiveram, no pensamento de Kelsen, uma união pessoal que ainda perdura.

Quanto ao positivismo como teoria do direito, creio necessário distinguir um significado estreito e um amplo dessa teoria. Ao se entender por positivismo jurídico apenas o "codicismo", a teoria da interpretação mecânica da lei, creio que teriam razão aqueles que sugerem descartá-lo, pela ótima razão de que ele é desmentido pelos fatos. Mas, desde a época do chamado fetichismo legislativo, muita água passou por debaixo da ponte, e ninguém mais acredita seriamente no juiz como autômato. Trata-se de verificar se convém chamar de positivismo jurídico a teoria ampliada, que mudou ou está mudando radicalmente as ideias sobre a interpretação jurídica e sobre a obra da ciência do direito. Creio que sim, seja porque me parece que não foram inventados outros nomes, seja porque, de fato, essa acepção mais ampla está entrando em uso sem provocar muitos inconvenientes, seja, enfim, porque a ampliação, como mostrei na oitava seção, não causa nenhuma desordem irreparável nos pressupostos. Cuidou-se de restaurar o interior, mas a fachada e o corpo do edifício permaneceram os mesmos; e o destino também.

Enfim, quanto ao positivismo como modo de estudar o direito, parece-me que é aceitável, sem mudanças e sem necessidade de introduzir uma distinção entre sentido bom e sentido ruim, como no que diz respeito à ideologia positivista, ou entre sentido largo e sentido estreito, como na teoria positivista. Aqui o problema é um só: trata-se de saber se verdadeiramente deseja-se estabelecer a ciência jurídica em bases sólidas, ou se o que se quer é perpetuar a confusão, que exerce sempre grande fascínio nas disciplinas morais, entre o momento da pesquisa e o momento da crítica ético-política.

VI
Jusnaturalismo e positivismo jurídico

1. Definição dos dois termos

A distinção entre os vários significados da expressão "positivismo jurídico", ilustrados no capítulo precedente, pode servir também a outra finalidade: eliminar muitos equívocos da tradicional disputa entre fautores do jusnaturalismo e do positivismo jurídico. A dureza da polêmica, de fato, pode fazer crer que se trate de duas concepções opostas em todo seu significado, das quais se deve escolher ou jusnaturalistas ou positivistas.

Aqui sustento, ao contrário, primeiro que as expressões "jusnaturalismo" e "positivismo jurídico" foram empregadas com significados tão diversos que as relações entre as duas correntes dispõem-se em diversos planos, conforme esteja em questão um ou outro significado; segundo, apenas um deles constitui uma verdadeira alternativa. Exatamente pelo fato de não levar em conta os diversos planos deriva a curiosa consequência de que, com frequência, os argumentos dos dois adversários não se encontram e, depois do duelo de morte, estão ambos mais vivos do que antes.

Antes de tudo, buscarei redefinir as duas expressões, "jusnaturalismo" e "positivismo jurídico". Por jusnaturalismo entendo aquela corrente que admite a distinção entre direito natural e direito positivo e sustenta a supremacia do primeiro sobre o segundo. Por positivismo jurídico, aquela corrente que não admite a distinção entre direito natural e direito positivo e afirma que não existe outro além do positivo.

Observe-se a assimetria das duas definições. Enquanto o jusnaturalismo afirma a superioridade do direito natural sobre o positivo, o positivismo jurídico não afirma a superioridade do direito positivo sobre o natural, mas a exclusividade do direito positivo. Por outro lado, enquanto o positivismo jurídico afirma a exclusividade do primeiro, o jusnaturalismo declara não que existe apenas o direito natural, mas que existe também o positivo, embora em posição de inferioridade em relação àquele. De maneira mais breve: por jusnaturalismo entendo a teoria da superioridade do direito natural sobre o positivo; por positivismo jurídico, a teoria da exclusividade do direito positivo. O jusnaturalismo é dualista, o positivismo jurídico, monista.

Desse modo de definir jusnaturalismo e positivismo jurídico pode ser feita uma primeira observação: uma e outra concepção não esgotam as possíveis ideias gerais do direito. Podem-se imaginar pelo menos outras três: 1) direito natural e direito positivo existem, porém não em relação de dependência, mas de independência ou de indiferença; 2) existe só o direito natural; 3) direito natural e direito positivo existem, mas este último é superior ao primeiro.

A primeira dessas três teorias opõe-se tanto ao jusnaturalismo, porque nega a superioridade do direito natural sobre o positivo, quanto ao positivismo jurídico, porque nega a exclusividade do direito positivo. Aí entram todos aqueles autores que consideraram direito natural e direito positivo não como dois ordenamentos dispostos segundo uma hierarquia, mas como duas *species* de um mesmo *genus*. Quando Aristóteles, no início do capítulo 7 do livro V da *Ética a Nicômaco*, diz que, do justo civil, uma parte é natural e a outra legal, distingue e delimita duas esferas de normas, diferentes pelo âmbito e pelo fundamento da validade, entretanto não necessariamente opostas, muito menos mutuamente excludentes. Não de modo diferente, Paulo, quando expõe uma das célebres distinções entre direito positivo e direito natural do *Corpus iuris*, a introduz com estas palavras: *"Ius pluribus modis dicitur: uno modo* [...], *altero modo* [...]*"* (D. 1, 1, 11).

A segunda teoria seria antitética àquela que consideramos típica do positivismo jurídico, mas não encontro exemplos dela na história. A existência do direito natural apenas é característica daquele estado particular da humanidade que é o de natureza. Mas o estado natural puro, no qual os homens vivem seguindo com exclusividade as leis naturais, é em geral tido como um estado imaginário, uma hipótese científica, como em Hobbes, um ideal regulador, como em Locke. No estado histórico em que vivem os homens, o direito natural mistura-se com o positivo, quando não é totalmente suplantado por este.

A terceira teoria representa a antítese da que consideramos típica do jusnaturalismo. Admite a existência da distinção entre direito natural e o positivo, no entanto inverte a relação de dependência, sustentando a superioridade do segundo sobre o primeiro. Penso que podem ser introduzidos historicamente, nessa corrente, todos aqueles autores que admitem o direito natural, mas não reconhecem outra função dele senão a de integrar o direito positivo em caso de lacuna: nesse sentido, o direito natural não é totalmente suprimido do sistema, mas vive, por assim dizer, às margens dele, como depósito de reserva para as decisões do juiz. Não tem a força de vencer o direito positivo onde este está promulgado, o que, em outras palavras, significa que, onde existem normas positivas, estas prevalecem. Apenas onde o direito positivo falta, o natural entra em ação, como fonte suplementar de produção jurídica. Uma tese desse gênero foi amplamente compartilhada pelos juristas antes que triunfasse, com as grandes codificações, o dogma da completude do ordenamento jurídico.

2. Três formas de jusnaturalismo

O jusnaturalismo, como disse, afirma a superioridade do direito natural sobre o positivo. Essa superioridade foi defendida, em grandes linhas, de três modos que distinguem três formas típicas de jusnaturalismo: o escolástico, o racionalista moderno e o hobbesiano (não encontro denominação melhor para este último).

1) O direito natural é um conjunto de primeiros princípios éticos, muito gerais, dos quais o legislador humano deve tirar inspiração para a formulação das regras do direito positivo, o qual, segundo a conhecida exposição de São Tomás, procede do direito positivo ou *per conclusionem*, ou *per determinationem*. Nessa acepção, o direito natural é um sistema composto de pouquíssimas normas (segundo alguns, de apenas uma), que têm por destinatários não todos os homens, mas principalmente os legisladores. Do fato de os destinatários do direito natural serem, em primeiro lugar, os legisladores deriva a consequência de que os súditos são obrigados, em alguns casos, a obedecer também às leis injustas, se legitimamente promulgadas.

2) O direito natural é o conjunto dos *dictamina rectae rationis*, que fornece a matéria da regulamentação, enquanto o direito positivo é o conjunto dos expedientes prático-políticos (como a instituição e a organização de um poder coativo), que determina sua forma, ou, em outras palavras, o primeiro constitui a parte preceptiva da regra, aquela que atribui a qualificação normativa a dado comportamento, e o segundo, a parte punitiva, aquela que torna a regra eficaz em um mundo, como o humano, dominado pelas paixões, que impedem a maioria de seguir os ditames da razão.

Segundo a terminologia kantiana, que reproduz de modo exato, na minha opinião, esse ponto de vista, a distinção entre direito natural e o positivo corresponde à distinção entre direito provisório e peremptório. O que muda no direito positivo, com respeito ao natural, não é o conteúdo, mas os diferentes procedimentos empregados para fazê-lo valer. Nessa acepção, o direito natural é o produto das relações de coexistência dos indivíduos fora do Estado (ou seja, no estado natural) e tem por destinatários, portanto, além do legislador, também os indivíduos.

3) O direito natural é o fundamento ou sustentáculo do ordenamento jurídico positivo inteiro. Ao contrário do que acontece na teoria precedente, aqui o conteúdo da regulamentação é determinado de forma exclusiva pelo legislador humano (o soberano). A função do direito natural é pura e simplesmente a de dar um fundamento de legitimidade ao poder do legislador humano, prescrevendo que os súditos obedeçam a tudo o que o soberano ordenar. Nessa concepção, que caracteriza, a meu ver, a teoria hobbesiana,[1] o direito natural é reduzido a uma só norma. Nas sociedades de iguais: "é preciso manter as promessas"; nas sociedades de desiguais: "é preciso obedecer aos comandos do superior". Como se vê, nessa concepção, a lei natural serve unicamente para pôr o sistema em movimento, e, uma vez assim, ele funciona por si. A lei natural dessa forma concebida tem por destinatários apenas os súditos.

Com relação à concepção precedente, as partes, entre direito natural e positivo, são invertidas: aqui, o direito natural torna possível a aplicação do direito positivo, no sentido de que fundamenta sua legitimidade; lá, o direito positivo torna possível a aplicação do direito natural, no sentido de que assegura sua efetividade. Na doutrina kantiana, o direito é totalmente natural, exceto no mecanismo da coação; na doutrina hobbesiana, é

---

1 "[...] a lei natural manda obedecer a todas as leis civis em virtude da lei natural que veta violar os pactos" (*De Cive*, XIV, 10).

inteiramente positivo, exceto no procedimento de legitimação. Essa segunda concepção representa, também no contexto histórico, a passagem do jusnaturalismo para o positivismo jurídico.

3. Três momentos da crítica positivista

A distinção entre as três principais formas de jusnaturalismo abordadas no tópico precedente permite-nos fixar e resumir os três principais momentos da crítica positivista. Cada uma das três formas de jusnaturalismo representa um modo de afirmar que o direito positivo é dependente do natural; os três principais momentos da crítica positivista indicam os vários modos pelos quais o direito natural foi desalojado das posições em que sempre de novo se enraizava, até sua total eliminação.

Contra a primeira posição do jusnaturalismo – a tradicional, ou escolástica, segundo a qual o direito natural é o conjunto dos primeiros princípios éticos –, o positivismo jurídico valeu-se da crítica historicista, que não admite princípios éticos autoevidentes com valor absoluto e universal. As pretensas leis naturais primárias são meramente formais (como *bonum faciendum, male vitandum*) e, portanto, podem tomar qualquer conteúdo, que cada um pode interpretar a seu modo. Todas as principais correntes filosóficas do século XIX foram, sob esse aspecto, antijusnaturalistas, desde o historicismo de direita até o de esquerda, desde o positivismo evolucionista até o sociológico, desde o utilitarismo até o pragmatismo, indo cada vez mais baixo, até o irracionalismo.

O positivismo jurídico tirou todas as consequências disso: se não há leis de conduta universalmente válidas, se as leis que regem a vida e a sociedade dos homens são mutáveis no tempo, então não há outro critério do bem e do mal do que aquele que estabelece, a cada vez, a autoridade constituída, o legislador humano, o soberano. Onde são possíveis múltiplas interpretações da lei natural, e a interpretação mais segura é aquela de quem tem de seu lado o consenso da história, que se manifesta ou na forma de sucesso político (teorias realistas) ou de aprovação da maioria (teorias democráticas).

Contra a segunda forma de jusnaturalismo, a crítica positivista veio afirmando sempre, de modo cada vez mais claro, que não existem matérias jurídicas privilegiadas e, portanto, qualquer comportamento pode tornar-se o conteúdo de uma norma jurídica. O que faz de uma regra de conduta uma norma jurídica não é o fato de ter um conteúdo em vez de outro, mas o modo de sua produção ou de sua execução. Todos reconhecem aqui as doutrinas positivistas típicas do direito como comando do soberano ou como norma coativa, doutrinas cuja característica consiste em deslocar o elemento constitutivo da noção de direito da matéria para a forma da regra jurídica (daí a frequente identificação entre positivismo jurídico e formalismo). Em termos kantianos, poder-se-ia dizer que o positivismo jurídico é, sob esse aspecto, aquela doutrina que, negando o caráter de direito àquele enquanto provisório, faz da peremptoriedade seu caráter essencial.

A terceira e última posição do jusnaturalismo é aquela que, como vimos, atribui à lei natural a função de atlante do sistema jurídico positivo, ou de norma fundamental do sistema. Contra essa posição há o princípio, positivista por excelência, da fundação do direito não sobre outro (o que comportaria um processo ao infinito), mas sobre o fato, ou seja, o princípio da efetividade. O que faz de um conjunto de regras de conduta em determinada sociedade um ordenamento jurídico não é mais a existência de um dever de obediência dos consociados, derivado de uma lei extrapositiva, mas o fato, o fato nu, historicamente verificável, de que aquele ordenamento é por hábito obedecido pela maior parte das pessoas às quais se destina.

Se algum autor quis continuar a manter viva a doutrina jusnaturalista da norma fundamental, esta se transformou, como na doutrina de Kelsen e de seus seguidores, não em uma norma como todas as outras, mas em uma hipótese científica, ou em uma norma para a qual não se pode colocar o problema da validade como ele o é para as outras normas, desde que se pode admitir sua existência apenas quando se constata sua eficácia.

4. Ainda as três formas de positivismo jurídico

Observando com atenção esses três momentos da crítica positivista, vemos emergir de cada um deles as três principais formas que, historicamente, o positivismo jurídico assumiu, sobre as quais já chamei a atenção, especificando no vasto e complexo fenômeno do positivismo jurídico: ora uma ideologia da justiça (uma ética), ora uma teoria geral do direito, ora um modo de entender a ciência jurídica (em sentido muito amplo, um método).

Em seu primeiro aspecto, ou seja, enquanto ideologia, o positivismo jurídico resolve-se, em última análise, na afirmação de que as leis válidas devem ser obedecidas de modo incondicional, isto é, independentemente de seu conteúdo, ou que existe uma obrigação moral de obedecer às leis válidas. Outras vezes chamei essa posição de formalismo ético, definindo-o, de maneira sintética, como aquela concepção que resolve a justiça na validade, enquanto considera justas as leis pelo simples fato de serem válidas.[2] Aqui limito-me a notar que essa concepção pode ser considerada uma resposta ao êxito cético no qual às vezes desemboca a polêmica historicista e relativista contra o jusnaturalismo.

Onde não existe uma lei moral objetiva, acessível à razão natural do homem, pode parecer que o único remédio para a confusão dos juízos morais, que provoca a violência e a anarquia,

---

2 Bobbio, Formalismo giuridico e formalismo etico. In: *Studi sulla teoria generale del diritto*.

seja a submissão à razão artificial do soberano (Hobbes) ou à razão *histórica* que se realiza na vontade geral (Rousseau) ou no Estado (Hegel).

No segundo aspecto, enquanto teoria geral do direito, o positivismo jurídico alimentou uma corrente particular do pensamento jurídico, caracterizada pela redução do direito ao direito estatal, e deste ao produto do legislador. Daqui derivou a atribuição comum ao direito daquelas características que são próprias do direito legislativo do Estado moderno: generalidade, imperatividade, coação, completude presumida. Pois bem, parece-me que, para lançar luz sobre essa corrente, pode servir a referência ao segundo momento da crítica positivista, ou seja, aquele através do qual ocorreu um deslocamento radical de uma consideração material do direito, própria do jusnaturalismo extremo, para uma meramente instrumental, ou seja, para aquela consideração segundo a qual o que caracteriza o direito não é a natureza da matéria regulada, mas o conjunto dos precedentes com os quais um grupo qualquer de comportamentos humanos pode ser regulado e protegido contra a violação.

A teoria formalista do direito, própria do positivismo jurídico, sob certos aspectos, é a resposta à pretensão do jusnaturalismo racionalista de distinguir o que é e o que não é jurídico antes de terem sido postas em ato aquelas técnicas de organização da sociedade em que consiste o Estado, entendido como aparato para a monopolização da força em certo grupo social.

Em seu terceiro aspecto, o positivismo jurídico é um modo de entender o estudo científico do direito e, portanto, a tarefa do jurista. É objetivo da ciência do direito considerar o direito como é, e não como deveria ser. Na base dessa teoria da ciência jurídica está a assunção de uma nítida separação entre validade e valor do direito, entre as regras que podem ser válidas mesmo sem serem justas (das quais somente se ocupa a ciência jurídica) e aquelas que podem ser justas sem serem válidas: apenas as primeiras são objeto do estudo científico do direito. O positivismo jurídico chegou a essa separação através da consideração do direito como mero fato histórico, portanto, prescindindo de toda legitimação ética, ou seja, do problema do fundamento, para o qual o jusnaturalismo sempre voltou sua atenção.

Observe-se aqui a conexão entre esse aspecto do positivismo jurídico e o terceiro momento crítico em relação ao jusnaturalismo, no qual os juristas, focalizando o princípio da efetividade, bloquearam toda busca do fundamento ou da legitimação ética, que teria aberto a porta, mais uma vez, ao jusnaturalismo.

Não me interessa tanto pôr em evidência a relação entre os vários momentos da crítica positivista ao jusnaturalismo e as várias formas de positivismo jurídico, mas chamar a atenção para o fato de que a expressão "positivismo jurídico" pode indicar diversas atitudes diante do direito e reveste-se de significados muito diferentes, segundo as diversas atitudes a que se refere. Resolva-se a noção de positivismo jurídico na de uma doutrina que, no tradicional conflito entre direito natural e o positivo, afirma a exclusividade deste último. Essa exclusividade tem uma acepção diferente conforme se torne a base de uma ética (ou de uma ideologia política), de uma teoria ou de um método. No primeiro caso, significa que o direito positivo, não o natural, deve determinar a conduta dos homens; no segundo caso, que o direito positivo, não o natural, fornece a melhor explicação do fenômeno jurídico; no terceiro caso, que o direito positivo, e não o natural, constitui o objeto particular de estudo da ciência jurídica.

5. Relação entre jusnaturalismo e positivismo jurídico como ideologias

Depois de ter tratado as três formas diversas de positivismo jurídico que existem, o passo seguinte desta pesquisa consiste em mostrar que a relação entre positivismo jurídico e jusnaturalismo coloca-se de modo diferente para cada uma das três diferentes formas, tão diferente que torna enganosa, porque demasiado genérica, a costumeira contraposição, a qual vale apenas se referida à relação entre o positivismo jurídico e o jusnaturalismo tomados, ambos, como ideologia.

Aqui, a oposição é clara, tão clara que propõe uma alternativa. A máxima fundamental do positivismo jurídico como ideologia pode ser formulada deste modo: "devem-se obedecer às leis enquanto tais"; a máxima do jusnaturalismo, deste outro modo: "devem-se obedecer às leis apenas enquanto forem justas". No primeiro caso, as próprias leis são critério do justo e do injusto; no segundo caso, elas são, por sua vez, submetidas a um critério superior de avaliação (que se considera extraível, na ética jusnaturalista, do conhecimento da natureza humana). No primeiro caso, pode-se falar de ética legalista, para a qual existe apenas o justo legal; no segundo caso, de ética naturalista, para a qual existe também (ou apenas) o justo natural.

Analisando bem, a polêmica antipositivista conduzida nos últimos anos pelo renascido e revigorado jusnaturalismo é do tipo ideológico, quero dizer, é uma polêmica na qual o que se imputa ao positivismo jurídico é certa tomada de posição ou, em outras palavras, a passagem sub-reptícia de determinado método de pesquisa ou de certa teoria para a declaração e exaltação de alguns ideais, que seriam aqueles condenáveis da estatolatria, da exaltação do chefe, da despersonalização etc. Não discuto aqui se é historicamente fundamentada a atribuição ao positivismo jurídico de culpas tão nefandas, entretanto creio que não o é. Limito-me a notar que, ao se considerar o positivismo não como um método ou uma teoria do direito, mas como uma ideologia da justiça, o jusnaturalismo apresenta-se diante dele não como outro método ou outra teoria, mas como outra ideologia, e a relação entre um e outro, nesse nível, é entre duas morais que se excluem reciprocamente.

Gostaria apenas de acrescentar que, também nesse nível, a contraposição entre positivismo jurídico e jusnaturalismo nem sempre é tão nítida. Até aqui, a oposição apareceu nítida porque tivemos presentes as versões mais radicais das duas ideologias. Mas, comumente, essas versões radicais existem apenas na reconstrução que delas fazem os adversários para ter um alvo mais fácil. Na quinta seção do capítulo precedente, distingui uma versão radical e outra moderada da ideologia positivista.

Do mesmo modo, podem-se distinguir duas versões, uma radical e outra moderada, da ideologia jusnaturalista, de onde podem-se elencar, resumindo, não duas, mas quatro formas típicas de ideologia da justiça: 1) por ideologia positivista radical, entendo aquela para a qual as leis devem ser obedecidas enquanto tais porque são justas (teoria da obediência ativa); 2) por ideologia positivista moderada, entendo aquela para a qual as leis devem ser obedecidas enquanto tais porque a legalidade, por si mesma, garante a realização do valor específico do direito, ou seja, o valor da ordem ou da paz social (teoria da obediência condicionada); 3) por ideologia jusnaturalista radical, entendo aquela para a qual as leis devem ser obedecidas apenas enquanto são justas e, dado que nem todas são, pelo simples fato de serem válidas, também justas, existe em todos os homens um direito à desobediência (teoria da desobediência ativa, ou da resistência); 4) por ideologia jusnaturalista moderada, entendo aquela para a qual as leis podem ser injustas, mas devem ser igualmente obedecidas, salvo em caso extremo (teoria da desobediência condicionada e da obediência passiva).

Enquanto é indubitável que as duas versões radicais – mais precisamente, a da obediência ativa e a da desobediência ativa – são antitéticas e constituem uma alternativa, as duas versões moderadas – a da obediência condicionada e a da desobediência condicionada – são convergentes, e a linha de demarcação entre ideologia positivista e jusnaturalista, nesse plano, torna-se cada vez mais evanescente. Tanto a teoria positivista moderada, segundo a qual as leis devem ser obedecidas porque a obediência às leis tem, por si mesma, um valor positivo para a ordem social, quanto a teoria jusnaturalista moderada, segundo a qual as leis podem ser desobedecidas apenas se a desobediência não puser em perigo a ordem social, são ambas uma homenagem prestada ao valor da ordem. Além disso, as duas conduzem a um resultado análogo, que consiste em levar as pessoas a obedecer às leis, na maior parte dos casos, ainda que esse ideal seja alcançado com meios diferentes – lá atenuando o rigor do dever de obediência, aqui pondo limites ao dever de desobediência – e partindo de pressupostos distintos – para o positivista moderado, a ordem sendo um bem, ainda que nem sempre o maior deles, e para o jusnaturalista moderado, um mal menor.

6. Relação entre jusnaturalismo e positivismo jurídico como teorias gerais do direito

Coloca-se de modo diferente o problema da relação entre positivismo jurídico e jusnaturalismo quando ambos são levados em consideração e contrapostos não mais como ideologias, mas como teorias gerais do direito, ou seja, como modos de entender e explicar o fenômeno jurídico. Nessa contraposição, está em questão a conhecida distinção entre uma concepção voluntarista (*ratione imperii*) e uma racionalista (*imperio rationis*) do direito. O positivismo jurídico, do qual são portadores os juristas, não é uma exaltação do Estado como pessoa moral, nada tem a ver com a estatolatria. Mais simplesmente, é a elaboração teórica, poder-se-ia dizer dogmática, do voluntarismo jurídico. Uma vez entendido o direito como vontade do soberano, seguem-se os dogmas da supremacia da lei sobre as outras fontes e da norma como imperativo, a referência à vontade tácita para justificar o costume, à vontade presumida para explicar a expansão do sistema além das normas expressas.

Analogamente, ao se olhar sem preconceitos para a história do jusnaturalismo, percebe-se que as doutrinas jusnaturalistas não coincidem sempre, como querem fazer crer os modernos advogados defensores, com uma ética da resistência à opressão, da defesa da pessoa contra as pretensões do Estado, da liberdade individual contra a sujeição à lei, da autonomia contra a heteronomia. Entre os braços protetores do direito natural sempre encontraram refúgio, segundo os tempos e as ocasiões, as morais mais diversas, tanto uma da autoridade quanto uma da liberdade; foram proclamadas tanto a igualdade de todos os homens quanto a necessidade do regime de escravidão, tanto a excelência da propriedade individual quanto a da comunidade dos bens; tanto o direito de resistência quanto o dever de obediência.

Recentemente, pôde-se demonstrar, com textos em mãos, que um dos mais encarniçados adversários dos direitos naturais, Burke, era na realidade um convicto jusnaturalista.[3] Invertendo as perspectivas e as pretensões dos modernos restauradores do direito natural, que exaltam seus serviços em favor da causa da liberdade, Pietro Piovani escreveu um livro para sustentar exatamente o contrário, ou seja, que o jusnaturalismo sempre foi – e não pode ser por sua natureza – diferente de uma ética da lei contraposta à ética da liberdade e, enquanto tal, há de ser considerado, de uma vez por todas, e sem possibilidade de apelação, o verdadeiro "cachorro morto" da filosofia do direito.[4]

---

3 Pôde-se demonstrá-lo distinguindo claramente duas tendências jusnaturalistas, a clássica e escolástica, da qual Burke teria sido seguidor, e a iluminista, da qual eram seguidores os detestados doutrinários da revolução. Contudo, Burke e os outros apelavam para a mesma entidade, a complacente natureza. Refiro-me ao livro de P. J. Stanlis, *Edmund Burke and the Natural Law*.

4 P. Piovani, *Giusnaturalismo ed etica moderna*.

Como se explicam tão diversas e contrastantes interpretações? E, em particular, como se explica que se continue a chamar de jusnaturalistas umas e outras?[5] Justifica-se, em minha opinião, de um só modo: dando conta de que o que aproxima as doutrinas contrastantes que foram e continuam sendo chamadas de jusnaturalistas não é uma moral ou uma ideologia da justiça (vimos que as morais pregadas sob o rótulo da lei natural são muito diversas), mas uma teoria da moral (ou do direito), quer dizer, aquela para a qual o fundamento das regras da conduta humana não deve ser buscado na vontade do legislador (divino e humano), entidade mutável por essência, mas na constante, uniforme, sempiterna natureza humana. O jusnaturalismo é um dos modos recorrentes como é apresentada uma teoria objetivista da ética.

Compreende-se que quem busca uma ética comum a todos os jusnaturalistas não consiga encontrá-la, e ao não conseguir encontrá-la confunde-se no emaranhado das distinções entre verdadeiros e falsos jusnaturalistas, entre jusnaturalismo genuíno e aparente. Mas isso acontece porque procura interpretar o jusnaturalismo pelo que ele não é, ou seja, repito, por determinado sistema de valores e de prescrições, ao passo que ele é um conjunto de considerações relativamente realistas sobre a natureza humana, destinadas a fundar de modo objetivo um sistema de valores, qualquer que ele seja.

Aquele que finalmente se dá conta de que o jusnaturalismo não é uma moral (como poderia ser, penso eu, o cristianismo, o hedonismo, o utilitarismo, o marxismo), mas um modo de fundar a moral (qualquer moral), não se admirará em saber que Burke era um defensor convicto da lei natural tanto quanto seus

---

5 Essa mesma pergunta se faz Fassò no ensaio: "Che cosa intendiamo con diritto naturale?", *Rivista Trimestrale di Diritto e Procedura Civile*, XV, p.168-90, a propósito dos recentes namoricos de jusnaturalistas com o historicismo, e responde com um convite à clareza terminológica, que é, ao mesmo tempo, um convite à honestidade intelectual.

adversários, e não será, portanto, obrigado a valer-se de categorias historiográficas incorretas como aquelas de verdadeiro e de falso jusnaturalismo. Agora, ele entende que tanto Burke quanto seus adversários tinham em comum a crença de que o argumento mais válido para sustentar sua ideologia era mostrar que ela estava fundamentada, só ela, de modo diferente de todas as outras, sobre a natureza do homem. A esta altura, poderíamos muito bem dizer, suspirando: "Ó natureza do homem, o que não pudeste justificar!". Mas, com isso, daríamos início à crítica, a qual deixa perfeitamente intacta a validade da interpretação.

Da fundamentação jusnaturalista do direito provêm, em geral, algumas teses sobre os aspectos principais da experiência jurídica que estão em nítido contraste com as respectivas teses positivistas: as leis da conduta não como comandos, mas como *dictamina rectae rationis*;[6] a natureza das coisas, e não a legislação, como fonte principal de produção jurídica; a inadequação e, portanto, a intrínseca incompletude do ordenamento jurídico positivo; a livre pesquisa do direito, além do direito positivo, por parte do juiz, para integrar, adaptar e melhorar o ordenamento posto. Os jusnaturalistas, porém, não as desenvolveram de maneira sistemática. Foram retomadas, se foi o caso, pelas correntes sociológicas e realistas do direito, que podem ser consideradas, sob certos aspectos, uma forma de jusnaturalismo modernizado.

Jusnaturalismo e positivismo jurídico, enquanto teorias, estão bem longe de esgotar todo o possível campo das teorias do direito. Representam dois polos extremos, dentro dos quais encontram lugar teorias intermediárias.

---

6 Sobre esse e outros pontos do jusnaturalismo como teoria geral do direito, chamou a atenção, de modo particular: A. Passerin d'Entrèves, *La dottrina del diritto naturale*, p.83s.

7. Relação entre jusnaturalismo e positivismo jurídico como modos diversos de aproximar-se do estudo do direito

Por último, examinemos a contraposição entre positivismo jurídico e jusnaturalismo ao se considerar o primeiro como um modo de aproximar-se do estudo do direito e, em particular, como aquele modo que, prescindindo de todo juízo de avaliação, volta-se para o direito como fato histórico e social e estuda-o com metodologia científica. Apenas nessa acepção, o positivismo jurídico tem algo em comum com o positivismo filosófico. Pode-se dizer, de fato, que é próprio do positivismo jurídico, nesse caso, adotar o método positivo para o estudo do direito positivo. O termo "positivo", na primeira vez em que ocorre nessa frase, está sendo usado no sentido do positivismo filosófico, e, na segunda, no sentido do positivismo jurídico.

Diante do positivismo jurídico assim entendido, a exigência jusnaturalista faz-se valer de modo diferente daqueles examinados nos dois tópicos precedentes. No primeiro contexto examinado, o jusnaturalismo manifesta-se como exigência de contrapor a uma ética da legalidade estrita (*dura lex sed lex*) uma ética da justiça; no segundo caso, como exigência de fazer derivar o conhecimento do direito de uma entidade constante, como a vontade do legislador. Nesse novo contexto, ao contrário, o jusnaturalismo manifesta-se como exigência de uma definição valorativa do direito, isto é, de uma definição que, considerando-o não como mero fato, mas como algo que tem (ou realiza) um valor, limita o uso do termo "direito" ao do tipo justo. Se, no primeiro contexto, o jusnaturalismo apresenta-se como um motivo polêmico contra o formalismo ético e, no segundo, contra o formalismo científico, aqui a polêmica volta-se contra o formalismo jurídico, ou seja, contra a pretensão, puramente positivista-jurídica, de distinguir o direito do não direito sem fazer qualquer referência ao conteúdo das regras jurídicas.

Como se vê, a instância antiformalista do jusnaturalismo age em três planos diferentes, que convém manter distintos. Em outros termos, essa última contraposição entre jusnaturalismo e positivismo jurídico diz respeito à disputa sobre se convém introduzir, na definição do direito, uma referência ao fim (o bem comum, a justiça, a paz etc.) ou se é preferível estabelecê-lo mediante a referência aos procedimentos, descritíveis factualmente, com os quais é posto e feito valer. É indubitável que o *approach* do positivismo jurídico é caracterizado e condicionado por esse segundo tipo de definição. Do mesmo modo, esse *approach* é o que permite a neutralidade da ciência jurídica, da qual o jurista faz alarde quando quer fazer ver que ele é um cientista como todos os outros.

Com particular referência à neutralidade da ciência jurídica, a instância jusnaturalista busca, às vezes, um modo mais genérico, sob a forma da recorrente exigência de uma "crítica das leis". Ressaltou-se, a meu ver com razão, que, depois de ter expulsado o direito natural de todas as posições tradicionais, nenhum jurista pôde com sensatez rejeitar a exigência de uma crítica das leis, da qual o jusnaturalismo, em suas várias formas, foi historicamente portador, entendida essa crítica "como o crivo ao qual a consciência não pode deixar de submeter qualquer preceito que se apresenta como algo desejado por outros, mas não ainda por nós".[7] Desse ponto de vista, o jusnaturalismo é, com relação ao positivismo jurídico, nada mais do que o convite feito ao jurista para levar em conta o fato de que, diante do direito, como de qualquer fenômeno do mundo humano, pode-se assumir, além da atitude de inquiridor escrupuloso, imparcial, metódico, também a atitude avaliativa de crítico, e que do exercício

---

7 A. E. Cammarata, "Giusnaturalismo e critica delle leggi in rapporto alla distinzione tra giustizia ed equità", *Bollettino dell'Istituto di Filosofia del Diritto*, II, n.1, p.13.

dessa segunda atividade dependem a mudança, a transformação e a evolução do direito.

O positivista ainda quererá insistir que a crítica das leis deve ser distinta da ciência jurídica, porque não pode ser exercida com o mesmo rigor, não pode ser "ciência". Mas nenhum jurista será tão limitado a ponto de pensar que, diante do direito, não há outra atitude senão a da neutralidade que convém ao cientista. Na literatura jurídica, distinguem-se de maneira simples as considerações *de iure condito* daquelas *de iure condendo* ou de política legislativa. Os problemas, de modo algum ociosos, que a última suscita não dizem absolutamente respeito a sua possibilidade ou a sua oportunidade, mas a sua natureza de ciência.

Observe-se que a instância da crítica das leis não tem nenhuma ligação necessária com a pretensão de dar uma definição valorativa do direito de que falei no início da seção anterior, mesmo se ambas se apresentarem como duas formas do *approach* jusnaturalista da experiência jurídica. Outra coisa é dizer, como se deve fazê-lo ao adotar uma definição valorativa do direito, que não existe outro senão o direito justo. Um terceiro ponto, ainda, é dizer que o direito, além de indagado como fato, deve ser aprovado ou desaprovado com base em determinados valores tomados como critérios de avaliação. Veremos adiante também a importância dessa distinção.

8. Conclusões

Se agora tirarmos do exposto sobre as três formas como achamos que se apresentaram, ao longo da história, as relações entre jusnaturalismo e positivismo jurídico, perceberemos que, nas três, um e outro se comportaram reciprocamente de modo muito diverso.

Na medida em que se mostram como duas diferentes ideologias da justiça, jusnaturalismo e positivismo jurídico são incompatíveis (em sua forma extrema); além disso, representam uma alternativa que não permite deixar de escolher. Ou seja, tendem a se comportar como duas afirmações contraditórias, e não podem ser ambas nem aceitas, nem rejeitadas.

Na medida em que se postam como duas diferentes teorias gerais do direito, jusnaturalismo e positivismo jurídico são incompatíveis, no sentido de que não se pode sustentar, ao mesmo tempo, a superioridade do direito natural sobre o positivo e a exclusividade do último. Tendem a se comportar, antes, como duas asserções contrárias, e não podem ser ambas acolhidas, embora possam ser rejeitadas. Uma teoria que sustentasse que direito natural e o positivo são duas *species* do *genus* direito, por exemplo, não seria nem jusnaturalista nem positivista, mas um *tertium quid* entre os dois extremos.

Enfim, na medida em que se apresentam como dois modos diferentes de aproximar-se da experiência jurídica – o modo da tomada de posição e o da tomada de consciência –, jusnaturalismo e positivismo jurídico são perfeitamente compatíveis, operando em dois planos diferentes: de um lado, o plano da avaliação da justiça das leis em vista de sua reforma; do outro, o da interpretação das leis em vista de sua melhor organização teórica e, portanto, de sua melhor aplicação prática. Neste caso, a controvérsia entre defensores de uma parte e da outra é perfeitamente estéril.

No máximo, poderia-se acrescentar ainda esta observação: do mesmo modo que, na última situação descrita, é possível verificar também uma relação de conflito – no caso de entender-se a instância jusnaturalista, como foi ressaltado na seção precedente, como exigência de uma definição valorativa do direito –, na primeira situação (confronto entre as duas ideologias) pode-se verificar também uma relação de convergência, caso se considere o jusnaturalismo e o positivismo ambos moderados. Isso talvez seja uma confirmação ulterior do tema principal deste ensaio, de que as relações entre jusnaturalismo e positivismo jurídico, entre esses chamados irmãos inimigos, são várias e complexas. De modo jocoso, poder-se-ia dizer que, no caso em que se defrontam como ideologias, são inimigos, mas não irmãos; no caso em que se defrontam como teorias, não são nem irmãos, nem inimigos; no caso em que se defrontam como modos diferentes de aproximar-se da experiência jurídica, são irmãos, e não inimigos.

Se voltarmos agora ao ponto de partida, isto é, às definições de jusnaturalismo e de positivismo jurídico, dadas na primeira seção, conseguiremos compreender melhor os diversos significados que assumem, nas três diferentes zonas de encontro e de desencontro, examinadas nas três seções precedentes e resumidas nesta, a mencionada superioridade do direito natural, característica do jusnaturalismo, e a mencionada exclusividade do direito positivo, aspecto do positivismo jurídico.

No plano da relação ideológica, a superioridade do direito natural significa que existem regras de conduta cuja validade serve de fundamento para a legitimação das regras do direito positivo e, como tais, devem ser obedecidas de preferência a estas últimas. No plano teórico, implica que o recurso à natureza, em vez de à vontade do legislador, oferece uma explicação mais adequada do fenômeno jurídico e uma base mais sólida para construir uma teoria geral do direito. No plano metodológico, significa que, se ao lado do estudo científico avaliativo do direito admite-se a chamada crítica das leis, o melhor modo para exercê-la é servir-se das sugestões que provêm da tradição do direito natural.

De maneira análoga, a exclusividade do direito positivo significa, no primeiro caso, que se deve obedecer incondicionalmente ao que estabelece o legislador porque não existem leis superiores a ele; no segundo caso, que o direito natural não é uma configuração que se possa pôr ao lado das várias formas de direito positivo; no terceiro caso, que o direito positivo é o único objeto de estudo da jurisprudência como ciência.

Um objetivo importante, mas não o principal deste ensaio que mostra a variedade e complexidade das relações entre jusnaturalismo e positivismo jurídico, é convidar doravante a ter certa cautela ao atribuir a este ou àquele autor o mérito (ou demérito) de ser jusnaturalista ou positivista. Como mostrou Cattaneo em seu estudo sobre o positivismo jurídico na Inglaterra,[8] descobre-se que autores considerados representantes típicos da tradição positivista, ao se fazer as devidas distinções, são, sob certos aspectos, jusnaturalistas ou exprimem as mesmas exigências destes.

Creio que o modo mais sábio de responder à pergunta sobre se um autor é jusnaturalista ou positivista é mostrar sua estranheza dizendo: "Depende". Depende do ponto de vista assumido para julgá-lo. Pode acontecer que seja positivista de um ponto de vista e jusnaturalista de outro. Se pode valer para algo, dou como exemplo meu caso pessoal: diante do choque das ideologias, não sendo possível nenhuma tergiversação, sou jusnaturalista; com respeito ao método, sou, com igual convicção, positivista; no que se refere, enfim, à teoria do direito, não sou nem um, nem outro.

---

8 M. A. Cattaneo, *Il positivismo giuridico inglese (Hobbes, Bentham, Austin)*. O Apêndice que segue é dedicado a um exame crítico desse livro.

Apêndice
Ainda sobre o positivismo jurídico

A maior parte dos juristas do século XIX foram positivistas sem o saber, pelo menos na Europa. Começou-se a falar de uma corrente relativamente definida de positivismo jurídico quando os primeiros opositores já a davam por extenuada ou exaurida. Com o renascimento, depois, do jusnaturalismo, a exigência de delimitar em termos históricos e definir nocionalmente a corrente oposta do positivismo jurídico fez-se sentir cada vez mais forte. É preciso saber, na disputa entre acusadores e defensores, o que de um lado se quer derrubar, e o que do outro lado se quer conservar. Assim, há alguns anos, também o positivismo jurídico, como em outros tempos o jusnaturalismo, tornou-se objeto de pesquisa histórica e de reflexão crítica.

Limitando-nos, por ora, ao que aconteceu na Itália, poderíamos fazer a fase de repensamento começar com o ensaio de Francisco Carnelutti, "Bilancio del positivismo giuridico", publicado em 1951.[1] Mas o primeiro a encarar de frente o problema,

---

1 F. Carnelutti, "Bilancio del positivismo giuridico", *Rivista Trimestrale di Diritto Pubblico*, I, p.281-300, agora em: *Discorsi intorno al diritto*, II, p.241-61.

desenvolvendo uma análise histórica e dogmática do positivismo jurídico, com o objetivo de formular uma redefinição da noção de direito positivo, foi Roberto Ago, no artigo "Diritto positivo e diritto internazionale", publicado em 1957 e já amplamente discutido.[2] No final de 1959, um estudioso da nova geração publicou uma monografia completa (a primeira do gênero) sobre o pensamento de John Austin e as origens do positivismo jurídico.[3] De modo que, quando, em setembro de 1960, reuniu-se em Bellagio um pequeno grupo de velhos e jovens filósofos do direito, italianos e estrangeiros, para discutir, *point to point*, a noção e a história do positivismo jurídico, o tema já havia alcançado o grau certo de cozimento para ser servido em um banquete de apreciadores, mesmo que, depois, talvez demasiado lauto, tenha acabado por deixar fartos até os mais sóbrios.[4]

Meu artigo "Sobre o positivismo jurídico" originou-se por ocasião desse encontro.[5] E agora saiu, fruto bem mais importante, nascido, em parte, também daquelas discussões (embora amadurecido alhures), um bom livro de um dos mais jovens participantes do congresso. M. A. Cattaneo, que se propõe, como é dito claramente desde as primeiras linhas,

> a contribuir para o esclarecimento das discussões filosófico-jurídicas relativas ao problema das relações entre jusnaturalismo e positivismo jurídico e, em particular, para o esclarecimento e uma

---

2 R. Ago, Diritto positivo e diritto internazionale. In: *Scritti di diritto internazionale in onore di T. Perassi*, I, p.3-65.
3 A. Agnelli, *John Austin alle origini del positivismo giuridico*, pubblicazioni dell'Istituto di Scienze politiche dell'Università di Torino.
4 Um relato amplo e vivo dessas discussões pode ser lido no ensaio de dois participantes: R. A. Falk; S. I. Shuman, "Un colloquio sul positivismo giuridico", *Rivista di Diritto Civile*, VII, p.542-57.
5 "Sul positivismo giuridico", *Rivista di Filosofia*, LII, p.14-34.

determinação melhor e mais precisa do conceito de positivismo jurídico.⁶

Essa obra tem, antes de tudo, o mérito de apresentar-se com um desígnio muito claro. Partindo da observação metodicamente correta de que a expressão "positivismo jurídico" assumiu, no curso de sua história, outros significados e que, portanto, toda discussão sobre as relações entre jusnaturalismo e positivismo jurídico, e toda interpretação sobre o pertencimento deste ou daquele escritor a uma ou outra corrente, pressupõem o esclarecimento dos vários significados das expressões com que essas correntes são designadas, o autor se propõe a fixar, preliminarmente, aqueles que lhe parecem os principais conceitos do positivismo jurídico e, em um segundo tempo, estabelecer em qual dos sentidos acolhidos os escritores estudados (Hobbes, Bentham, Austin) – apresentado o primeiro como o precursor, o segundo como o iniciador e o terceiro como o construtor do positivismo jurídico na Inglaterra – podem dizer-se propriamente positivistas.

Nesta parte, ocupo-me não da interpretação histórica dada por Cattaneo a seus três autores, mas exclusivamente da interpretação da noção de positivismo jurídico e dos vários significados a ele atribuídos. E faço isso com a finalidade de mostrar os pontos de convergência e de divergência com respeito às considerações sobre o positivismo jurídico por mim expostas no artigo citado e de eventualmente abrir uma discussão sobre os pontos de divergência.

Cattaneo distingue, como eu o fiz, três significados de positivismo jurídico (é sempre verdade que três é o número filosófico por excelência). Para fazer essa distinção, parte de um ensaio de Ch. Eisenmann, no qual o autor, colocando-se o problema da influência do direito natural sobre a atividade do jurista, distinguia

---

6 M. A. Cattaneo, *Il positivismo giuridico inglese (Hobbes, Bentham, Austin)*, p.iii.

três momentos dessa atividade: 1) o conhecimento do direito positivo; 2) a aplicação do direito positivo aos casos controversos; 3) a produção legislativa. Ou a obra do jurista enquanto cientista do direito, juiz e legislador.[7] De modo análogo, Cattaneo julgou conveniente colocar o problema dos vários significados de positivismo jurídico referindo-se às consequências que comumente se verificam conforme se considere a influência desse positivismo sobre a obra do jurista, do juiz ou do legislador.

Começando com uma primeira observação, totalmente marginal, diria que a analogia entre a abordagem de Eisenmann e a de Cattaneo é frágil. Em seu ensaio, lido em um simpósio sobre o direito natural, Eisenmann pusera-se o problema do lugar que o direito natural ocupa na atividade do jurista, do juiz e do legislador, excluindo-o no primeiro caso, admitindo-o e excluindo-o de acordo com as circunstâncias no segundo, admitindo-o livremente no terceiro. Cattaneo coloca-se o problema não tanto do lugar que o direito positivo ocupa na atividade do jurista, do juiz e do legislador, mas das consequências que a aceitação do positivismo jurídico produz nesses três momentos da atividade jurídica. Parece, em suma, que Cattaneo toma de Eisenmann apenas a ideia dos três pontos da pesquisa, depois considera como um dos problemas preeminentes um quarto aspecto, relativo ao plano do cidadão, que Eisenmann não havia abordado.

Deixando de lado a relação mais escurecedora do que iluminadora com Eisenmann, considero mais conveniente apresentar o estudo de Cattaneo como uma análise das posições específicas que o positivismo jurídico sugere àqueles que fazem das normas jurídicas objeto de pesquisa, àqueles que são os destinatários das normas jurídicas, ou seja, que devem aplicá-las (os cidadãos e os juízes), e àqueles que têm a tarefa de produzir normas jurídicas (os legisladores, no sentido mais amplo da palavra). Essas posi-

---

7 Ch. Eisenmann, Le juriste et le droit natural. In: Institut International de Philosophie Politique (Org.). *Le droit natural*, p.205-29.

ções podem ser resumidas deste modo: 1) no plano do conhecimento, o positivismo jurídico, apresentando-se como aquela teoria que separa o estudo do direito como é do de como deve ser, convida o jurista a considerar direito aquele que é de modo efetivo praticado como tal em uma sociedade, independentemente do fato de ser apreciável em termos de moralidade; 2) no plano da aplicação, o positivismo jurídico, mostrando-se como aquela teoria que "afirma a existência de um dever de fidelidade e de obediência ao direito positivo, independentemente ou até em prejuízo do dever de obediência às normas morais" (p.21), convida o cidadão e o juiz a obedecer de forma incondicional às leis enquanto tais; 3) no plano da produção jurídica, o positivismo jurídico, exibindo-se como aquela teoria que nega modelos absolutos de conduta nos quais possa inspirar-se o legislador, em outras palavras, "a possibilidade de conhecer e determinar racional e objetivamente os valores" (p.31), coincide, para dizer de modo breve, com o relativismo ético.

Não gostaria de forçar a exposição desses três momentos, assim como foi feita por Cattaneo, mas parece-me que se poderia dizer a mesma coisa também deste modo: 1) no primeiro sentido, por positivismo jurídico entende-se a proposta de um método para estudar o direito, ou melhor, certo tipo de *approach* ao estudo do direito; 2) no segundo sentido, o positivismo jurídico constitui uma verdadeira ideologia, ou a proposta de um critério para distinguir o bem do mal, o que se deve do que não se deve fazer, ou, se a palavra "ideologia" não agradar, ele é um tipo de moral; 3) no terceiro sentido, o positivismo jurídico é – ou melhor, é acompanhado por, ou está fundado sobre – uma teoria filosófica, em particular aquela teoria indicada pelo nome de relativismo ético.

São duas as observações que faço sobre essa tripartição. A primeira diz respeito ao terceiro aspecto considerado por Cattaneo, que, em minha opinião, não está no mesmo plano dos outros dois; a segunda diz respeito à falta de um aspecto que, para mim, é característico do positivismo jurídico, além dos dois primeiros, sendo-o até mais e que não foi considerado por Cattaneo. Em outros termos, a primeira observação buscará destacar que, naquela tripartição, há algo de excedente, e a segunda, que há algo faltando.

Que o terceiro aspecto da tripartição proposta por Cattaneo – o positivismo jurídico coincide com o relativismo ético – não está no mesmo plano dos outros dois, isso pode ser mostrado. É lícito dizer que, no primeiro aspecto, o positivismo jurídico é, como *método*, a proposta de distinguir o direito como é do direito como deve ser; no segundo aspecto, enquanto ideologia, ele é a afirmação de que as leis devem ser obedecidas porque são leis, independentemente de seu conteúdo. Mas não é lícito dizer que, no terceiro aspecto, o positivismo jurídico é, enquanto filosofia moral, relativismo ético, e por duas razões: 1) em nenhuma das múltiplas acepções de positivismo jurídico essa expressão é empregada para indicar uma filosofia moral ou uma teoria da moral (mas, se tanto, uma moral legalista, conforme o segundo significado); deve-se dizer, mais corretamente, que aquela particular filosofia moral (ou teoria da moral) que é o relativismo ético em geral acompanha ou é aliada do positivismo jurídico ou, de modo ainda mais simples, que a maior parte daqueles que podem ser considerados positivistas jurídicos, no primeiro e no segundo significados, são também relativistas em ética; 2) mesmo admitindo que, por positivismo jurídico, em uma de suas múltiplas acepções, entende-se uma espécie de filosofia moral, essa filosofia é tão pouco o relativismo ético que um bom número de positivistas jurídicos, em particular exatamente os maiores representantes dessa corrente na Inglaterra, estudados por Cattaneo, são defensores de uma filosofia moral objetivista (o utilitarismo) e, portanto, não são relativistas.

É o caso de dizer, aqui, que uma das razões do interesse do livro de Cattaneo para o leitor italiano, habituado graças a Kelsen a unir o positivismo jurídico com o relativismo ético, é ilustrar uma corrente de pensamento, como aquela do positivismo jurídico inglês, na qual positivismo jurídico e relativismo ético apresentam-se claramente desunidos.

Pode-se desenvolver o argumento também deste outro modo: Cattaneo identificou dois significados da expressão "positivismo jurídico" ao falar dos primeiros dois aspectos dele; no terceiro aspecto, não apontou um terceiro significado, limitou-se a mostrar a concomitância[8] entre o complexo fenômeno do positivismo jurídico, em todos os seus aspectos reconhecidos, e uma filosofia moral, como é o relativismo ético. Enquanto, para as primeiras duas formas, pode-se também dizer que se trata de dois tipos de positivismo jurídico, não se pode dizer, como faz o autor, que, na afirmada coincidência entre positivismo jurídico e relativismo ético, ele identificou um "terceiro tipo de positivismo jurídico" (p.32), porque equivaleria a sustentar que o relativismo ético é um tipo de positivismo jurídico.

Dito de outro modo: a prática constante da distinção entre o estudo do direito como é e o do direito como deve ser (positivismo jurídico no primeiro significado), ou a crença de que as leis devem ser obedecidas enquanto tais (positivismo jurídico no segundo significado), bastam, sozinhas, para atribuir a um autor o título de positivista jurídico, enquanto a adesão ao relativismo ético não é suficiente para considerar um jurista seguidor do positivismo jurídico. Portanto, a primeira e a segunda definições são caracterizações suficientes do positivismo jurídico; a terceira é insuficiente e, assim, não serve para definir de modo global,

---

8 Kelsen, depois de ter dito que a *Reine Rechtslehre* é *Rechtspositivismus* (para ele, a expressão "positivismo jurídico" tem o primeiro dos significados ilustrados por Cattaneo), acrescenta: "Rechtspositivismus geht Hand in Hand mit Relativismus" [O positivismo jurídico anda de mãos dadas com o relativismo] ("Was ist die Reine Rechtslehre" [O que é a teoria pura do direito"]), in: *Demokratie und Rechtsstaat*, Festausgabe zum 60. Geburtstag von Zaccaria Giacometti (26. September 1953), p.153.

como as outras duas, o fenômeno que se quer descrever, quando muito, apenas um de seus caracteres, ademais não essencial ou, pelo menos, essencial, pelo que parece, ao positivismo jurídico no segundo significado, ou seja, enquanto ideologia, mas não essencial no primeiro significado, isto é, enquanto método.

Quando afirmo que os três fenômenos descritos por Cattaneo sob o nome de três diferentes formas de positivismo jurídico não estão no mesmo plano, não quero dizer que nada guardem em comum. Olhando bem, porém, têm em concordância apenas seu contrário: são três modos diferentes em que a oposição ao jusnaturalismo toma forma. A insistência na separação entre o direito como é e o direito como deve ser é uma forma de oposição à teoria jusnaturalista, que resolve a validade do direito na justiça; a afirmação de que as leis devem ser obedecidas enquanto tais opõe-se à teoria jusnaturalista, segundo a qual existe uma obrigação moral de obedecer apenas às leis justas; e, enfim, a teoria da relatividade dos valores é a mais clamorosa antítese à crença na objetividade dos valores, própria do jusnaturalismo em todas as suas principais acepções.

Mas do fato de todas as três serem formas de oposição ao jusnaturalismo não se segue que sejam formas de positivismo jurídico. Podemos chamar legitimamente de formas de positivismo jurídico aquelas nas quais ao primado do direito natural opõe-se ou o primado ou, melhor, a exclusividade do direito positivo.[9] Mas, então, não se vê legitimidade em chamar uma forma de positivismo jurídico de relativismo ético, o qual se opõe ao jusnaturalismo não pelo que este último afirma sobre o primado do direito natural, mas pela defesa que faz do caráter absoluto dos valores. O relativismo ético é, em suma, uma teoria que combate o direito natural no plano da contraposição não mais entre direito

---

9 Para uma definição de jusnaturalismo e positivismo jurídico que pode esclarecer esse ponto, remeto ao ensaio precedente.

natural e direito positivo, mas entre valores absolutos e valores relativos.

Enfim, mesmo assumindo o ponto de vista do autor, que pensa que podem ser definidas as várias formas de positivismo jurídico a partir do problema das relações entre direito e moral, parece-me que somos levados a concluir que o terceiro tipo é espúrio. De fato, enquanto é lícito referir-se à separação entre direito e moral para ilustrar o primeiro significado de positivismo jurídico – e é habitual referir-se à confusão entre obrigação moral e obrigação jurídica para ilustrar o segundo –, não se vê justificativa para falar em separação ou confusão entre direito e moral quando entra em questão a distinção entre objetivismo ético e relativismo ético, que representam duas tendências diferentes de filosofia moral, das quais o máximo que se pode dizer, a propósito do positivismo jurídico, é que os seguidores deste costumam abraçar o segundo, em vez do primeiro.

Com essa primeira observação, tentei fazer ver que não parece claramente compreensível um terceiro significado de positivismo jurídico na direção que Cattaneo o buscou. Passando para a segunda observação, tentarei mostrar que existe, ao contrário, um terceiro significado de positivismo jurídico que ele negligenciou. Acrescentarei que, a meu ver, é de longe o mais comum e relevante na tradição jurídica continental. É muito provável que o autor não tenha se detido nele por ter feito objeto de exame exclusivamente a tradição filosófico-jurídica inglesa, na qual o significado dominante de positivismo jurídico é o que corresponde ao primeiro dos três ilustrados.

Para encurtar, direi logo que esse terceiro significado é o que, no artigo citado no princípio, chamei de positivismo jurídico como teoria,[10] algo mais que um método (primeiro significado de acordo com Cattaneo), algo menos que uma ideologia (segundo significado). Por positivismo jurídico como teoria

---

10 *Sul positivismo giuridico*, p.18-20.

entendo aquela teoria do direito que, em outro lugar,[11] denominei estatal-legalista, caracterizada tanto por uma afirmação de preeminência do direito do Estado sobre o de qualquer outro ordenamento, como por uma afirmação de preeminência da lei sobre as outras fontes do direito. Algo mais que um método: nessa acepção, de fato, positivismo jurídico não implica apenas certo modo de aproximar-se do estudo do direito, mas um conjunto complexo e sistemático de asserções em torno do direito, que veio se formando em certo clima intelectual e social, ou seja, por influência de determinadas correntes filosóficas e de certos desenvolvimentos históricos. Algo menos que uma ideologia: a teoria estatal-legalista representa pura e simplesmente uma reconstrução conceitual de fenômenos historicamente relevantes (entre eles, o mais importante de todos, diante do qual teria sido loucura fechar os olhos, a monopolização da produção jurídica por parte do Estado), e não implica nem uma exaltação do Estado como órgão da eticidade, nem a afirmação de que as leis do Estado devam ser obedecidas enquanto tais.

Em um recente curso universitário,[12] pensei poder especificar alguns caracteres recorrentes da teoria positivista do direito, relativos aos seguintes pontos: a definição do direito; a teoria da norma jurídica; a teoria das fontes do direito; a teoria do ordenamento jurídico; a teoria da interpretação e da ciência jurídica. Retomo aqui esses caracteres com algumas especificações. Pelo que diz respeito à definição do direito, é característica das teorias positivistas uma concepção voluntarista dele (*stat pro ratione voluntas*) e uma identificação da vontade criadora dele com a vontade do soberano político (em definitivo, uma total redução do direito a direito estatal, ligada com a mencionada importância da monopolização da produção jurídica por parte do Estado).

---

11 *La consuetudine come fatto normativo*, p.3.
12 In: N. Bobbio. *Il positivismo giuridico*: lezione di filosofia del diritto raccolte dal dr. Nello Morra.

Quanto à concepção da norma jurídica, o positivismo jurídico foi comumente identificado (a começar por Austin ou, talvez, por influência dele) com o imperativismo (as normas jurídicas são comandos). A teoria das fontes do positivismo jurídico é caracterizada pela superestimação da lei e pela desvalorização do direito consuetudinário e do direito judiciário.

Com referência ao conjunto das normas de um sistema jurídico dado, ao qual se veio atribuindo o nome de ordenamento jurídico, o positivismo jurídico elaborou e defendeu incansavelmente o chamado dogma da completude (falta de lacunas) e, em via secundária, também o dogma da coerência (falta de antinomias). Enfim, a teoria da interpretação própria do positivismo jurídico é aquela segundo a qual o ofício primeiro do jurista ou do juiz é mais declarar o direito preexistente do que produzir regras novas, e o método com que opera é constituído, prevalentemente, por operações lógicas.

Não quero dizer que uma teoria deva conter todos esses pontos para ser considerada positivista. Limito-me a afirmar que as teorias que se costuma chamar de positivistas contêm comumente mais de um deles. Aliás, existe entre esses pontos certa conexão, mesmo se não é, de fato, sempre reconhecida e não são sempre apontadas as devidas consequências. Da afirmação de que o direito é a expressão de uma vontade dominante segue-se a teoria que vê nele apenas comandos. A consideração da norma jurídica como comando leva a subestimar as fontes do direito que seriam mal definidas em termos de comando, como o direito consuetudinário e o científico, e a dar a palma ao direito legislativo e, subordinadamente, também ao judiciário, o qual é rebaixado a secundário pelo dogma da onipotência do legislador. Por sua vez, o dogma da onipotência do legislador fundamenta a completude e a coerência do sistema, as quais são um dos pressupostos para a teoria do juiz autômato e, mais em geral, para a consideração da atividade do intérprete como essencialmente lógica.

Se me perguntarem de onde extraí esses caracteres, respondo que eles emergem de modo bastante claro da literatura polêmica, isto é, daqueles escritores que, de uma forma ou de outra, combateram o positivismo jurídico e, para isso, precisaram, de alguma maneira, ajustar a mira e determinar o alvo. Para captar todos os aspectos do positivismo jurídico, é preciso levar em consideração não apenas a literatura polêmica do lado jusnaturalista, mas também aquela proveniente das correntes realistas e sociológicas, em geral antiformalistas e antinormativistas.

Naturalmente, não é preciso limitar o estudo do positivismo jurídico, como parece que Cattaneo quis fazer, tomando como único ponto de vista o problema da distinção entre direito e moral. Esse problema permite captar a distinção entre o direito positivo e o natural, mas não a distinção, sobre a qual todas as correntes antipositivistas insistiram, entre uma visão restrita (formalista) e uma larga (realista) do direito positivo.

Querendo aduzir alguns testemunhos, pode-se começar a lembrar que um dos maiores e melhores documentos da batalha antipositivista é representado pela obra de Ehrlich, *Die juristische Logik*, na qual a doutrina combatida é descrita através destas três características: "A premissa maior [do juízo jurídico] deve sempre ser uma norma jurídica. A norma jurídica deve sempre, de algum modo, poder ser referida ao Estado, e todas as normas jurídicas do direito vigente formam uma unidade, o que põe o juiz totalmente a serviço do autor ideal do sistema inteiro, do legislador fictício que personifica a vontade coletiva do Estado, que toda decisão judiciária deve valer essencialmente como decisão do legislador."[13] Nessas poucas linhas, aparecem pelo menos quatro dos cinco pontos antes mencionados: o direito como estatal, a completude do ordenamento jurídico, a supremacia da lei, a interpretação como operação lógica. Para não nos estendermos demasiado na documentação, aliás, o que não é

---

13 E. Ehrlich, *Die jusristische Logik*, p.3.

difícil, nos limitamos a citar um testemunho característico de cada um dos cinco pontos.

Para a identificação do positivismo jurídico com o estatalismo, veja o ensaio já citado de Ago. Com Austin, antes, e com a doutrina germânica, depois, "difunde-se assim amplamente aquela tendência de pensamento que reduz o próprio positivismo jurídico a um mero voluntarismo estatal; e se cria aquele mito da vontade do Estado como origem única do direito, que deita raízes profundas na doutrina de diversos países".[14] Para a identificação de positivismo jurídico e teoria da norma como comando, Larenz, após falar brevemente sobre a teoria que resolve as leis em um ato de vontade ou em um comando, comenta, em nota: "Somente assim as considera o *positivismo*".[15] Sobre a identificação do positivismo jurídico com a supremacia da lei, até com a exasperação dessa supremacia no "codicismo", é completo o balanço, já lembrado, de Carnelutti, no qual por instância positivista entende-se aquela concepção para a qual "o direito é o que se vê, ou seja, as leis como se leem nos códigos ou, em geral, nos documentos em que estão escritas".[16]

Não gostaria, porém, de esquecer a autorizada opinião de Hans Welzel, para quem, literalmente, "a doutrina da onipotência do legislador é o característico pecado original do positivismo jurídico".[17] Positivismo jurídico e completude do ordenamento são associados na definição do primeiro dada por Radbruch: "O positivismo jurídico é aquela tendência na ciência do direito que, partindo do direito positivo, com meios puramente intelectuais, sem um sistema de valores próprio, pensa poder encontrar uma

---

14 R. Ago, *Diritto positivo e diritto internazionale*, p.46-47. Destaque do autor.
15 K. Larenz, *Methodenlehre der Rechtswissenschaft*, p.240.
16 F. Carnelutti, "Bilancio del positivismo giuridico", p.288.
17 H. Welzel, Naturrecht und Rechtspositivismus. In: *Festschrift für Hans Niedermeyer zum 70*, p.290.

resposta para toda pergunta jurídica."[18] Pelo que diz respeito, enfim, à identificação entre positivismo jurídico e a teoria do juiz autômato, haveria apenas o embaraço da escolha, de tal modo essa opinião se tornou o lugar comum de todas as polêmicas antipositivistas. Considerem-se muito precisas estas poucas linhas de Coing: "O positivismo [...] destacou sempre mais fortemente a circunstância de que o juiz é submetido à lei. Ele vê no juiz o executor da lei, que deve ser aplicada, o máximo possível, de modo mecânico e sem um exame crítico".[19]

Chamo esse positivismo jurídico como teoria de "positivismo jurídico em sentido estrito", para distingui-lo tanto do positivismo jurídico enquanto método, que se pode denominar de "positivismo jurídico em sentido lato" (porque, entre outras coisas, abrange também as teorias realistas do direito, que são antipositivistas com relação à teoria geral do direito), como do positivismo jurídico enquanto ideologia, que se poderia mais propriamente designar de "positivismo ético". Tampouco Cattaneo desconhece que, ao lado do positivismo jurídico em sentido lato e do positivismo ético, há alguns caracteres distintivos de uma teoria do positivismo jurídico em sentido estrito, quando ele escreve, por exemplo, que, com base na concepção da lei como comando, Hobbes pode ser considerado positivista (p.48) e repete o mesmo para Bentham (p.135); ou que Hobbes pode ser colocado na origem do positivismo jurídico inglês também

---

18 G. Radbruch, *Propedeutica alla filosofia del diritto*, trad. it., p.183. Não diferentemente, F. Wieacker, que, depois de ter distinguido o positivismo científico do positivismo legislativo, define o primeiro deste modo: "Uma visão do direito que deduz todas as normas e as decisões jurídicas do complexo dos conceitos e das teorias da ciência jurídica, sem atribuir força de produzir ou modificar o direito a avaliações extrajurídicas, ou seja, religiosas, ético-sociais (ou até jusnaturalistas), ou ideológicas (por exemplo, socialistas), ou a finalidades econômicas ou sociológicas, isto é, sem dar a elas nenhuma importância para o *éthos* e também para a consciência do jurista" (*Privatrechtsgeschichte der Neuzeit*, p.253).

19 H. Coing, *Grundzüge der Rechtsphilosophie*, p.246.

por sua concepção da lei como comando ou pela teoria da soberania; ou, ainda, que é próprio do positivismo jurídico sustentar que "é tarefa do juiz apenas a aplicação do direito, e não a criação dele" (p.258). Só que não pensou, por uma razão que não fica clara no decorrer da exposição, em explicar seus aspectos singulares e fazer deles uma *species* autônoma.

Essa falta levou-o a fazer julgamentos históricos que não parecem totalmente corretos e privou-o de uma categoria útil para a interpretação e a classificação dos próprios autores estudados. Com respeito ao positivismo jurídico continental, por exemplo, ele afirma que é caracterizado principalmente, de modo diferente do inglês, pela aceitação da ideologia positivista e pelo relativismo ético (p.297).

Ora, sem desconsiderar que os defensores continentais do positivismo jurídico tenham mostrado alguma condescendência em relação à teoria da obediência à lei enquanto tal e tenham comumente abraçado o relativismo ético, é opinião corrente entre os próprios adversários, porém, como vimos, que o positivismo jurídico continental identifica-se mais com uma teoria particular do direito, cujos caracteres analisamos de modo breve. No que concerne ao positivismo jurídico inglês, o autor sustenta que ele é visto, ao contrário, apenas pela separação entre o direito como é e como deve ser. Essa caracterização não é errada, mas me parece demasiado genérica.

Exatamente os autores estudados por Cattaneo – Hobbes, Bentham, Austin – são, por esse ou por aquele aspecto, positivistas em sentido estrito e, portanto, positivistas da mesma maneira dos juristas continentais que costumam ser chamados de positivistas. Em Hobbes, encontramos uma teoria voluntarista do direito, uma teoria imperativista da lei, uma supervalorização da lei sobre as outras fontes, uma teoria declarativa da interpretação judicial; em Bentham, uma teoria imperativista do direito, um verdadeiro fetichismo da lei, até um exasperado "codicismo", uma insistente crítica do direito judiciário, a exigência da completude do ordenamento jurídico como condição para eliminar o poder criativo do juiz; em Austin, uma das mais rigorosas concepções voluntaristas e imperativistas do direito até então sustentadas e, como em Bentham, ainda que de outra forma, mas com os mesmos motivos, a codificação vista como remédio para a desordem e o arbítrio do direito judiciário.

A meu ver, considerar esses três autores positivistas só pelo método empregado (positivismo em sentido largo), e não também pelo tipo de teoria elaborada e defendida (positivismo em sentido estrito), produz dois inconvenientes: em primeiro lugar, não permite identificar os nexos estreitos que existem, e já foram eficazmente destacados, entre positivismo jurídico continental e positivismo jurídico inglês com respeito à solução dada a alguns dos mais importantes problemas da teoria geral do direito; em segundo lugar, não possibilita dar o devido destaque às afinidades especificamente jurídicas entre os três autores (estatalismo, voluntarismo, imperativismo, legalismo etc.), além daquelas filosóficas (empirismo, utilitarismo, objetivismo ético etc.). A consequência é que, do ponto de vista jurídico, limitada a sua novidade ao tipo de *approach* ao estudo do direito, eles mal se distinguem de todos os juristas, pertencentes às mais diferentes escolas, desde a histórica até a neorrealista, que rejeitaram a confusão entre juízos de fato e de valor e, do mesmo modo, estiveram em constante polêmica com teorias do direito, como aquelas das quais Hobbes, Bentham e Austin são típicos representantes na história do pensamento jurídico.

Parte III

Do jusnaturalismo

Preâmbulo

Na parte anterior foi feita a análise da oposição entre positivismo jurídico e jusnaturalismo principalmente do ponto de vista da primeira das duas tendências. Nesta terceira e última parte será examinada a mesma oposição, mas do ponto de vista da segunda.

O primeiro ensaio representa uma crítica à noção comum de direito natural. Nele se sustenta que o direito natural não o é no sentido próprio da palavra, e não é natural no sentido de que não deriva da natureza. Essa crítica abre o caminho para uma interpretação do jusnaturalismo, entendido não como uma moral, mas como uma teoria da moral caracterizada pela assunção da objetividade dos valores – essa interpretação é o objeto do segundo ensaio. O terceiro ensaio retoma alguns dos motivos polêmicos dos dois primeiros e a chave interpretativa do segundo, para examinar criticamente o atual feliz reaparecimento do jusnaturalismo, em uso pelos juristas na teoria da natureza das coisas como fonte de direito.

Dos dois apêndices, o primeiro está ligado ao primeiro ensaio, do qual é uma confirmação, através do exame crítico de uma obra recente, e o segundo é uma documentação, com referência à doutrina italiana, do ensaio sobre a natureza das coisas.

VII
Argumentos contra o direito natural

1. Posição do problema

As antigas e as novas críticas ao direito natural podem ser reunidas em dois grupos, para facilidade de exposição, conforme tomemos por alvo o substantivo ou o adjetivo, ou seja, negamos que o direito natural seja direito ou que o direito propriamente dito possa ser nomeado natural. À primeira crítica dedicaram-se sobretudo os juristas; à segunda, os filósofos.

Como filósofo do direito, gostaria de ocupar-me brevemente de ambas, apontando três argumentos para cada um dos dois grupos.

2. "Direito" e "direito natural"

Todo o desenvolvimento da ciência jurídica do século passado foi acompanhado por uma constante polêmica contra a pretensão do direito natural de ser direito da mesma maneira que o positivo. Penso na escola histórica, em Austin, nos pandectistas alemães, na *reine Rechtslehre* em geral, no positivismo jurídico. O que aos jusnaturalistas impenitentes podia parecer uma monopolização ilícita de direito era, na realidade – e hoje assim devemos aceitá-lo –, um esclarecimento e um aperfeiçoamento da noção de direito ou, preferindo-se, do uso do termo "direito".

O resultado positivo dessa polêmica contra o direito natural parece-me que pode ser resumido na seguinte proposição: o termo "direito", nas expressões "direito natural" e "direito positivo", é empregado com dois significados diferentes. Portanto, ao referir esse termo ao que os juristas consideram objeto de seus estudos, e é certamente o uso mais comum, que tem por trás de si a força da tradição, não se pode referir ao chamado direito positivo ou vigente sem gerar confusão com o que os jusnaturalistas chamam de "direito natural". Por isso, o jurista que se recusa a reconhecer ao direito natural o caráter de verdadeiro direito não se pronuncia sobre a existência ou não do que é chamado de direito natural, mas simplesmente contesta que, dado que exista, seja direito da mesma maneira que o positivo. Ora, desse ponto de vista, parece-me que as objeções dos juristas são incontestáveis.

Por direito os juristas entendem um complexo de regras da conduta humana que têm por característica serem feitas valer, no caso de violação, com a força. Portanto, obrigação jurídica significa dever de agir em conformidade com uma norma que prevê uma consequência desagradável em caso de violação; direito subjetivo implica poder de constranger, direta ou indiretamente, aquele que é obrigado; e diz-se que existe de fato um ordenamento jurídico quando um conjunto de normas é posto por um poder que tem força suficiente para obter seu respeito (princípio de efetividade). Toda regra de conduta atribui faculdades, poderes, obrigações, mas só a regra de conduta jurídica, segundo o uso linguístico dos juristas, que corresponde, de resto, ao uso comum, atribui faculdades, poderes, obrigações garantidas por um poder coativo organizado.

Ora, o que falta à lei natural é exatamente o que constitui o elemento característico do direito, ou seja, a efetividade. O direito natural é um direito desarmado. Ninguém nega que ele exprima uma exigência, uma proposta de direito futuro, mas até que não encontre a força para fazer-se valer, não é direito no sentido corrente da palavra, ou pelo menos o é em sentido equívoco ou até mesmo incorreto. Todos sabem que a Declaração Universal dos Direitos do Homem, na atual fase do desenvolvimento do direito internacional, não é uma declaração de direitos, mas de desejos pios.

Querendo-se uma prova histórica dessa ambiguidade do termo direito, tome-se a doutrina jurídica kantiana. Como os jusnaturalistas, Kant distingue o estado de natureza, regido pelas leis naturais, do estado civil, dirigido pelo direito positivo. Mas, dando-se conta da diversidade dos dois estados com respeito à natureza do direito vigente em ambos, diz que o primeiro é um estado provisório e o segundo, peremptório.[1] Em algumas passagens, subentendendo o pensamento de que essa peremptoriedade seja o caráter essencial do direito, fala do estado natural como de um estado do tipo não jurídico e opõe a ele o estado civil como único jurídico possível.[2] Isso confirma que, no pensamento de Kant, o direito natural é um tipo inferior ao positivo,

---

[1] *Metaphysik der Sitten*, parte I, §9, §15, que cito da coletânea: I. Kant, *Scritti politici e di filosofia della storia e del diritto*, p.436-45.

[2] Por exemplo, no §41, no qual diz: "O Estado não jurídico (*der nicht-rechtliche Zustand*), vale dizer, aquele no qual não há nenhuma justiça distributiva, chama-se estado natural (*status naturalis*)" (*Scritti politici e di filosofia della storia e del diritto*, p.492). E ainda, quando fala das relações entre os estados, que são de direito natural, diz que eles, "considerados em suas relações exteriores recíprocas, estão por natureza em um Estado não jurídico (como selvagens sem lei)" (p.535), pretendendo, mais uma vez, assimilar o estado natural a um anterior à constituição do Estado jurídico.

ao ponto de tornar-se um não direito quando é posto em antítese àquele em sentido estrito.

3. O fim do direito natural

Chega-se a um resultado semelhante ao olhar não para a estrutura formal da norma, mas para o fim. A resposta mais comum, dada há séculos, à pergunta sobre qual é o fim do direito, é que ele consiste na conservação da sociedade humana. A teoria do direito natural nos ensina com certeza pelo menos uma coisa: que o direito natural não serve para esse fim. Por direito natural, os jusnaturalistas entendem aquele vigente no estado de natureza. Pois bem, é teoria comum a todo o jusnaturalismo dos séculos XVII e XVIII que o estado natural é impossível, e isso exatamente porque as leis naturais, sozinhas, não têm condições de garantir aos homens em sociedade a segurança de sua existência.

Como exemplo, tomemos Hobbes e Locke, Rousseau e Kant, só para citar os grandes nomes. Em relação a todos se perceberá a mesma preocupação: o estado de natureza é aquele do qual os homens precisaram sair ou por interesse, ou por necessidade histórica, ou por dever moral. E a humanidade teve de sair do estado de natureza porque, dependendo do ponto de vista, ele é perigoso, impossível ou injusto, é um estado não conveniente ao homem em sociedade, para o qual o único apropriado é o estado civil. Um dos caracteres constantes da literatura sobre o direito natural é o que eu chamaria, com uma fórmula expressiva, "a falência do estado de natureza". O estado civil, ou aquele no qual as regras de conduta do homem em sociedade derivam não de serem conformes à razão, mas garantidas pelo poder soberano, representa o único estado possível para a vida social do homem, sua salvação dos inconvenientes do estado de natureza, o refúgio seguro e estável, ainda que estreito, da liberdade sem freios do estado natural.

Há uma célebre passagem de Hobbes na qual são elencadas as vantagens do Estado comparado com o estado de natureza.[3] Pufendorf, referindo-se a essa passagem, conclui: "Portanto, penso que não haja meio mais eficaz de rebater as queixas do vulgo sobre os ônus e as desvantagens do Estado do que colocar sob os olhos dele as desvantagens do estado natural".[4] Para Kant, as razões da passagem de um estado ao outro não são utilitárias, mas morais, porém, o tema fundamental da insustentabilidade do estado de natureza permanece invariável:

> Do direito privado no estado natural deriva o postulado do direito público: tu deves, graças à relação de coexistência que se estabelece inevitavelmente entre ti e os outros homens, sair do estado de natureza para entrar em um estado jurídico, vale dizer, em um estado de justiça distributiva.[5]

4. Função do direito natural

É verdade que, reconhecida a necessidade do Estado, os jusnaturalistas achavam que a função do direito natural não tivesse se esgotado totalmente e admitiam seu uso em pelo menos dois casos. Cito-os de um manual muito difundido no século XVIII, de Gottfried Achenwall, *Jus naturae in usum auditorum*: em primeiro lugar, para decidir as controvérsias entre os estados e

---

3 *De Cive*, X, 1.
4 S. Pufendorf, *Princìpi di diritto naturale*, p.66. O texto encontra-se em *De iure naturae et gentium*, II, 2, 2.
5 *Metaphysik der Sitten*, parte I, §42. In: *Scritti politici e di filosofia della storia e del diritto*, p.493.

entre o governo e seu povo; em segundo lugar, para preencher as lacunas do direito positivo.[6]

Pergunto: qual jurista ou filósofo do direito estaria, hoje, disposto a reconhecer como legítimos esses dois usos do direito natural? O direito que regula a relação entre os estados sempre foi mais reconhecido e construído como aquele cujas fontes não diferem das tradicionais do direito positivo. Quanto às relações entre soberano e súdito, a elaboração do estado de direito teve em mira exatamente a extensão das garantias jurídicas para a maior parte de tais relações, em um processo que poderia ser chamado de progressiva regulamentação jurídica da obrigação política. Enfim, pelo que diz respeito às lacunas, o art. 7 do Código austríaco de 1811, que, em caso de lacunas, remete aos "princípios do direito natural" (*natürliche Rechtsgrundsatze*), seria considerado anacrônico em uma legislação moderna, sendo a doutrina jurídica predominante orientada a tirar a disciplina dos casos não previstos dos princípios gerais dedutíveis do ordenamento jurídico positivo tomado em seu conjunto. Em suma, se a utilidade do direito natural devesse resplandecer apenas nos casos expostos antes, qualquer jurista responderia hoje, com tranquilidade, que o direito natural foi colocado completamente fora de uso pela ampliação do direito positivo.

Talvez haja outro ponto no qual um honesto jurista contemporâneo esteja disposto a aceitar a natureza como fonte do

---

6 G. Achenwall, *Jus naturae in usum auditorum* (*Lei natural para o uso dos ouvintes*). Cito da 7.ed., *Gottingae, sumptibus Victorini Rossigelii*, 1774, §2, p.2: "Mas volta, antes de mais nada, àquilo que é mais próprio de nosso direito (isto é, da lei natural), para que seja útil: 1. principalmente, para julgar ações [...] e resolver controvérsias, quer sejam dos povos entre si, uns contra os outros, quer sejam aquelas dos governantes civis e de seus povos, uma vez que aqueles que não estão obrigados por nenhum direito humano são regidos pela lei natural; 2. e, subsidiariamente, para julgar as ações e levar a termo os litígios também de todos aqueles que estão sujeitos a determinada lei humana, obviamente no caso de que o direito humano seja claramente deficiente, motivo pelo qual, então, se assim se fizer necessário, deve-se recorrer à lei natural".

direito positivo, e é onde ele afirma que se pode tirar uma solução, em caso de dúvida ou sem uma disciplina jurídica, da chamada natureza das coisas. Mas "natureza" tem, aqui, o mesmo significado que na expressão "direito natural"? Também aqui me parece que ocorreu, como com o termo "direito", uma transposição de significado na passagem da linguagem filosófica para a jurídica. A fim de responder a essa pergunta, porém, é bom enfrentar nosso segundo problema, ou seja, as discussões sobre o conceito de natureza.

5. Muitos significados de "natureza"

Para entender o que significa para o direito ser natural, seria preciso, antes de tudo, pôr-se de acordo sobre a acepção do termo "natureza". Infelizmente, "natureza" é um dos termos mais ambíguos com o qual nos deparamos na história da filosofia.[7] Recentemente, Erik Wolf enumerou, a propósito da expressão "direito natural", nove significados de "natureza".[8] Aliás, estão presentes na mente de todos as palavras de Rousseau no prefácio do *Discours sur l'origine et les fondements de l'inégalité*, no qual, perguntando-se o que se deve entender por "natureza" do homem, afirma:

> Não é sem surpresa e sem escândalo que se nota a falta de acordo que reina sobre esta importante matéria entre os diversos autores que trataram dela. Entre os mais importantes escritores, a custo encontramos dois que concordem sobre esse ponto.

Para se dar conta da justa perplexidade de Rousseau, basta pensar em certas famosas disputas, entre elas: se o estado de

---

7 Ver algumas citações interessantes em: P. Hazard, *La crisi della conscienza europea*, p.276s.
8 *Das Problem der Naturrechtslehre*, 1955.

natureza é de paz ou de guerra, ideia que Pufendorf disputava com Hobbes; ou se o instinto natural fundamental é favorável ou contrário à sociedade, que separava Hobbes de Grócio; ou se o homem natural é fraco e inseguro, como queria Pufendorf, ou forte e seguro, como queria Rousseau; ou se a lei natural é comum aos homens e aos animais, como afirmava Ulpiano, ou é própria unicamente dos seres racionais, como dizia São Tomás. Pensemos também na variedade de opiniões sobre o conteúdo da lei natural fundamental, que para Hobbes era a paz, para Cumberland, a benevolência, para Pufendorf, a socialidade, para Thomasius, a felicidade, para Wolf, a perfeição, para a doutrina escolástica, uma mera proposição formal, *bonum faciendum male vitandum*, preenchível com qualquer conteúdo.

É preciso confessar que, se um dos ideais de uma sociedade juridicamente constituída é a certeza, uma convivência fundada sobre os princípios do direito natural é aquela na qual reina a máxima incerteza. Se a característica de um regime tirânico é o arbítrio, aquele regido pelo direito natural é o mais tirânico, porque esse grande livro da natureza não fornece critérios gerais de avaliação, e cada um o lê a seu modo.

6. Opiniões contrastantes de jusnaturalistas

O desacordo sobre o ponto de partida repercute na resposta que os jusnaturalistas deram à pergunta: Quais direitos ou instituições devem e quais não devem ser considerados naturais? Uma lista completa das opiniões sobre esse assunto poderia constituir, como muitas vezes foi observado, o fascinante tema de um novo elogio da loucura. Não há nenhuma afirmação de correspondência à natureza deste ou daquele direito à qual não se possa opor o reconhecimento da correspondência à natureza do direito contrário.

Tampouco o direito de liberdade escapou a essa aventura. Para os jusnaturalistas modernos, a liberdade, entendida como independência, com frequência foi considerada um direito natural, até que Kant fez dela o direito natural fundamental.[9] Aristóteles, ao contrário, considerava perfeitamente natural também a escravidão, porque a natureza tinha feito que houvesse homens naturalmente senhores e homens naturalmente escravos.[10] Essa natureza, portanto, era tão condescendente que permitia, por um lado, que os teóricos do Estado liberal exaltassem a naturalidade da liberdade, e que um filósofo de uma sociedade que possuía escravos justificasse a naturalidade da escravidão. Pelo que diz respeito à propriedade, não creio que tenha sido decidida de modo convincente a secular controvérsia se é mais natural o regime da comunhão dos bens ou aquele que reconhece a propriedade individual. Locke, por exemplo, propôs a teoria segundo a qual a propriedade individual era natural porque provinha de um ato natural, como era o trabalho,[11] mas Rousseau, em resposta, censurou como o verdadeiro fundador da sociedade civil "o primeiro que, tendo cercado um terreno, se lembrou de dizer: 'Isto é meu', e encontrou pessoas bastante simples para acreditar nele".[12] Nesse campo, duas tradições paralelas e opostas apelam ambas para a invencível lei da natureza: de um lado, o pensamento liberal burguês, que desemboca nas declarações de direitos do final do século XVIII, lerá, no livro da natureza, a prescrição de que a propriedade individual é um direito natural, "inviolável e sagrado";[13] do outro lado, o pensamento utopista socialista, de Campanella a Winstanley, a

---

9 Metaphysik der Sitten, parte I. In: *Scritti politici e di filosofia della storia e del diritto*, p.416.
10 *Política*, I, 5.
11 *Due trattati sul governo. Secondo trattato*, V, § 27, p.256, ed. italiana.
12 *Discours sur l'origine et les fondements de l'inégalité parmis les hommes*, parte II, pr.
13 Art. 17 da Déclaration des Droits de l'Homme et du Citoyen (1789). *De iure naturae et gentium*, VI, 1, 19.

Morelly, apelará para o código da natureza a fim de demonstrar que o único regime que a natureza prescreve é o da comunhão dos bens.

Também o regime do matrimônio, essa instituição fundamental da *societas naturalis* por excelência, da família, deu lugar a disputas famosas: a poligamia, por exemplo, era de direito natural? O próprio Pufendorf, depois de ter exposto as razões pró e contra a poligamia, limitou-se a dizer que o matrimônio monogâmico era mais vantajoso e mais honesto, tanto que não lhe faltaram acusações de ser defensor da poligamia, do que teve de se defender para não passar por ímpio.[14] Não basta. O célebre fragmento de Ulpiano sobre o direito natural foi tão além que considerou como instituição típica do direito natural nada menos que a *coniugatio maris et feminae*.[15]

Não menos áspera foi a disputa entre os doutores em torno do testamento. Grócio afirmou que era uma instituição de direito natural.[16] Pufendorf, ao contrário, inspirado talvez por Hobbes, achou que a opinião de Grócio era difícil de aceitar, porque as coisas das quais o indivíduo é proprietário são destinadas a servir a ele durante a vida, não depois da morte.[17] Por sua vez, Barbeyrac, comentador de Grócio e de Pufendorf, deu razão ao primeiro, e não ao segundo.[18]

Quanto ao direito público, nos *Debates de Putney*, a ala moderada e a ala radical do exército revolucionário de Cromwell discutiram se os direitos políticos na futura Constituição deviam pertencer a todos os cidadãos ou só aos proprietários. Os *levellers*, que sustentavam a primeira tese, apelavam ao direito natural e

---

14 S. Pufendorf, *De iure naturae et gentium*, VI, 1, 19.
15 Ulpiano, *Digesta*, 1, 1, 3.
16 H. Grócio, *De iure belli ac pacis*, II, 6, 14, n.1.
17 S. Pufendorf, *De iure naturae et gentium*, IV, 10, 4.
18 Ver, na edição francesa do tratado de Pufendorf, organizada por J. Barbeyrac, o comentário à passagem citada na nota precedente e também na nota ao parágrafo 1 do mesmo capítulo.

diziam: "Todo homem nascido na Inglaterra não pode e não deve, nem pela lei da natureza, nem pela lei de Deus, ser excluído da escolha daqueles encarregados de fazer as leis". Mas também Ireton, que sustentava a tese contrária, invocava o direito natural e dizia: "Não me parece que haja motivo suficiente para afirmar que, pelo fato de ter nascido na Inglaterra, um homem deva participar daquele poder que dispõe das terras e de toda coisa neste país."[19]

Com relação ao problema da natureza e da extensão da obrigação política, o direito público europeu esteve permanentemente dividido em dois campos opostos: entre os defensores do dever incondicionado de obediência também à lei injusta e os defensores do direito de resistência, e, mais uma vez, a lei natural serviu de guia infalível a ambos os lados. Aqueles que afirmavam o dever absoluto de obediência ao Estado diziam que o poder dele era imposto pela lei natural e, portanto, a violação de uma lei estatal era, ao mesmo tempo, a da lei natural que o fundava. Aqueles que afirmavam o direito de resistência diziam que a lei natural, que fundava o Estado, não suprimia as leis naturais das quais derivavam os direitos naturais individuais e, portanto, era natural desobedecer à lei estatal que não respeitasse esses direitos.

7. A pretensa dedução de um juízo de valor a partir de um juízo de fato

Para um conceito como o de natureza, que sempre pretendeu colocar-se, por sua validade universal e absoluta, acima do direito positivo, acusado de ser particular e relativo, essa irredutibilidade de opiniões é um argumento do qual ninguém pode

---

[19] Cito, da coletânea de panfletos políticos da revolução inglesa: V. Gabrieli (Org.). *Puritanismo e libertà*, p.72, 69-70.

com facilidade desembaraçar-se. Admitamos, porém, a tese mais favorável aos jusnaturalistas, de que, não obstante as divergências sobre aspectos fundamentais, seja possível chegar a um acordo para distinguir o que é natural do que não é e, portanto, reconhecer que certas tendências no homem são naturais e outras não.

Admitido isso, porém, não vejo como, da distinção entre o que é e o que não é natural, se possa tirar um critério para separar o que é justo do que é injusto, que é, afinal, o objetivo último de toda teoria do direito natural. Que um evento seja natural, isto é ou deveria ser um juízo de fato, obtido pela observação daquilo que acontece em geral entre os homens, matéria, se diria hoje, de pesquisas empíricas como a antropologia e a sociologia. Que aquele mesmo evento deva ser aprovado como justo e condenado como injusto, isto é, ao contrário, um juízo de valor. Mas é possível deduzir um juízo de valor de um juízo de fato?

Pedi em vão aos jusnaturalistas uma resposta satisfatória para essa questão. Antes, se devesse dar uma resposta com base no que aprendi dos jusnaturalistas, ela só poderia ser negativa. Com seus livros, aprendi duas coisas: na passagem da constatação de fato para a prescrição de uma regra, foram introduzidos sub-repticiamente valores não declarados; ao mesmo fato do qual se pretende dar uma descrição pura e simples – por exemplo, a natureza humana – antes já foi atribuído um valor positivo.

Como exemplo do primeiro procedimento, lembremos Hobbes, que descreve o estado de natureza como um estado de guerra perpétua, para depois tirar dessa descrição a lei natural fundamental: *a paz deve ser buscada*.[20] Mas ele realmente extraiu uma prescrição de uma descrição? Na realidade, introduziu alguns juízos de valor como os seguintes: "a guerra é um mal", ou "a vida é o valor supremo", e é desses juízos de valor, e não do

---

20 *De Cive*, II, 2.

juízo de fato, que deduz a lei natural fundamental. Que a paz deva ser buscada com todos os meios, essa não é a consequência do juízo de fato "o estado de natureza é um estado de guerra", mas sim do juízo de valor "o estado de guerra é um mal". Quanto ao segundo procedimento, referimo-nos à doutrina não menos célebre de Spinoza, para quem cada um tem tanto direito na natureza quanto tem de potência, por isso, é justo porque é natural que o peixe grande coma o pequeno.[21] Que o direito corresponda à potência natural deriva de atribuir à natureza um valor positivo, ou seja, do juízo de valor segundo o qual a natureza é boa, e tudo o que ela faz é bom. Em outras palavras, deriva de substituir o significado descritivo de "natureza", entendida como equivalente a tudo o que acontece, por um avaliativo, equivalente a tudo o que, à medida que acontece, e pelo simples fato de acontecer, é bom.

Em suma, quando o jusnaturalista pretende deduzir o valor do fato, o que deve acontecer do que acontece, ilude-se. Na realidade, ele deduz um valor de outro ou, preferindo-se, tira o que deve acontecer daquilo que acontece unicamente porque já atribuiu ao último um valor negativo ou positivo, transformando um juízo de fato como "o peixe grande come o pequeno" em um juízo de valor como "é ruim, ou é bom, que o peixe grande coma o pequeno". Mas, para afirmar que certo evento é bom ou mau, ele não apela para a natureza, e sim para um sistema de valores pressuposto à natureza.

A melhor prova de que o critério de distinção entre o que é natural e o que não é não coincide com o de distinção entre o justo e o injusto é dada pela constatação de que o acordo sobre o reconhecimento de uma tendência como natural nunca levou consigo, necessariamente, também o acordo sobre a atribuição a essa tendência de um valor positivo ou negativo. Em outras palavras, o acordo sobre o fato de que certo evento é natural não implica o de aquele evento ser bom. Para Hobbes, por exemplo,

---

21 *Tractatus theologico-politicus*, XVI, 2, 3, 4.

os instintos egoístas são naturais, mas ruins, porque provocam a guerra de todos contra todos. Para Mandeville, porém, os mesmos instintos egoístas são bons porque deles deriva o bem-estar da sociedade. Entre um defensor da propriedade individual e um da propriedade coletiva, pode haver um duplo acordo sobre os fatos: na origem, a propriedade era comum; o instinto de propriedade é comum a todos os homens. O que os coloca uns contra os outros é o desacordo sobre a diferente avaliação desses fatos: para o primeiro, a comunidade original tornou-se injusta com o passar do tempo; para o segundo, a injustiça consistiu na passagem da comunidade original para o regime de propriedade. Para o primeiro, o instinto natural de propriedade leva consigo vantagens; para o segundo, só produz desvantagens. Tanto Hobbes quanto Pufendorf admitem que, no estado natural, os homens são iguais e, portanto, a igualdade é um fato natural. Porém, enquanto para Hobbes a igualdade é um mal, porque é uma das causas do terror recíproco e, então, dos conflitos, para Pufendorf é um bem, porque, em vez de excitar, freia a vontade de causar dano.[22]

Esse desacordo acontece porque o julgamento de que um evento é natural é um julgamento de fato, enquanto o de que o mesmo evento é bom é um julgamento de valor. E, quando duas pessoas estão de acordo sobre um fato, não é certo que estejam de acordo também sobre o valor que atribuem a ele. Disso se segue que, mesmo que todos os jusnaturalistas de todos os tempos estivessem de acordo em considerar como naturais certas tendências em vez de outras, ou seja, sobre os fatos a considerar como naturais (e vimos que isso está bem longe de ter acontecido), não teria derivado daí, necessariamente, um acordo também sobre a avaliação dessas tendências como justas ou injustas. Contudo, para se poder falar da validade e, portanto, da utilidade de um sistema de direito natural, que é um sistema de avaliação, é preciso não mais a primeira forma de acordo, mas a segunda.

---

22 *De Cive*, I, 3, e *De iure naturae et gentium*, II, 2, 8.

8. O caso do mito de uma natureza benéfica

Se houve acordo entre os jusnaturalistas sobre algumas leis fundamentais da sociedade, consideradas naturais, ele derivava não da constatação de que existisse uma natureza constante do homem, mas da consideração da natureza como boa ou benéfica. A força do direito natural, na Idade Moderna, até sua crise, produzida pelo historicismo, repousava sobre determinada concepção ética, que outro poderia chamar de ideologia, da qual era parte a ideia ou o mito da bondade da natureza. Nessa concepção, a natureza constituía o valor último e, portanto, era considerada tanto melhor uma sociedade quanto mais tendesse a libertar as forças naturais do homem. Desvalor eram a história, as instituições positivas, a civilização, os costumes que foram se formando sem ordem e sem uma aparente justificação racional, corrompendo a natureza.

O ideal de uma ética conforme a razão era acompanhada daquele da volta à natureza. O supremo dever do homem era a recuperação da hipotética liberdade do estado de natureza contra a escravidão das instituições sociais positivas; os povos naturais eram exaltados contra os civilizados; o que era natural contrapunha-se como universalmente humano, racional, válido acima do espaço e do tempo, ao que era positivo, entendido como particular, irracional, válido dentro dos limites restritos de espaço e tempo.

O próprio ideal da bondade da natureza em antítese com a malvadeza da história, que guiava os deístas na busca da religião natural e os primeiros economistas na procura de uma economia natural, também guiou os juristas atrás de um direito natural. Na sua filosofia da história, Kant resumiu muito bem essa orientação geral do iluminismo, ao afirmar que o progresso para melhoria da humanidade consistiria no desenvolvimento das faculdades naturais, e para isso ele invocava uma sociedade jurídica universal fundada no princípio do direito como condição de coexistência das liberdades externas. A teoria do Estado moderno de Locke a Kant, inspirando-se nesse ideal da natureza benéfica, sempre indicou como seu fim último não prescrever a virtude ou a felicidade, mas remover os obstáculos que a tradição havia acumulado contra a livre disposição, por parte do homem, de sua própria natureza. *"L'homme est né libre et partout il est dans les fers."*[23]

Mas esse mito da natureza terminou faz tempo: idealismo alemão, materialismo histórico, positivismo, utilitarismo, pragmatismo, todas as novas correntes filosóficas oitocentistas e novecentistas privaram-no pouco a pouco de sua força de sugestão.[24] A história foi concebida sempre mais como produção do homem e como distanciamento da natureza. A relação hierárquica entre natureza e história foi invertida: não é mais a natureza benéfica que deve orientar a história, mas a contínua criação da história que deve prevalecer sobre a natureza madrasta. Ao ideal do retorno à natureza opôs-se cada vez mais o ideal do domínio sobre a natureza. Tomar o primitivo como ídolo é considerado uma manifestação de decadentismo, e o refúgio na vida natural, como uma evasão. Sociólogos e antropólogos não buscam mais nas sociedades primitivas os traços de uma natureza incorrupta, mas as formas da organização cultural; não os ditames da natureza, mas os produtos do homem e de sua história.

Nosso sistema de valores deslocou-se do apreço pela espontaneidade, como adequação à natureza, àquele pela construção

---

23 "O homem nasceu livre e por toda a parte vive acorrentado." J.-J. Rousseau, *Du contrat social*, I, 1, pr.
24 Tomo essa ideia de G. Preti que, em *Praxis ed empirismo*, a expressa claramente nestes termos: "Todo o mundo que nos circunda está se tornando cada vez mais 'artificial', e com isso profundas mudanças na ética, na sabedoria, nas relações cotidianas intervêm para modificar as visões de um tempo. Por exemplo, o mito da 'natureza' está decaindo sempre mais e, com ele, aquela espécie de religião naturalista que costumava opor uma sanidade da natureza à insanidade dos hábitos sociais humanos" (p.201).

social, como luta contra a natureza. Através do desenvolvimento da técnica, o mundo no qual nos movemos tornou-se, querendo ou não, sempre mais artificial e construído. E ninguém pensa em destruí-lo. Tende-se, talvez, a torná-lo mais racional, a aperfeiçoar a construção em vez de derrubá-la.

Aqui me parece lícita uma última pergunta: é possível, em uma situação moral tão mudada, diante da inversão da relação natureza-cultura, fazer reviver uma doutrina nascida em outra situação, ligada a outro sistema de valores? Que força persuasiva ainda pode ter a doutrina do direito natural em um mundo no qual os principais modelos de vida não são tirados da natureza, mas da luta contra a natureza? Que probabilidade de sucesso pode ter o chamado renascimento do direito natural em uma época na qual perdeu toda eficácia o mito da natureza benéfica? Vimos o quanto estavam divididos os próprios jusnaturalistas sobre a avaliação deste ou daquele direito. Agora queremos admitir que estivessem todos de acordo. Que efeito pode ter sobre nós esse consenso geral, quando a orientação ética mudou e vem se formando um consenso sobre o apreço a outros valores? Aliás, há uma prova decisiva, em minha opinião, de que essa eficácia esgotou-se: as grandes mudanças políticas dos séculos XVII e XVIII foram feitas sob o signo da validade da lei natural. Lembremos os debates de Putney: homens comuns, não doutos, discutindo entre si os problemas da reforma do Estado, referiam-se continuamente à lei da natureza.

Ninguém pode afirmar que os protagonistas das grandes mudanças ou experimentos políticos e sociais hoje em curso invoquem com igual imediatez o direito natural entre seus princípios inspiradores. Ao redor da lei natural reúnem-se apenas os doutos nas academias e nos congressos, como anatomistas ao redor de um cadáver. Pode-se falar, só por isso, de um renascimento do direito natural?

9. Resumo dos argumentos

Concluindo, os seis argumentos ilustrados podem ser resumidos deste modo:

1) O direito natural não é direito da mesma maneira que o positivo, porque falta o atributo da eficácia.

2) O direito natural não consegue alcançar a finalidade que é atribuída aos sistemas jurídicos positivos, porque não garante nem a paz, nem a segurança.

3) O direito positivo invadiu pouco a pouco todos os campos que eram atribuídos ao direito natural.

4) A noção de natureza é tão equívoca que foram considerados como naturais direitos diametralmente opostos.

5) Ainda que o acordo sobre o que é natural tivesse sido unânime, não se seguiria daí, necessariamente, o acordo unânime sobre o que é justo e injusto.

6) Ainda que o acordo sobre o que é justo porque natural tivesse sido unânime, isso não implica a validade dele também para o tempo presente.

É claro que essas críticas nada querem tirar da função histórica do direito natural, nem suprimir a exigência por ele expressa de não aceitar como valores últimos aqueles impostos pela autoridade ou pela força da classe política no poder. Gostaria que ficasse bem claro que as questões aqui discutidas não dizem respeito nem à existência de valores morais superiores às leis positivas, nem a seu conteúdo, mas unicamente a sua justificação.

VIII
O jusnaturalismo como teoria da moral

1. O renascimento do jusnaturalismo não é uma novidade

O jusnaturalismo continua a renascer, pelo menos nos últimos cinquenta anos. Não obstante a amplidão de recentes discussões e o eco suscitado por certas conversões (como aquela de Radbruch, na Alemanha, e a outra, menos conhecida, mas não menos significativa, de Carlo Antoni, na Itália), o renascimento do jusnaturalismo não é, na Europa, uma novidade dos últimos anos.[1] Já no fim da Primeira Guerra Mundial, portanto em circunstâncias análogas às de hoje, Julien Bonnecase condenava com veemência toda a ciência jurídica alemã, culpada de ter subjugado

---

1 Para se ter uma ideia da amplidão da discussão, em língua alemã, sobre o direito natural, ver a coletânea de ensaios: W. Maihofer (org.), *Naturrecht oder Rechtpositivismus?* Para os primeiros dez anos depois da guerra na Itália, cf. a resenha: G. Fassò, "Il diritto naturale in Italia negli ultimi dieci anni", *Il diritto ecclesiastico*, LXVI, p.358-70.

o direito à força, e atribuía candidamente a vitória dos Aliados ao fato de não terem traído a ideia do direito natural.² Na Alemanha, Ernst Troeltsch, considerando a ideia do direito natural como a mais nobre expressão do pensamento político europeu, censurava a filosofia alemã por ter chegado à exaltação da força depois de abandonar, sobretudo por causa da contrarrevolução romântica, a fé naquela ideia.³ Alguns anos depois, François Gény, ao publicar o quarto volume de *Science et technique* (1924), tecia mais uma vez o elogio do *"irreductible droit naturel"*, desenvolvendo o tema da *"nécessité du droit naturel"* contra a persistente e obstinada mentalidade positivista de muitos franceses.

Mas já antes da guerra (1910), em circunstâncias completamente diferentes, aparecera o modesto mas afortunado pequeno volume de Charmont, *La renaissance du droit naturel*, que, referindo-se a um ensaio de Saleilles, de 1902, dava alegres boas-vindas ao retorno do direito natural.⁴ Alguns anos antes, na Itália, Igino Petrone, estudando a "fase recentíssima" da filosofia jurídica alemã, para censurar suas orientações positivistas e tirar alegres auspícios de novas tendências idealistas, perguntava-se se o direito natural, no qual "ferve e se agita [...] a eterna juventude da consciência humana e do ideal", não deveria ter "valor científico e ideal muito superior às doutrinas de seus adversários".⁵ Voltando mais no tempo, Marcel Prélot falou recentemente de *"renaissance*

---

2 J. Bonnecase, *La notion de droit en France au six-neuvième siècle*, sobretudo p.218s.

3 The Ideas of Natural Law and Humanity in World Politics (Apêndice I). In: O. Gierke; E. Barker, *Natural Law and the Theory of Society*, v.I, p.201-22, em particular p.203-4.

4 R. Saleilles, "Ecole historique et droit naturel d'après quelques ouvrages récents", *Revue Trimestrielle de Droit Civil*, I, p.80-112. Sobre esse ensaio, ver: F. Gény, La conception générale du droit, de ses sources, de sa méthode, dans l'œuvre de Raymond Saleilles. In: *L'oeuvre juridique de Raymond Saleilles*, p.24-7.

5 I. Petrone, *La fase recentisssima della filosofia del diritto in Germania. Analisi critica poggiata sulla teoria della conoscenza*, p.358-9.

du droit naturel au dix-neuvième siècle" a propósito, nada menos, que do padre jesuíta Taparelli d'Azeglio!⁶

Aonde queremos chegar? Diante de uma doutrina que continua a renascer, as explicações possíveis são duas: renasce continuamente porque está sempre viva; ou porque tem dificuldade de crescer. A primeira é a tese que se poderia chamar, e foi chamada, de eterno retorno do direito natural;⁷ a segunda é a que se poderia definir como a eterna crise do direito natural. Pessoalmente, inclino-me pela segunda. Nas páginas seguintes, procurarei expor algumas razões dessa convicção.

2. É preciso distinguir a moral da teoria da moral

Na maior parte dos exemplos aduzidos (e daqueles infinitos outros que se poderiam aduzir) de um renascimento do jusnaturalismo, comumente ele é invocado como remédio para uma crise moral. Mas o jusnaturalismo é um sistema moral? E qual? A tese principal dessa exposição é que o jusnaturalismo é corretamente entendido apenas quando nos damos conta de que ele não é uma moral, mas uma teoria da moral. Em outras palavras: o que existe em comum entre as doutrinas que, no decorrer dos séculos, foram batizadas com o nome de teorias do direito natural não é terem proposto ou pregado determinada moral, mas terem sustentado certo fundamento ou justificação da moral, qualquer que fosse seu conteúdo.

Por moral entendo um conjunto de prescrições da conduta humana em geral, ordenadas de modo sistemático e hierárquico em torno de algumas máximas fundamentais, inspiradas comu-

---

6 M. Prélot, Taparelli d'Azeglio et la renaissance du droit naturel au XIXᵉ siècle. In: *Le droit naturel*, p.191-203.

7 Ver, por exemplo: E. Landsberg, "Zur ewigen Wiederkehr des Naturrechts", *Archiv für Rechts- und Wirtschaftsphilosophie*, XVIII, p.348-76.

mente na aceitação de um valor considerado proeminente. As morais são denominadas, via de regra, com base no particular relevo dado ao valor proeminente no qual se inspiram. Por isso fala-se de ética da liberdade, da justiça, da compaixão, da caridade, da perfeição, da solidariedade, da utilidade, da força, do poder, da paz, do bem-estar e assim por diante. Mais raramente e com menos clareza, com base na escola ou no autor que as elaborou e pregou, fala-se de ética cínica, estoica, epicureia, tomista, libertina, calvinista, puritana, spinoziana, kantiana, spenceriana.

Por teoria da moral entendo um conjunto de argumentações ordenadamente elaboradas que têm a finalidade de dar a uma moral, qualquer que seja ela, uma justificação racional que, de maneira comum, deve ser tal que convença os outros a aceitá-la.

O fato de que muitas das mais conhecidas filosofias morais sejam, ao mesmo tempo, morais e teorias da moral não deve fazer-nos cair na tentação de confundir duas coisas distintas: de um lado, o variado conteúdo de prescrições, como "ama o teu próximo", "é preciso buscar a paz", "persegue a maior utilidade do maior número", "sê tu mesmo" etc. que distinguem os vários tipos de moral; do outro, os diversos argumentos com os quais o moralista procura fundamentar racionalmente uma moral, com o objetivo de persuadir os outros de que uma máxima é melhor do que outra. Por isso, alternam-se na história da filosofia teorias teológicas, naturalistas, convencionalistas, racionalistas, voluntaristas, intuicionistas da moral.

É verdade, para dar um exemplo, que, com a expressão "moral kantiana" podem ser entendidas tanto as máximas supremas de conduta, ilustradas por Kant na *Fundamentação da metafísica dos costumes*, quanto a filosofia do racionalismo ético exposta na *Crítica da razão prática*; ou que a expressão "ética utilitarista" significa tanto a moral inspirada no valor da utilidade quanto os vários raciocínios que Bentham e sua escola elaboraram para demonstrar sua razoabilidade e superioridade em relação às morais tradicionais. Talvez se possa acrescentar que, em alguns sistemas filosóficos, moral e teoria da moral estão tão estreitamente unidas, quase infiltradas uma na outra, que não separá-las facilita a compreensão das duas. No entanto, há duas situações nada infrequentes nas quais a distinção entre moral e teoria da moral é necessária: quando nos encontramos diante de morais análogas que, na história, tiveram justificações diferentes; quando estamos diante de teorias morais que foram utilizadas para justificar as morais mais diversas – esse é o caso do jusnaturalismo.

Ao afirmar, portanto, que o jusnaturalismo não é uma moral, mas uma teoria da moral, quero dizer que, do ponto de vista das supremas máximas propostas ou dos valores proeminentes aceitos, as correntes que se referem ao direito natural revelam a mais desconcertante variedade. Representam, ao contrário, um conjunto homogêneo – que justifica, aliás, a denominação comum – só se consideradas do ponto de vista do aglomerado dos conceitos, raciocínios, argumentos empregados para demonstrar a plausibilidade da moral que se quer defender diante de qualquer outra possível.

3. O jusnaturalismo não é uma moral

Começo observando que, na expressão "direito natural", o termo "natureza" não dá nenhuma informação acerca do conteúdo das prescrições. A única máxima que se pode obter erigindo a natureza em princípio da ação é: "Age segundo a natureza". Mas trata-se de uma daquelas máximas vazias, que podem ser preenchidas, segundo as circunstâncias e as pessoas, com qualquer conteúdo. Apenas para dar o exemplo costumeiro, conforme nos referimos à natureza instintiva do homem ou àquela racional (mas qual das duas é a verdadeira natureza?).

Na expressão "direito natural", o termo "natureza" indica duas coisas: ou a fonte ou o fundamento do direito. Não dá nenhuma sugestão para determinar este ou aquele conteúdo. Referem-se ao conteúdo axiológico expressões como direito individualista, socialista, fascista; à matéria, outras expressões, como direito privado, público, penal. Mas a expressão "direito natural" é usada quase exclusivamente nestas duas sequências: direito natural, consuetudinário, legislativo, ou direito natural, divino, humano, a primeira caracterizada pela referência à fonte das regras, a segunda, a seu fundamento. Nenhuma das duas séries indica algo em torno do conteúdo axiológico ou da matéria. Conclusão não diferente se tira da consideração da expressão antitética ao direito natural, "direito positivo", também completamente muda em relação ao conteúdo das prescrições.

Algo bem diferente ocorre quando se opõe uma moral a outra. Duas morais são consideradas opostas se uma erige a valor supremo aquilo que, para a outra, é o supremo desvalor (ética da caridade contra ética da utilidade, ética da compaixão contra ética do poder etc.). Porém, a positividade não é em si mesma um valor, e sim, como a natureza, um possível fundamento para a assunção e a imposição de qualquer valor.

Uma prova de caráter geral é fornecida pelo fato de que, para dar maiores informações a respeito do conteúdo, é obrigatório acrescentar uma especificação ulterior, como direito natural cristão, direito natural personalista, direito natural solidarista e assim por diante. Uma prova mais específica pode ser tirada do exame das várias correntes históricas que se referiram ao direito natural e que, por isso mesmo, podem com justiça chamar-se jusnaturalistas.

À sombra do direito natural, como muitas vezes foi notado, foram sustentadas máximas morais diversas, às vezes opostas, em defesa tanto da escravidão e da conquista colonial quanto da liberdade e das guerras de libertação nacionais e coloniais; tanto da propriedade privada quanto da coletiva; tanto da obediência à lei do soberano, mesmo quando injusta, quanto da desobediência civil; tanto do regime feudal e de sua ordem hierárquica quanto do regime burguês e de sua ordem meramente formal, ou do regime socialista (nos mais antigos socialistas e utopistas) e de sua ordem comunitária.[8]

Dessas antinomias, várias vezes comentadas, denunciadas e deploradas, há um exemplo atual que me parece extremamente iluminador. A oposição radical surgida entre os dois livros italianos mais recentes sobre o direito natural: *Giusnaturalismo ed etica moderna* (1961) [*Jusnaturalismo e ética moderna*], de Pietro Piovani, e *La restaurazione del diritto di natura* (1959) [*A restauração do direito de natureza*], já citado, de Carlo Antoni. Para esse último, o jusnaturalismo, ao reconhecer o valor da pessoa, representa a mais alta tradição de uma ética da consciência individual contra a ética da lei, e por isso deve ser "restaurado". Para Piovani, o jusnaturalismo, com sua perene chamada a uma lei objetiva que reflete uma ordem cósmica preestabelecida, indica a tradição já esgotada da ética legalista contra a ética moderna da liberdade individual e, por isso, deve ser de uma vez por todas repudiado. No fundo, a inspiração ética dos dois autores é semelhante, mas o primeiro procura dar a ela um fundamento doutrinal invocando o jusnaturalismo como apoio, e o outro, a condenação sem apelação do jusnaturalismo. Mais uma vez, o jusnaturalismo serve igualmente bem a duas morais diametralmente opostas.

---

8 Para essas "antinomias" do jusnaturalismo, cf. o ensaio precedente. Ver também: A. M. Knoll, *Katholische Kirche und scholastische Naturrecht zur Frage der Freiheit*, citado por: E. Topitsch, "Zum Problem des Naturrechts", *Der Staat*, I, p.225-34, do qual extraio a seguinte citação: "Assim, o direito natural escolástico [...] não é o esboço de um ordenamento para todo sistema no sentido de uma contribuição construtiva, como seus defensores sustentam de bom grado, mas um casulo vazio no qual qualquer sistema pode encontrar lugar" (p.55).

4. O jusnaturalismo é uma teoria da moral

Com as considerações feitas na seção precedente, não quero dizer que as várias doutrinas jusnaturalistas nada tenham em comum. Entre outras coisas, não se explicaria o nome idêntico. Proponho-me a sustentar que aquilo que elas têm em comum é pura e simplesmente uma concepção objetivista da ética, quer dizer, uma característica que diz respeito não mais ao conteúdo das máximas, mas ao modo de sua fundamentação; mais precisamente, que o jusnaturalismo não é uma moral, mas uma teoria da moral. Quando queremos designar o sistema ético oposto ao jusnaturalismo, referimo-nos ao relativismo ético. Ora, também a expressão "relativismo ético" não designa determinada moral, mas um modo de conceber a origem e a validade dos valores morais. O jusnaturalismo como teoria não tem preferências éticas. Até uma ética do poder (Spinoza) pode, com justiça, ser chamada de jusnaturalista quando recorre à natureza para demonstrar que seu sistema de valores é objetivo.

Desde a Antiguidade, a ideia de direito natural está estreitamente ligada à de seu oposto, o direito positivo (ou legal, ou convencional). Natureza é um daqueles conceitos muito gerais que são empregados para dar uma interpretação global da realidade. E de fato há filosofias cuja substância consiste em afirmar que "a realidade é a natureza". A função primária e original desse conceito geral de natureza é a de abraçar, em uma categoria única, todas as coisas cuja existência e cujo desenvolvimento não dependem da vontade e do agir do homem. Essa função permanente e persistente do conceito de natureza pode ser provada pelo significado dos múltiplos conceitos antitéticos que foram reiteradamente opostos a ele: arte ou técnica, convenção ou norma, sociedade, civilização, história, espírito. Em todos esses opostos de natureza, é comum a referência à obra criadora do homem.

Ora, enquanto há coisas que não podem ser senão naturais, como o sol, o mar, a terra, e outras que não podem ser senão artificiais (ou produzidas pela sociedade, pela história, pela civilização, pelo espírito), como uma casa, uma roupa, uma arma, um utensílio, o direito, desde a origem, foi considerado, como a linguagem, em parte natural, em parte artificial. Direito natural é aquela parte do direito cuja origem (no duplo sentido de fonte e de fundamento) independe da obra criadora do homem. Quase sempre, o direito derivado da natureza ou fundamentado nela, sendo, por definição, subtraído ao império mutável da vontade humana (individual ou coletiva), foi considerado axiologicamente superior ao direito positivo.

Para que uma doutrina possa ser definida como jusnaturalista, é necessária a presença conjunta destas duas afirmações: uma parte das regras da conduta do homem em sociedade não é obra do homem histórico (historicamente condicionado); a parte dessas regras naturais, por maior ou menor que seja, está situada em um plano axiologicamente superior àquela composta pelas regras positivas. Como se propôs a demonstrar, nenhuma dessas duas afirmações faz referência ao conteúdo das regras ditas naturais e ao das regras ditas positivas. A primeira revela um modo de produção das regras de conduta distinto do da tradição (direito consuetudinário) e da vontade dominante (direito legislativo), ou uma maneira de justificar a obrigatoriedade das regras diferente da referência ao comando irresistível do superior divino ou do superior humano. A segunda introduz uma ordem hierárquica entre vários tipos de regras e propõe, desse modo, um critério de preferência.

As duas afirmações, juntas, constituem o esquema para a construção de um ordenamento normativo perfeitamente indiferente no que diz respeito aos possíveis conteúdos com os quais pode ser preenchido. Com base nesse esquema, ao qual se reduz, em minha opinião, toda doutrina jusnaturalista, podem ser construídos os sistemas normativos mais diversos, o que, no decorrer de uma história milenar, efetivamente aconteceu.

Outra prova histórica do fato de que o jusnaturalismo elaborou não uma moral, mas um esquema teórico para a fundamentação e justificação das morais mais diversas, pode ser encontrada em situações opostas àquelas adotadas como prova histórica na seção precedente. Aí tratava-se de mostrar que, sob o nome de jusnaturalismo, tinham sido sustentadas morais opostas; aqui, ao contrário, significa certificar que um mesmo sistema moral pode ter sido elaborado em esquemas jusnaturalistas e, mudadas as circunstâncias históricas e as correntes ideológicas, em esquemas não jusnaturalistas.

Quando, em seguida às críticas conjuntas das correntes utilitaristas na Inglaterra, historicistas na Alemanha, positivistas na França, o jusnaturalismo enquanto teoria da moral perdeu todo o prestígio e foi quase totalmente abandonado, exceto por algum reacionário atrasado, nem por isso faltaram as ideologias sociais que haviam se valido do esquema teórico do jusnaturalismo nos séculos precedentes, como o individualismo liberal e o socialismo comunitário; pelo contrário, liberalismo e socialismo, que foram padrinhos da teoria jusnaturalista, nunca tiveram tanto sucesso como a partir do momento em que foram libertados da tutela de seu antigo padrinho. O primeiro voltou-se, para encontrar apoio sobretudo na Inglaterra, ao utilitarismo; o segundo, passando da utopia à ciência, em especial na Alemanha, ao historicismo. Mudaram a roupa, mas não a substância.

5. Como teoria da moral, o jusnaturalismo é insustentável

Visto que abordei esse aspecto em outro lugar,[9] limito-me agora a propor sinteticamente três argumentos que me parecem de particular importância para refutar o jusnaturalismo como

---

9 Cf. o ensaio precedente.

teoria da moral e para tornar sem significado, nessa acepção, o seu retorno:

1) A análise histórica dos diversos sistemas jusnaturalistas não nos autoriza a afirmar que a natureza seja um critério válido para distinguir as várias tendências do homem. É natural a desconfiança em relação aos outros, como pretendia Hobbes, ou *lappetitus societatis*, como pretendia Grócio? Uma das máximas mais comuns do direito natural, segundo todas as escolas conservadoras e liberais, de direita e de esquerda – tanto que é considerada por alguns o alfa e o ômega de toda forma de jusnaturalismo –, é aquela que prescreve o respeito à vida. No entanto, não há nada menos natural: a natureza é, em seu conjunto, um extermínio incessante, brutal, cruel de seres vivos.

2) Mesmo admitido que a natureza constitui um critério válido de distinção e serve para caracterizar certas tendências, distinguindo-as de outras, dessa constatação de fato não se segue a consequência de que as tendências naturais são boas e as não naturais, ruins.[10] A tendência de o peixe grande comer o pequeno é certamente natural. Mas é também boa? Se nos colocarmos do ponto de vista do peixe grande, poderemos ser levados a responder que sim. Mas o que os peixes pequenos pensam a respeito disso? Outro exemplo: uma das tendências mais naturais de todo ser vivo, inclusive o homem, é aquela voltada para a reprodução da espécie. Contudo, não há sistema de direito natural que, nessa esfera de comportamentos, não exerça violência à natureza,

---

10 Esse argumento, pelo qual um juízo de valor não pode ser derivado de um juízo de fato (o dever ser do ser), foi várias vezes ilustrado, com particular referência ao direito natural, por Kelsen. Cf. em particular: The Natural Law Doctrine Before the Tribunal of Science, in: *Natural Law and World Law*: Essays to Commemorate the Sixtieth Birthday of Kotaro Tanaka, p.63-100; "A Dynamic Theory of Natural Law", *Louisiana Law Review*, XVI, p.597-620; Justice et droit naturel, in: *Le droit naturel*, p.1-123.

estabelecendo restrições, impondo proibições, aceitando e consagrando tabus sociais. Seríamos tentados a dizer com Musil:

> e é preciso não ter ilusões sobre o fato de que não há nada menos natural do que a natureza; ela é terrosa, angulosa, venenosa e desumana em toda parte onde o homem não lhe impõe o seu jugo.[11]

3) Quando chamamos natural uma instituição que avaliamos como boa (e a consideramos digna de ser conservada se já existe, ou de ser estabelecida se ainda não), realizamos uma destas três possíveis identificações: entre a natureza e uma ordem universal posta por um ser supremo, a cuja onipotência atribuímos a origem de todos os nossos direitos e deveres; entre a natureza e uma ordem humana revelada pela tradição histórica e testemunhada pelo pretenso consenso do gênero humano ou, mais particularmente, por aquela parte dele da qual somos membros (lembremos o costume como "segunda natureza" e a natureza como "primeiro costume", de Pascal); entre a natureza e os fins desejáveis e verificáveis em determinada situação de fato (nesse caso, os juristas costumam falar de regras tiradas da "natureza das coisas").

A primeira identificação fica patente, por exemplo, ao se elevar à suprema máxima do direito natural a regra que prescreve que todo homem deve ser tratado como fim, e não como meio (jusnaturalismo e personalismo estão, no renascimento hodierno, estreitamente unidos).[12] O fundamento dessa máxima é a crença na natureza divina do homem, a fé no homem "filho de Deus", em última instância, uma concepção religiosa da vida e transcendente da história.

---

11 *Tre donne*, p.25.
12 L. Lombardi desenvolve com bons argumentos a tese de que seria oportuno substituir a expressão "direito natural", repleta de equívocos e imprecisa tanto em relação ao substantivo como ao adjetivo, pela expressão "ética da pessoa" ("Sull'espressione diritto naturale", *Jus*, XV, p.56-80).

Para a segunda identificação, penso sobretudo nas várias formas de jusnaturalismo conservador, para o qual são naturais as instituições que têm o único mérito da longevidade histórica, como as da propriedade, da pena de morte, da guerra, e para defendê-las como naturais vale o insípido argumento segundo o qual, se uma instituição durou tanto tempo, é sinal de que corresponde à natureza do homem e da sociedade (ó natureza – seria o caso de exclamar –, quantos delitos foram cometidos em teu nome!).

A terceira identificação foi feita, por exemplo, quando o Comitato Internazionale Scrittori Autori Compositori (Cisac) [Comitê Internacional de Escritores, Autores e Compositores] declarou que o direito de autor é do tipo natural, "na medida em que tem sua origem na própria natureza das coisas".[13] O direito de autor, porém, é tão pouco natural que só recentemente foi reconhecido. Foi preciso esperar um alargamento do conceito de trabalho humano que permitisse abarcar também o trabalho intelectual (visto tradicionalmente como *otium* desinteressado e improdutivo), e um desenvolvimento técnico da organização do trabalho humano que possibilitasse obter rendimentos econômicos (sempre maiores com o desenvolvimento das comunicações de massa) de uma obra do engenho.

Tudo menos a natureza da coisa! Para emergir um novo direito, não é necessário o surgimento de uma situação nova (as obras do engenho como coisas são antiquíssimas), mas uma nova avaliação de uma situação também velha. E a natureza nada tem a ver com isso.

Em suma, a teoria do direito natural, quando não constitui uma tentativa errônea de extrair um sistema de prescrições a partir de um de verificações de fato, é um mascaramento ilusório de

---

13 Tiro a citação de A. Giannini, "Sul diritto d'autore come diritto naturale", *Rivista Internazionale di Filosofia del Diritto*, XXXIII, p.605. Ele interpreta a expressão "direito natural" no sentido de "direito inato".

uma fundamentação religiosa, ou tradicionalista, ou histórica, de determinada moral social, em outras palavras, de uma fundamentação que apela para a autoridade divina, ou para a autoridade da tradição, ou para a autoridade de uma ideologia historicamente relevante. O jusnaturalismo, como teoria da moral, é a tentativa recorrente, destinada a falir, de mundanizar um direito que deriva de Deus, ou de hipostasiar um direito que se exprime na tradição, ou de objetivar um direito que é feito valer como expressão de certo sistema de valores.

6. O que conta do jusnaturalismo é sua função histórica

Voltemos agora ao renascimento do jusnaturalismo. Parti da constatação de que, embora continue a renascer, ele não consegue tornar-se adulto. Nos três tópicos precedentes, procurei explicar as razões desse fenômeno, as quais podem ser resumidas do seguinte modo:

1) Se por renascimento do jusnaturalismo entende-se o "renascimento de determinada moral", essa expressão não tem um sentido preciso, pois existiram, como se viu, não uma, mas diversas éticas inspiradas na natureza. Para dar exemplos extremos, com base nos quais se pretende distinguir o jusnaturalismo antigo e medieval do moderno, tanto uma ética da obediência aos poderes públicos quanto uma da resistência. É verdade que, hoje, quem apela para o direito natural invoca a ética da resistência contra a da obediência. Mas a confusão é tal que aqueles que hoje proclamam mais insistentemente o eterno direito natural são os mesmos que, na tradição do jusnaturalismo, pregaram mais a obediência do que incitaram à resistência.

2) Se por renascimento do jusnaturalismo entende-se o renascimento de determinada teoria da moral – à parte o fato de que, na realidade, ninguém o considera desse modo –, o episódio

deveria ser reduzido a dimensões mais modestas, ou seja, a uma disputa entre doutos, com o agravante de que essa teoria foi com tanta frequência refutada que não pode mais ser racional e seriamente sustentada, e seu renascimento torna-se a fugaz aparição de um fantasma.

Dessas duas considerações, dever-se-ia tirar a conclusão de que o renascimento do jusnaturalismo é totalmente privado de qualquer significado no presente? Para responder a essa nova pergunta, é necessária uma ulterior especificação, ou seja, é preciso deter-se não mais no maior ou menor fundamento da teoria do direito natural, mas em sua função histórica.[14] Exatamente enquanto teoria objetivista da ética (como se viu na quarta seção), ou seja, enquanto teoria que, apelando para a natureza – entendida como o sistema dos organismos não produzidos pelo homem e, portanto, subtraídos daquele produto da atividade humana que é a história –, pretende descobrir e propor regras de conduta com valor universal, o jusnaturalismo, em quase todas as acepções,[15] sustentou, e não podia deixar de sustentar, que o poder soberano tem limites, e que estes derivam da existência de normas superiores a toda vontade humana (também àquela na qual se exprime a *summa potestas*) e, assim, é moralmente, se não legalmente, condenável todo soberano que os transgredir.

---

14 Refiro-me, com essa pergunta, ao modo como o problema histórico do direito natural foi posto por A. Passerin d'Entrèves: "Na minha opinião, o que realmente pede atenção por parte do estudioso moderno é a função do direito natural, em vez da doutrina em si mesma" (*La dottrina del diritto naturale*, p.9).

15 Digo "em quase todas as acepções" porque também se pode defender o absolutismo partindo da afirmação da existência do direito natural, quando, com Hobbes, ou pelo menos segundo aquela interpretação de Hobbes que me parece mais plausível, defende-se que a única lei natural que sobrevive no estado civil hobbesiano é aquela que impõe obedecer incondicionalmente ao soberano ("Hobbes e il giusnaturalismo", *Rivista Critica di Storia della Filosofia*, XVII, p.470-85).

Em outras palavras, o jusnaturalismo, como teoria objetivista da moral, serviu muito bem de fundamento de toda teoria favorável aos limites do poder estatal. Da exigência de um Estado limitado pela lei natural surgiu o constitucionalismo moderno contra o maquiavelismo, contra as teorias da razão de Estado e do direito divino dos reis, contra o absolutismo paternalista e o hobbesiano; nasceu a concepção liberal do Estado contra as várias formas de despotismo mais ou menos iluminado; emergiu o estado de direito do século XIX contra o estado de polícia e o estado ético; nasceram, por último, as teorias da garantia internacional dos direitos do homem contra o perene perigo do Estado totalitário.

Então, aquilo que hoje renasce com o nome de jusnaturalismo é a perene exigência, particularmente intensa nos períodos de guerras externas e internas, que a vida, alguns bens e algumas liberdades do indivíduo sejam protegidos no âmbito jurídico contra a força organizada daqueles que detêm o poder.

7. Mas a função histórica do jusnaturalismo, hoje, geralmente é desempenhada por outras correntes de pensamento

A história do Estado moderno nos séculos XVIII e XIX coincide, em grande parte, com a história das tentativas realizadas para tornar efetivamente operante, através de vários expedientes constitucionais, a exigência, feita valer pelas teorias jusnaturalistas, em favor da limitação do poder soberano. O primeiro passo foi o controle do Poder Executivo por parte do Poder Legislativo; o passo seguinte foi dado quando se instituiu a fiscalização do Poder Legislativo ordinário por parte do poder constituinte através do controle de legitimidade constitucional. Agora nos encontramos na fase do impulso irresistível em direção ao controle de um ordenamento jurídico parcial (Estado) pelo ordenamento universal (comunidade universal). O início dessa nova fase é representado pela Declaração Universal dos Direitos Humanos (1948).

Uma vez colocado o problema nesses termos, é preciso fazer uma última observação: a maior parte das correntes políticas oitocentistas, mesmo as adversas ou indiferentes ao jusnaturalismo, exprimiram a exigência de que o poder estatal tenha limites, embora valendo-se de argumentos diferentes daqueles próprios da tradição jusnaturalista. O utilitarismo, o positivismo evolucionista, o socialismo pluralista, o neokantismo em suas várias acepções e o pragmatismo concorreram de várias maneiras para a formação de uma opinião e de uma práxis favoráveis ao desenvolvimento e ao reforço do constitucionalismo.

O que essas novas tendências têm a ver com o antigo jusnaturalismo? E, se representam expressões diferentes do multiforme modo de posicionamento do pensamento humano, com que razão pode-se sustentar que a resistência contra o Estado totalitário de hoje seja apanágio, como se pretende, do renascido jusnaturalismo, e não do utilitarismo, do positivismo evolucionista, do socialismo pluralista, do neokantismo, do pragmatismo?

A única filosofia da qual foi possível tirar argumentos para justificar o Estado totalitário foi a hegeliana, unilateralmente interpretada, e para justificar um Estado totalitário de transição (ditadura do proletariado), a filosofia de Marx. Ninguém hoje poderia afirmar que as correntes anti-hegelianas e antimarxistas, sustentadas de vários modos, neste século XX, em defesa de uma concepção liberal e democrática de Estado, tenham sido um prosseguimento do jusnaturalismo. Com muita frequência, foram declaradamente contrárias a ele. Para dar um exemplo significativo e próximo, Benedetto Croce, historiador, idealista e restaurador, sob alguns aspectos, do hegelianismo, foi por toda a vida um antijusnaturalista intransigente e também, nos anos da ditadura fascista, um defensor intransigente do Estado liberal contra o Estado ético. Incoerência de um filósofo ou impotência de uma doutrina?

A esses argumentos, tirados da história da filosofia, acrescento outro extraído da consideração do movimento de ideias que se desenrola sob nosso olhar. Observem-se as formas que a hodierna busca de limites ao poder estatal assume com respeito a: 1) aqueles que produzem normas jurídicas; 2) aqueles que são chamados a observá-las; 3) aqueles que devem aplicá-las:

1) Onde os estados totalitários entraram em colapso, foram promulgadas novas constituições que estabelecem limites não apenas de fato – com amplas declarações de direitos individuais e sociais –, mas também de direito (introduzindo o instituto do controle de legitimidade das leis) ao Poder Legislativo. Além disso, com a Declaração Universal dos Direitos do Homem, aprovada pelas Nações Unidas, foi dado o primeiro passo para a tutela jurisdicional internacional dos direitos dos cidadãos contra seu próprio Estado.

2) Do lado dos indivíduos, nunca antes como nestes últimos anos, da resistência europeia contra o fascismo à luta dos povos coloniais contra os antigos dominadores, das proclamações de desobediência civil no caso de guerra injusta (o Manifesto dos intelectuais franceses durante a guerra da Argélia) à difusão da ideia da objeção de consciência (diante da guerra atômica, somos todos objetores de consciência), da condenação dos criminosos de guerra à repetida e solene afirmação do dever de opor-se à ordem injusta e desumana, o poder absoluto do Estado tornou-se objeto não só de críticas filosóficas, mas também de atos concretos de resistência.

3) Enfim, é sabido que, entre os juízes, também nos países com direito codificado e, portanto, mais sujeitos à influência do positivismo jurídico, tiveram sucesso ideias favoráveis a uma maior amplitude de julgamento, e, a considerar as normas gerais e abstratas, provenientes dos órgãos públicos, uma diretiva, em vez de um comando rigidamente vinculante.

É indubitável que esses vários movimentos são expressões diversas de uma inspiração comum: a defesa dos indivíduos singulares e dos grupos menores contra as desmedidas pretensões do Leviatã moderno. É também indubitável que eles exprimem a exigência que foi aquela do jusnaturalismo na maior parte das suas elaborações doutrinais e continuam sua função. Mas as doutrinas em que se apoiam, os argumentos que aduzem, os motivos morais, racionais, históricos aos quais apelam geralmente nada têm a ver com o jusnaturalismo, ou seja, com o conjunto das teorias que afirmaram a existência de um direito natural. É raro ressoar entre os atuais defensores da liberdade, em suas várias formas, o apelo ao direito natural, constantemente repetido nas teorias políticas medievais e modernas, até o final do século XVIII, sobre os limites do poder soberano. O mito de um direito natural, isto é, daquele que nasce de uma natureza benéfica, porque assim Deus a quis, ou porque ela mesma é intrinsecamente divina, chegou até nós extenuado e não renasce senão para logo morrer.

O que renasce continuamente é a necessidade de liberdade contra a opressão, de igualdade contra a desigualdade, de paz contra a guerra. Mas essa necessidade nasce de maneira independente ao que os doutos pensam sobre a natureza do homem. Mais do que de um renascimento do jusnaturalismo, portanto, se deveria falar do retorno daqueles valores que tornam a vida humana digna de ser vivida e que os filósofos revelam, proclamam e, no fim, procuram justificar, segundo os tempos e as condições históricas, com argumentos tirados da concepção geral do mundo predominante na cultura de uma época. Desses argumentos, o jusnaturalismo foi uma manifestação duradoura, mas não foi a única, e não parece hoje, teoricamente, a mais aceitável.

IX
A natureza das coisas

1. Uma noção transcurada

Para encaminhar uma discussão em torno da noção de natureza das coisas, pode ser útil começar pelas palavras com as quais Gustav Radbruch encerrava o seu ensaio de 1941:

> O problema da natureza da coisa é, no momento presente da história do espírito, bastante importante para não ser, como tem sido até agora, apenas o objeto episódico de uma sempre renovada e sempre novamente esquecida pesquisa individual, mas para se tornar o tema de uma assídua e comum pesquisa científica.[1]

É de fato bastante surpreendente que a noção de natureza das coisas, à qual com tanta frequência se faz referência na linguagem jurídica, em expressões como "natureza dos fatos",

---

1 D. Radbruch, "La natura delle cose come forma giuridica di pensiero", *Rivista Internazionale di Filosofia del Diritto*, XXI, p.156.

"natureza da prestação", "natureza da relação", "natureza dos interesses", "natureza da instituição", até agora tenha sido pouco analisada. Em geral, pode-se dizer que, por um lado, "natureza das coisas" ainda hoje é uma expressão genérica que abrange objetos diferentes e, portanto, às vezes é empregada mais como uma fórmula sugestiva, para uso polêmico, do que como um conjunto de palavras que possui um significado rigorosamente delimitado. Por outro lado, é uma expressão ainda muito pouco diferenciada, tanto que muitas vezes é substituída por outras análogas sem que essa substituição desperte algo em especial, como se pode ver nesta frase de Regelsberger: *"Natur der Sache, Vernunft der Dinge,* naturalis ratio, *Zweckgedanken, Verkehrsbedürfnis, Rechtsgefühl sind mir verschiedener Bezeichnungen für dasselbe Ding"*.[2]

Diante dessa situação, parece-me que o trabalho de análise deveria proceder em dupla direção: por um lado, examinar os vários contextos nos quais a expressão é efetivamente empregada pelo jurista, para chegar a uma classificação dos significados ou matizá-los; por outro, verificar as diversas expressões que são sinônimas ou passam por sinônimas e discutir a oportunidade de adotar mais uma do que a outra. Se uma das tarefas principais da ciência jurídica, como creio, é a de purificar a linguagem jurídica, de transformar a linguagem comum em técnica, não há dúvida de que a noção de natureza das coisas, pelo estado bruto em que ainda está, oferece vasta matéria para o jurista.

Na doutrina italiana, essa noção até agora não teve muita aceitação nem entre os juristas, nem entre os filósofos do direito.[3] É provável que sobre a posição dos juristas tenha influído o juízo

---

2 F. Regelsberger, *Pandekten* (1893), I, §12, p.68. "Natureza da coisa, razão das coisas, *naturalis ratio*, pensamentos finalísticos, necessidade da circulação, sentimento jurídico são, para mim, diferentes designações para a mesma coisa."

3 Para um exame particularizado da sorte da noção na doutrina italiana, cf. o ensaio publicado no Apêndice B: A natureza das coisas na doutrina italiana.

negativo de Windscheid, para quem a expressão "natureza das coisas" é "não sem razão desacreditada",[4] e em geral a tendência positivista dominante, segundo a qual não há outro ordenamento jurídico senão o do Estado, e, no ordenamento deste, não há outra fonte senão a lei. De fato, nos tratados, nas obras gerais, nos manuais de direito positivo italiano, em geral, ou não se fala da natureza das coisas, ou ela é mencionada de passagem em um parágrafo sobre as "pretensas fontes do direito", na qual está desordenadamente misturada com outras noções afins e não afins.[5] Pelo que diz respeito aos filósofos do direito, o desinteresse pelo problema deve ser procurado na predominância, depois da crise do positivismo, de tendências antinaturalistas, sejam elas o neokantismo, que canonizou a distinção entre a esfera do *Sein* e a do *Sollen*, ou o historicismo idealista, que entregou o direito ao reino do espírito.

O único ensaio sobre o assunto foi, por algum tempo, o de Asquini, de 1921.[6] Ele, aliás, é a melhor prova daquilo que foi dito até aqui, isto é, que "natureza das coisas" é expressão ambígua, suscetível às mais diversas interpretações, e que o problema por ela levantado não goza de muita popularidade entre os juristas italianos. Asquini, para não ser submetido à acusação demasiado fácil de objetivismo ou de naturalismo, interpreta a noção de natureza dos fatos como "a representação que a consciência humana faz da função das relações sociais e de suas exigências econômicas"; por "consciência humana" entende a coletiva ou

---

4 B. Windscheid, *Diritto dele pandette*, trad. it. I, 1, §23, p.78, em nota, onde reforça o julgamento análogo de Adickes (*Zur Lehre von den Rechtsquellen*, p.8 e 67).

5 Para todos, ver: N. Coviello, *Manuale di diritto civile*, p.39; cf. também: A. Ravà, *Istituzioni di diritto privato*, p.52; e F. Ferrara, *Trattato di diritto civile italiano*, 1, p.149. Pode ser interessante ressaltar que o verbete "natureza das coisas" não apareceu nos dicionários jurídicos mais comuns, até o recentíssimo volume do *Novissimo Digesto Italiano*.

6 A. Asquini, "La natura dei fatti come fonte di diritto", *Archivio Giuridico*, LXXVI, p.129-67.

comum, aquela "consciência média social, à qual para muitos outros fins (por exemplo, determinação do conceito de culpa) no mundo do direito se costumou recorrer". Portanto, ele nega que haja uma "verdade das coisas objetivamente verificável pela razão do intérprete individual, sem referência à avaliação que a consciência comum faz dela". Em suma, interpreta o conceito de natureza das coisas de modo a despojá-lo, é verdade, de toda a sua intenção polêmica, mas também de sua razão de ser, que consiste exatamente em sugerir ao jurista a ideia da existência de uma realidade objetiva da qual ele possa tirar regras jurídicas. E, assim interpretada, a noção de natureza das coisas acaba se confundindo com a noção de equidade e pode ser com tranquilidade eliminada.

2. Os três alvos da doutrina da natureza das coisas

O interesse pelo problema da natureza das coisas, que foi despertando sobretudo na filosofia do direito e na ciência jurídica alemã nos últimos anos, tem claramente uma origem polêmica. Em termos gerais e ainda pouco precisos, pode-se dizer que se trata de um aspecto da hodierna luta contra o formalismo jurídico. Para isso, parece-me que, entre as diversas perspectivas que podem ser escolhidas a fim de conduzir uma primeira análise da noção de natureza das coisas, pode haver certo interesse em examinar seu significado polêmico, com o fim de esclarecer estes dois pontos: 1) se o significado polêmico é unívoco ou plurívoco – e aqui meu propósito é puramente descritivo; 2) constatada a multiplicidade dos usos polêmicos do conceito, qual é, para cada um deles, o valor e os limites – e aqui meu propósito é também crítico.

Antes de tudo, quando se afirma que a regra jurídica é tirada da natureza das coisas, quer-se aduzir um argumento contra toda forma de voluntarismo jurídico, segundo o qual as regras jurídicas são unicamente produto da vontade do legislador. Dado que o voluntarismo jurídico encontrou sua mais recente encarnação na doutrina imperativista do direito, que foi dominante entre os juristas no último século, sobretudo na Alemanha e na Itália, e para a qual o direito é o conjunto dos comandos do legislador, a doutrina da natureza das coisas aparece, antes de tudo, como uma forma da reação anti-imperativista que segue em paralelo ao renascimento do direito natural.

Em segundo lugar, quem afirma a possibilidade de derivar uma regra jurídica da natureza das coisas pode ter outro alvo: é a doutrina que eleva a suprema fonte do direito a lei e considera que não há outras regras jurídicas além daquelas que podem se originar direta ou indiretamente da lei. Se essa doutrina for chamada de estatalista, o conceito de natureza das coisas apresenta-se nessa segunda direção como um aspecto da polêmica antiestatalista. E, enquanto tal, insere-se no movimento do pluralismo jurídico em antítese ao monismo, também ele dominante entre os juristas continentais desde a época das grandes codificações, e segue em paralelo ao renovado interesse pela sociologia jurídica.

Enfim, a doutrina da natureza das coisas tem uma terceira direção polêmica, talvez a mais frequente. O alvo, desta vez, é o caráter dogmático da jurisprudência, quer dizer, a tradicional consideração da jurisprudência não como livre pesquisa do direito, mas como forma de saber fundamentada, em última análise, no princípio da autoridade. E ela encontrou como adversários, a cada vez, a escola do direito livre, a jurisprudência sociológica, e assim por diante. Quem propõe preencher as lacunas do ordenamento jurídico recorrendo também à natureza das coisas torna-se aliado de todas aquelas correntes que combatem o chamado fetichismo legislativo e que, só para nos entendermos, podemos inserir na corrente do realismo jurídico.

Considero oportuna essa distinção entre as três tendências polêmicas da doutrina da natureza das coisas porque, embora ligadas, tocam três problemas diferentes: a primeira levanta o próprio problema do fundamento do direito – ou seja, se o direito é razão ou vontade; a segunda, o problema das fontes do direito positivo – ou seja, se há outras fontes do direito além da lei e do costume; a terceira, o problema da interpretação jurídica ou dos métodos da jurisprudência – ou seja, se a jurisprudência é uma ciência dogmática ou empírica. Embora os três problemas estejam ligados – e não há quem não perceba que eles representam três aspectos diferentes do mesmo movimento de pensamento –, parece-me vantajoso distinguir a análise crítica, porque, em minha opinião, nas três questões, são diferentes os méritos e os deméritos da doutrina, e de distinta natureza, sobretudo, são as dificuldades que ela levanta.

3. Natureza das coisas contra voluntarismo jurídico

Na primeira tendência, a doutrina da natureza das coisas apresenta-se, sob muitos aspectos, como um prosseguimento da doutrina do direito natural. Representa a transformação que a doutrina do direito natural sofre ao passar das mãos dos filósofos para as dos juristas. Em outras palavras, é o que fica da teoria clássica do direito natural na passagem da filosofia racionalista da sociedade para a sociologia. Do direito natural clássico permanece, na doutrina da natureza das coisas, a exigência de não se aprisionar à vontade do legislador como critério jurídico supremo e o princípio inspirador, que leva a encontrar esse critério de julgamento em algo objetivo, subtraído do mutável juízo dos detentores do poder político.

Com respeito à doutrina clássica do direito natural, o conceito de natureza das coisas, como entendido ou intuído pelos juristas, evita pelo menos uma das grandes objeções às quais ela vai de encontro: aquela que deriva da repetida constatação de que a *lumen naturae*, à qual essa doutrina se entrega, deve ser bem fraca, pois, em dois mil anos de reflexão, não há instituição jurídica da qual não seja repetidamente afirmada ou contestada a correspondência à natureza do homem. Por trás da doutrina da natureza das coisas há uma concepção da natureza diferente daquela dos jusnaturalistas, que tinham uma ideia metafísica dela, entendida como a totalidade das leis que regem o universo físico e moral. Partindo da natureza humana em geral, julgavam poder deduzir todo o sistema jurídico de alguns princípios autoevidentes.

Quando, ao contrário, um jurista fala da natureza das coisas, não se refere à natureza geral do universo humano, mas aos caracteres ou elementos constitutivos de uma relação ou de uma instituição jurídica em determinada sociedade historicamente condicionada. Por exemplo, um jusnaturalista pretende deduzir as normas que regulam a instituição do matrimônio da natureza do homem e da sociedade, abstratamente considerados; o jurista sociólogo limita-se a pedir à natureza das coisas que sugira as normas mais oportunas para monitorar o matrimônio em uma sociedade particular.

Assim, enquanto um jusnaturalista é sempre atraído pela miragem da regra justa em sentido absoluto, o jurista sociólogo restringe sua ambição à descoberta das regras mais convenientes em função de certo fim a alcançar. O jusnaturalista visa aos valores últimos, a doutrina da natureza das coisas contenta-se em estabelecer relações entre meios e fins. Nesse sentido, a teoria da natureza das coisas pode ser considerada um aspecto da concepção geral do direito, segundo a qual este constitui uma técnica da convivência social – a qual é, entre todas as concepções do direito, a que sempre me pareceu a mais convincente.

Não tenho certeza, porém, de que a teoria da natureza das coisas evite a segunda objeção que se pode fazer ao jusnaturalismo clássico: a doutrina do direito natural pretende derivar um juízo de valor, por exemplo: "A sociedade é preferível ao isolamento", de um juízo de fato: "O homem tem a tendência à sociedade", ao passo que, na realidade, o primeiro juízo de valor deriva de outro, implícito, mas não confessado, deste tipo: "A tendência à sociedade é boa". Também entre os defensores da natureza das coisas como fonte de regras jurídicas revela-se tal pretensão. Eles acreditam ou parecem crer que as coisas às quais se refere a experiência jurídica – bens, pessoas, comportamentos, relações intersubjetivas, instituições – sejam tais que delas, ou de sua constituição ou essência, podem ser deduzidas regras jurídicas, as quais, desse modo, teriam uma espécie de objetividade que não competiria a elas se fossem derivadas de juízos de valor.

Na realidade, o procedimento empregado pelo legislador, pelo juiz ou pelo jurista para produzir regras jurídicas a partir da chamada natureza das coisas é mais complexo. O que o jurista aprende pela observação da realidade, por exemplo, de dado comportamento, é que este, em certas circunstâncias, desencadeia certas consequências. Ora, se é verdade que uma regra técnica (e podemos considerar as regras jurídicas como tal) deriva da resolução de uma relação de causa-efeito ("A produz B"), em uma relação de fim-meio ("Se queres o fim A, deves querer também o meio B"), é igualmente verdadeiro que, pela observação de que um comportamento produz certas consequências, não se extrai necessariamente uma regra, mas é possível obter pelo menos três, segundo o modo diferente com o qual tomo posição diante das consequências: "Se queres A, deves fazer B"; "Se não queres A, não deves fazer B"; "Se A te é indiferente, podes ou não fazer B".

A distinta avaliação das consequências de uma ação que se pode concretizar não deriva da constatação de que aquela ação tem tais consequências, mas da análise dessas consequências como boas, más ou indiferentes, ou seja, de um juízo de valor. A constatação empírica pode indicar qual é o melhor meio para alcançar certo fim, mas não diz por que esse fim é digno de ser perseguido, em vez de outro. Contudo, apenas da resposta à segunda pergunta – qual é o fim digno de ser perseguido? – e não da primeira – qual é o meio mais idôneo para alcançar o fim? – deriva a regra. Que a ampliação da prática do aborto tenha por efeito a diminuição da população, esse é um juízo de fato. Que a prática do aborto deva ser proibida ou permitida, isso depende unicamente da resposta ao seguinte juízo de valor: "A diminuição da população é um bem ou um mal?".

Em outras palavras, podemos dizer que, para extrair uma regra de uma coisa, devemos considerar essa coisa um meio para alcançar um fim, isto é, atribuir a ela a qualidade de valor instrumental. No entanto, essa qualidade será atribuível apenas se for pressuposto um valor final que não se extrai da natureza do comportamento, mas de juízos de valor ulteriores, em uma corrente contínua de valores finais que se tornam instrumentais com relação a valores ulteriores, até chegar-se, inevitavelmente, aos valores últimos, ou seja, a valores não ulteriormente redutíveis, dos quais todas as coisas de que se compõem aquele dado sistema normativo se valem.

Estamos tão afeitos aos valores sociais expressos pela ordem jurídica na qual vivemos que não nos apercebemos de sua presença e consideramos meros fatos constatáveis empiricamente aqueles que, na realidade, já são manifestações de avaliações precedentes. Não há norma que mais pareça tirada "da natureza das coisas", nesse caso, da constituição física dos sujeitos, do que o art. 84 do Código Civil italiano, apenas para dar um exemplo, que fixa em 16 anos a capacidade matrimonial do homem, e em 14 anos a da mulher. Na realidade, também nessa norma, a natureza da coisa não é senão o meio que se considera mais apropriado para alcançar certo fim, que é aquele que, em nossa sociedade, é atribuído ao matrimônio. Imaginemos uma sociedade que remeta ao matrimônio outros fins, por exemplo, de caráter econômico, além da extinção da geração da prole, e os limites de idade mencionados poderão ser elevados. Não seria de admirar que, na evolução de nossa sociedade, esses limites fossem aumentados se por acaso se considerasse obrigatório ter em conta outros requisitos além dos fisiológicos – por exemplo, a capacidade econômica – para avaliar a capacidade matrimonial.

O legislador acredita ler no livro da natureza. Na realidade, interpreta-o.

4. Natureza das coisas contra formalismo

Em sua segunda tendência polêmica, a doutrina da natureza das coisas junta-se à sociológica do direito contra o positivismo jurídico de estrita observância. É um aspecto da revolta sempre recorrente dos fatos contra as leis. Em suma, ela se opõe ao monopólio do direito por parte da lei e almeja promover uma visão mais ampla e mais articulada das fontes do direito, partindo não mais de uma ideologia, como aquela para a qual apenas a vontade do legislador é fonte de direito, mas de uma consideração objetiva, crítica, livre de preconceitos, dos fatos, que vê brotar as regras jurídicas do real movimento dos indivíduos e dos grupos em determinada sociedade.

Antes de mais nada, a controvérsia entre fautores da sociologia jurídica e aqueles do normativismo é, em minha opinião, uma daquelas controvérsias que poderiam continuar indefinidamente, porque os adversários não estão no mesmo terreno, mas cada um tem razão, de seu ponto de vista, e não admite ser refutado pelas razões do adversário. A doutrina da natureza das coisas, na medida em que pretende apresentar-se como uma contribuição para a defesa da sociologia contra o formalismo jurídico, aduzindo o pluralismo das fontes jurídicas, confirma essa suspeita. Na verdade, o debate sobre as fontes do direito pode levar a uma solução apenas se os adversários concordam em dar à expressão "fonte do direito" o mesmo significado.

Quando um jurista sociólogo defende que a natureza das coisas é "fonte de direito", para ele essa expressão tem o mesmo sentido que para o jurista tradicional ao chamar de fonte de direito a lei? Como se sabe, na linguagem jurídica, há pelo menos dois modos de entender essa expressão: ora como fonte de derivação de uma regra, ora como fonte de qualificação. A diferença fundamental entre um e outro é que o primeiro pode ser constituído por um fato ou por uma série de fatos, e o segundo é sempre formado por uma norma.

Uma regra, enquanto considerada um fato, deriva de outro fato, mas recebe sua validade em um sistema por obra de outra norma. Se não se fizesse essa distinção, não se entenderia por que regras que possuem a mesma fonte de derivação não são do mesmo modo válidas em um sistema, não se entenderia que, por exemplo, a equidade produza regras, mas nem todas as regras produzidas pela equidade sejam válidas em certo ordenamento, apenas aquelas às quais uma norma do sistema atribui o título de normas jurídicas.

Analogamente, o comportamento constante, uniforme, geral dos associados produz regras de conduta, porém, para que elas sejam reconhecidas como válidas em certo sistema jurídico, é preciso que nele haja uma norma, não importa se explícita ou implícita, que atribua ao costume valor de fonte do direito. Em outras palavras, a existência de fato de um costume não coincide com sua existência de direito, ou seja, com sua validade. Para que um costume exista de fato, basta que seja constatado; para que exista como direito, é necessário que seja reconhecido como norma válida de um sistema, ou seja, remontar a sua fonte de qualificação.

Quando se pede que a natureza das coisas seja considerada fonte do direito, em que sentido se fala nesse último? No sentido de fonte de derivação ou de qualificação? Não creio que haja dúvida de que o sentido comumente aceito é o primeiro. Em geral, quem atribui à natureza das coisas o caráter de fonte de direito limita-se a dizer que se pode encontrar uma regra de conduta considerando certo comportamento idôneo para alcançar um fim desejado, mas não afirma, ao mesmo tempo, que aquela regra, só por isso, seja válida, isto é, que valha como diretriz em determinado sistema. Para que essa regra derivada da natureza das coisas seja válida, é preciso que ela possa ser referida a uma das fontes de qualificação do sistema.

Em particular, se por busca da regra através da natureza das coisas entende-se o procedimento inventivo e reconstrutivo que se vale da relação meio-fim, como creio que seja mais oportuno entender e como veremos melhor na seção seguinte, ela pode ser referida a um bem conhecido procedimento da interpretação jurídica, àquele método que se costuma chamar de "interpretação teleológica". Nesse caso, não creio que haja dúvida de que a natureza das coisas tem a função de fonte da qual o intérprete deriva a regra, ou de expediente hermenêutico do qual se aproveita para encontrar uma regra não expressa.

É igualmente indubitável, porém, que aquilo que torna a informação assim encontrada uma regra jurídica, ou seja, pertencente a dado sistema jurídico, é uma norma, por exemplo, o art. 12 das Disposições Preliminares ao Código Civil italiano, o qual autoriza o intérprete a buscar a regra não só nas "palavras", mas também na "intenção do legislador". A natureza das coisas serve para encontrar a regra, mas é a norma que autoriza o intérprete a buscar essa regra seguindo a natureza das coisas que faz daquela regra localizada uma regra jurídica. Portanto, também nessa acepção mais restrita da natureza das coisas como fonte de direito, a distinção entre o momento da elaboração da regra e o momento da qualificação jurídica é inevitável. E a natureza das coisas aparece, em cada caso, no primeiro momento, e não no segundo.

Além do mais, a distinção serve para esclarecer os dois campos diferentes em que operam a doutrina sociológica e a doutrina normativa do direito, e, portanto, os limites do valor da polêmica que os juristas de tendência sociológica travam contra aqueles acusados de formalismo. O campo dos primeiros é o da existência de fato da norma, o dos segundos é o da existência de direito ou validade. Que uma norma corresponda à natureza das coisas, essa pode ser uma constatação de caráter sociológico ou uma exigência de caráter ideológico. Ao contrário, o jurista formalista afirma que, para que uma norma seja válida, é necessário que pertença ao sistema, independentemente do fato de corresponder à natureza das coisas ou não. O primeiro problema é de conteúdo e o segundo, de forma. Mas, com isso, o jurista formalista não desconsidera que as normas podem ser tiradas da natureza das coisas, e assim as críticas dos sociólogos não lhe dizem respeito. Limita-se a afirmar que esse problema, ou seja, aquele da origem das regras, é sociológico, e não jurídico, um problema relativo à derivação das normas jurídicas, e não à sua validade. Parece-me difícil para o sociólogo fugir dessa exigência de uma rigorosa distinção entre os dois campos.

Quando o jurista interpretou a natureza, pensou ter criado um sistema normativo, mas, em vez disso, forneceu apenas o material para sua construção.

5. Natureza das coisas contra legalismo

Em sua terceira tendência polêmica, a doutrina da natureza das coisas representa uma reação contra o fetichismo legislativo, que se revela em uma adesão demasiado rígida aos textos legislativos, por parte dos juristas, contra a posição tradicionalmente dogmática da jurisprudência diante do sistema normativo constituído. Ela é um convite a olhar mais para os fatos de que para as leis, a abandonar o princípio de autoridade e abraçar o da investigação empírica, a envered a jurisprudência por um caminho no qual venha a se assemelhar sempre menos a uma disciplina teológica e mais a uma ciência de fatos.

Considero oportuno manter distinto o aspecto metodológico do ideológico dessa terceira questão. Do ponto de vista metodológico, creio que a discussão ganharia em clareza se o conceito de natureza das coisas fosse ulteriormente analisado e especificado em suas diversas acepções. De minha parte, creio que, quando o jurista fala da natureza de um objeto, ou de um sujeito, ou de um comportamento, ou de uma instituição, refere-se à relação meio-fim e pressupõe, consciente ou inconscientemente, o princípio fundamental de Ihering: "O fim é o criador de todo o direito". A natureza de um objeto, para um jurista, é sua idoneidade para funcionar como meio de conseguir certos fins; a natureza de um sujeito é sua idoneidade para realizar certos atos para alcançar certos fins; a natureza de um comportamento é sua idoneidade com o objetivo de atingir certos fins; e a natureza de um instituto nada mais é do que sua função econômico-social. A regra fundamental na qual o jurista inspira-se para produzir novas regras a partir da natureza das coisas é a seguinte: "Se certo fim é obrigatório (ou proibido), hão de ser considerados obrigatórios (ou proibidos) todos os meios objetivamente aptos a alcançá-lo".

Se essa interpretação do procedimento interpretativo fundado na natureza das coisas é exata, ele não difere do procedimento conhecido pelo nome de "interpretação teleológica". Mas então se deve reconhecer que é procedimento mais comum do que aquele que a expressão genérica "natureza das coisas" deixa entender e, o que é mais notável, é usado também por aqueles juristas (e são a maioria, pelo menos na Itália) que se professam seus adversários. Quando o jurista apela para a intenção do legislador, faz na maioria dos casos uma interpretação teleológica, que procede com base nestes dois postulados: 1) o legislador é uma pessoa racional; 2) enquanto pessoa racional, ele emprega meios objetivamente adequados aos fins a que se propõe.

A intenção do legislador é uma ficção para uso do jurista ligado ao dogma voluntarista, o qual precisa atribuir ao primeiro a descoberta daquela regra que ele deduziu da investigação teleológica, ou seja, precisa fingir que é obra de um legislador racional aquilo que é obra de sua própria razão. Mas por trás dessa ficção há a pesquisa efetiva da regra que, tanto no caso em que é atribuída ao legislador quanto no caso em que é apresentada como extraída diretamente da natureza das coisas, é sempre fundada na capacidade de certos meios para alcançar certos fins.

No caso das lacunas do ordenamento jurídico, é opinião comum que se pode recorrer à natureza das coisas apenas onde o legislador tiver deixado o juiz livre para escolher os meios de integração mais idôneos, não onde, como no direito italiano, indicou os meios e, entre estes, a natureza das coisas não está incluída. Essa opinião, porém, deve ser corrigida. Antes de tudo, a legislação, mesmo quando prevê a analogia como meio para preencher as lacunas, não estabelece a série de requisitos com base nos quais se pode dizer que dois institutos são semelhantes. Cabe ao intérprete estabelecer, a cada vez, se dois institutos são semelhantes, e é sabido que o procedimento mais empregado para esse fim é exatamente a natureza das coisas. E não falamos do caso no qual não se trata de formular uma regra, mas de encontrar a disciplina de todo um instituto. Nele, o jurista, mesmo sem ter consciência, cria a disciplina tirando-a da natureza do instituto, e não acha que com isso faz algo perturbador ou inconveniente.

Em um recente ensaio sobre o dano moral, ao qual o direito civil italiano dedica um só artigo, o autor, procurando dar uma primeira sistematização abrangente do instituto, diz, como se fosse a coisa mais óbvia, que as questões relativas à disciplina deste, no silêncio da lei, devem ser resolvidas "sobretudo" levando em conta "sua natureza".[7]

Contudo, reconhecer que o método de extrair regras da natureza das coisas é mais habitual entre os juristas do que se afirma, apesar de não ser explicitamente aceito ou receber outro nome,

---

[7] R. Scognamiglio, "Il danno morale", *Rivista di Diritto Civile*, III, p.279.

não significa aduzir um argumento decisivo – e aqui entra em campo o aspecto ideológico da questão – em favor de uma transformação da ciência jurídica em empírica, quer se considere essa mudança já acontecida ou em ação, quer se deseje que aconteça a fim de que a obra do jurista se torne mais "científica" e mais "correspondente às condições da sociedade contemporânea". Por mais que se possa censurar a excessiva rigidez do sistema jurídico, sobretudo nos ordenamentos continentais, por mais que seja desejável uma maior liberdade ao jurista na descoberta das regras, crer que a jurisprudência possa deixar de ser uma ciência dogmática e tornar-se empírica, o que equivale a crer que, em longo prazo, possa ser totalmente substituída pela sociologia, me parece o fruto de uma confusão entre o método sociológico e o método jurídico.[8]

Essa confusão deriva da distinção não clara entre dois diferentes critérios de verdade: o princípio de verificação empírica, próprio de uma pesquisa científica como a física e a biologia, para as quais a prova suprema da verdade ou falsidade de uma proposição é dada pela confirmação da experiência; e o princípio de autoridade, específico da jurisprudência e da teologia, para as quais a suprema prova da validade ou invalidade de uma norma é dada pela correspondência ao que é considerado válido ou inválido por uma fonte particularmente acreditada de regras, seja ela o legislador, a sociedade, o povo ou o juiz.

Hoje, há duas concepções da jurisprudência em oposição: a lógico-sistemática e a sociológica. Embora a segunda seja menos rígida do que a primeira, ela não tem o poder de transformar o trabalho do jurista no de um físico ou de um biólogo. A jurisprudência sociológica é uma dogmática diferente daquela da jurisprudência lógico-sistemática, porque o princípio de autoridade ao qual apela é diferente daquele ao qual sua eterna adversária

---

[8] Ver, a propósito, a análise de A. David, "Metodo sociologico e metodo giuridico", *Rivista Internazionale di Filosofia del Diritto*, XXXIV, p.300-13.

apela; não é a vontade do legislador, mas a consciência social. Entretanto, ela é sempre uma dogmática, assim como uma teologia modernista é sempre uma teologia.

O jurista, seja qual for o princípio no qual se inspire, sejam quais forem as inovações que introduza nos procedimentos interpretativos, tem o dever de estabelecer não o que é, mas o que precisa ser. Porém, o que deve ser pressupõe um juízo de valor, e este é sempre um juízo que não pode ser empiricamente verificado, talvez apenas justificado com argumentos persuasivos. E o argumento mais comum e mais eficaz para persuadir os outros é mostrar que aquele julgamento de valor é posto ou partilhado, em última instância, por pessoas, reais ou imaginárias, investidas de prestígio ou de poder superior, Deus, o legislador, o juiz, a sociedade, o povo, os grandes juristas, a tradição e, no caso último, também a própria consciência.

6. Conclusões

Estou pronto a reconhecer a importância desta reavaliação da noção de natureza das coisas. Ela é uma fresta aberta para uma melhor compreensão do trabalho do legislador, do juiz e do jurista na formulação das regras e, sobretudo, é elemento constitutivo da concepção do direito como técnica de convivência social, que, como foi dito desde o início, parece-me aceitável, acima de qualquer outra. Reconheço-a, porém, sob duas condições: 1) que a noção de natureza das coisas seja estabelecida com exatidão e seja empregada não como uma fórmula sugestiva, mas com um significado técnico rigoroso; 2) que reconheça os próprios limites e não pretenda abrir todas as portas. No que diz respeito à primeira condição, estou inclinado a crer que o procedimento empregado para extrair regras da natureza das coisas coincida com o chamado raciocínio teleológico. Portanto, acharia oportuno substituir a expressão demasiado vaga de "natureza das coisas" pela de "função econômico-social" de um instituto. Quanto à segunda condição, a carga polêmica da noção de natureza das coisas se depara com três obstáculos que me parecem insuperáveis: a diferença entre a busca dos meios e a posição dos fins, entre o conhecimento de uma regra e sua legitimação, entre uma ciência empírica qualquer e a ciência jurídica.

O ponto fundamental, para mim, é se dar conta de que não se trata de suprimir o momento sociológico no normativo e vice--versa, mas de delimitar os dois campos e reconhecer a distinção dos problemas que a eles se referem.

Apêndice A
Ainda sobre o direito natural[1]

Entre as recentes defesas do direito natural, seleciono, para iniciar esta discussão, aquela exposta por John Wild no livro *Plato's Modern Enemies and the Theory of Natural Law* (The University of Chicago Press, 1953, p.xi-259) [*Os inimigos modernos de Platão e a teoria do direito natural*]. Escolho-a porque o autor faz saber aí, de maneira clara, o que entende por direito natural, enquanto a maioria dos atuais defensores perdem-se no genérico e expõe de modo ordenado seu pensamento valendo-se de argumentos teóricos, enquanto os apaixonados e improvisados jusnaturalistas de hoje costumam recorrer a argumentos retóricos ou sugestivos, como aquele que põe em relação os horrores das

---

1 O livro de John Wild, ao qual é dedicada a presente nota, foi amplamente discutido também por Kelsen em artigo que apareceu na mesma época que o meu: "A Dinamic Theory of Natural Law", *Louisiana Law Review*, XVI, p.597-620, depois reunido no volume *What is Justice?*, p.174-97. Também a crítica de Kelsen, sutil e convincente, está fundada na confusão feita por Wild entre mundo dos fatos e mundo dos valores.

ditaduras e das guerras contemporâneas com a crise do direito natural.

O livro de Wild parte de alguns escritos anglo-saxões, entre os quais o mais conhecido é o de Karl Popper, que, no âmbito do renovado empirismo, representam uma verdadeira corrente antiplatônica: de várias maneiras, esses escritores acusaram Platão de ser um pensador antidemocrático, precursor do moderno totalitarismo, do racismo, do fascismo etc. Mas a defesa de Platão é apenas o motivo para a obra. Wild responde que não se pode compreendê-lo sem entender a teoria do direito natural, da qual a ética platônica é uma manifestação, e não se compreende a teoria do direito natural sem se dar conta de que ela é a mais acabada elaboração de uma concepção realista e objetivista da ética; é, em suma, realismo ético.

Mas esses hodiernos inimigos de Platão não podem compreender uma ética realista e objetivista porque são subjetivistas, irracionalistas, emotivistas, convencionalistas, relativistas, exatamente como os inimigos de então, os sofistas. O livro é dedicado à refutação da nova sofística. Sua tese central é a seguinte: a doutrina do direito natural é de natureza ética realista ou, antes, é a doutrina realista por excelência, porque funda o valor no fato; como tal, opõe-se a todas as doutrinas éticas subjetivistas que separam a esfera dos valores da dos fatos.

Como se vê, Wild nos põe bem no meio da polêmica contemporânea sobre o fundamento dos valores. Para explicar o que significa dizer que a teoria do direito natural funda o valor sobre o fato, ele define a lei da natureza (que identifica com a lei moral) deste modo: "um modelo universal de ação, aplicável a todos os homens, em toda parte, requerido pela própria natureza humana para seu aperfeiçoamento (*completion*)" (p.64). As teses que formam a base sobre a qual está construída a definição são: 1) há tendências comuns a todos os homens; 2) na medida em que essas tendências são comuns, são naturais; 3) a realização dessas tendências é a perfeição da natureza humana; 4) a perfeição da natureza humana é o que, para o homem, é o bem; 5) toda ação voltada para o alcance da perfeição é boa, toda ação que lhe cria obstáculos é ruim.

É claro que, com essa impostação do problema moral, pretende-se: que seja possível formular normas de conduta que tenham validade universal; que o conteúdo dessas normas seja tirado diretamente do estudo (objetivo, científico) da natureza humana. Em outras palavras, pretende-se que, exatamente porque o conteúdo das normas do direito natural é tirado da observação dos fatos (e não de impressões ou emoções subjetivas), essas normas possam aspirar a valer universalmente.

Não tenho a intenção de expor por inteiro o livro de Wild, apenas discutir sua tese sobre o direito natural. Conduzirei a discussão sobre dois pontos: 1) se a apresentação que Wild faz da teoria do direito natural é a única historicamente legítima; 2) se, pressupondo que o seja, ele conseguiu demonstrar a derivação de um sistema normativo a partir de uma ontologia.

Comecemos pelo primeiro ponto. Wild parece não ter dúvidas sobre a identificação que realizou, e na qual insiste, da doutrina do direito natural com o realismo ético. No entanto, a história dessa doutrina nos mostra que, com o nome de direito natural, foram defendidas doutrinas que também possuem outras características. Penso, por exemplo, que seria igualmente legítimo afirmar que a teoria do direito natural representa, antes que a mais perfeita e consequente expressão do realismo ético, a mais perfeita e consequente expressão do racionalismo ético, se por racionalismo ético entende-se aquela doutrina dominada pela ideia de que existem poucos princípios éticos muito gerais autoevidentes, dos quais se podem extrair, com procedimento dedutivo, as normas concretas da conduta.

Ainda hoje, o grande fascínio que a doutrina do direito natural exerce sobre os moralistas, os legisladores, os reformadores dos costumes, sobre aqueles que choram a sorte da civilização, é em razão da confiança que ela soube inspirar, através de pensadores autorizados e da longa e sempre renovada tradição de pensamento, na possibilidade de extrair normas particulares de conduta de alguma norma muito geral cujo critério de verdade é a evidência. São Tomás fala de *principia communia et indemonstrabilia* [princípios comuns e indemonstráveis], Suarez, de *principia morum per se nota* [princípios conhecidos por si mesmos dos costumes]. A doutrina católica do direito natural, na esteira de São Tomás, considera que todo o sistema do direito natural está fundado sobre um único postulado ético: *"Bonum faciendum, male vitandum"* [Fazer o bem, evitar o mal], ou, antes, que essa é a única norma de direito natural no sentido próprio e rigoroso da expressão.

Não é meu propósito deter-me sobre a crítica a essa doutrina e discutir se essa interpretação do direito natural é porventura menos sustentável do que aquela apresentada como exclusiva por Wild. Pode-se observar que as proposições muito gerais, que o racionalismo ético contempla e descobre, ou são sintéticas, por exemplo, "não matarás", e então não são evidentes, tanto é verdade que não são absolutamente válidas em todos os casos, ou são analíticas e evidentes, como: "cumpra teu dever", e então são tautológicas. De fato, "cumpra teu dever" não significa senão "deves fazer aquilo que deves fazer".

Quanto à máxima *"bonum faciendum, male vitandum"*, ou é analítica, se por *bonum* entende-se o que deve ser feito, e então *"bonum faciendum"* significa "deve-se fazer o que deve ser feito"; ou é sintética, se por *bonum* entende-se a felicidade, a perfeição, o interesse etc., porém aqui não é mais evidente, muito menos se pode pretender que valha universalmente. Aliás, deixando em aberto a questão sobre a sustentabilidade ou não do racionalismo ético, é historicamente verificável que grande parte do jusnaturalismo converge nele, identifica-se com ele. Por isso, é discutível a tese fundamental de Wild, que, identificando jusnaturalismo com realismo ético, tende a atribuir uma direção unívoca ao primeiro e, desse modo, acha que pode confirmar seu valor histórico e reforçar seu prestígio doutrinal.

Vamos pressupor, porém, com Wild, que a ética jusnaturalista se resolva toda no realismo ético. A discussão então desloca-se para o segundo ponto, relativo à legitimidade do realismo ético, assim como está exposto e defendido pelo autor. Partindo da definição de direito natural que apresentei, ele refuta cinco objeções tradicionais (que chama de mal-entendidos) ao direito natural. Limito-me a considerar se ele conseguiu encontrar bons e novos argumentos para defender o direito natural daquelas objeções, examinando, uma a uma, as objeções e as respostas.

Primeira objeção: "O direito natural está fundado sobre uma teleologia dificilmente controlável com a experiência." Em outras palavras, quando se atribuem fins à natureza, como faz o jusnaturalismo, que fala de tendências ou inclinações naturais, projeta-se de maneira ingênua, sobre a natureza, propósitos subjetivos, não controláveis empiricamente. Wild responde:

> O mundo é dinâmico e em contínuo fluir [...]. Se a mudança é realmente um dado primário, a tendência deve ser reconhecida como um fato ontológico fundamental, que nada tem a ver com a projeção de um propósito subjetivo ou de uma teleologia, no sentido ordinário da palavra [...]. Se esses fatos ontológicos são claramente reconhecidos, a noção de bem como a atuação de uma tendência, e a noção de mal como o impedimento dessa tendência, não será mais estranha ou duvidosa. (p.75)

Admitamos a constatação inicial, quer dizer, que o homem mostra tendências e que estas destinam-se a ser realizadas. Wild não se limita a essa constatação, acha que pode deduzir dela um critério para a distinção entre o que é bom e o que é ruim. Ora, para poder afirmar que a atuação de uma tendência é boa e a falta de atuação é ruim, só há duas vias: 1) sustentar que é boa a atuação de todas as tendências, de qualquer tendência enquanto tal; b) sustentar que é boa a atuação de certas tendências particulares, distintas de outras.

Quando seguimos o primeiro caminho, não derivamos absolutamente um juízo de valor ("a atuação das tendências é um bem") de um juízo de fato ("a natureza do homem é composta de tendências que levam para sua atuação"). Na realidade, afirmamos que a atuação de toda tendência é um bem só porque atribuímos a toda tendência, pelo simples fato de ser tal, um valor positivo e, portanto, pressupomos, ainda que de modo inconsciente, um juízo de valor deste tipo: "Toda tendência, enquanto tal, é boa" ou, em outras palavras: "Uma tendência, qualquer que seja ela, tende para o bem". Então, a afirmação "a atuação de uma tendência é um bem" é redutível a outra: "É boa a atuação daquilo que tende para o bem", o que, como se vê, não é a fundamentação do valor sobre o fato, mas do valor sobre outro valor e, assim, não a solução do problema, mas apenas um primeiro adiamento.

Que, depois, toda tendência seja por si boa é apenas a expressão de um naturalismo um tanto grosseiro, de uma visão mítica da natureza que tem muito pouco a ver com a experiência. Esta coloca sob nosso olhar tendências em conflito, e duas tendências em conflito não podem ser ambas boas. É claro que um pan-naturalista, para sustentar que toda tendência da natureza é boa, negará que há aquelas em conflito. E, diante do fato de que o peixe grande tende a comer o peixe, sustentará que não há oposição porque, se é verdade que o peixe grande tem a tendência a comer o pequeno (e, portanto, é bom que o coma), é igualmente verdadeiro que o peixe pequeno tem a tendência a deixar-se ser devorado (e, portanto, é bom que seja comido), razão pela qual, no ato de comer e de ser comido, ambos realizam sua tendência.

Ora, é lícito duvidar de que um raciocínio desse gênero, que revela uma indiferença tão completa diante da natureza, possa ainda ser sustentado quando se dirige ao mundo dos homens. E não diria que foi o caminho predominantemente seguido pelos jusnaturalistas. Houve, é verdade, quem acreditasse poder justificar a escravidão dizendo que certos homens possuem uma tendência natural a mandar e outros, a de servir. E também aqui tanto o senhor como o escravo, um no ato de mandar, o outro no de ser mandado, realizam sua natureza e, portanto, a natureza é um todo ordenado e harmônico que não conhece conflitos de tendências.

Os jusnaturalistas, porém, em sua maioria, fundaram seus sistemas sobre certo grupo de tendências distintas umas das outras, por exemplo, sobre as chamadas tendências sociais, atribuindo-lhes um valor positivo, e as antissociais, associando a elas um valor negativo. Das duas vias indicadas, diria que os jusnaturalistas e, como veremos, também Wild seguiram predominantemente a segunda.

Mas também a segunda via conduz, de modo ainda mais claro, a descobrir o erro do naturalismo ético. Se é um bem apenas a realização da tendência boa, o simples fato de que uma tendência tenha se realizado não constitui um bem. A atribuição de um valor positivo à realização é apenas a consequência da atribuição precedente de um valor positivo à tendência e, também aqui, o juízo de valor não é deduzido de um juízo de fato, mas de um juízo de valor precedente. Nesse caso, a realização de uma tendência é tão pouco boa por si mesma que, em caso de tendência ruim, já não seria bom o cumprimento, mas o impedimento. Se construo meu sistema ético partindo de uma tendência ruim, meu esforço estará voltado para estabelecer regras de conduta que, em vez de fazê-la realizar-se, criam-lhe obstáculos. É o que acontece, por exemplo, a Hobbes, para quem a tendência natural original que ele pensa ter obtido objetivamente, o instinto de conservação, é nociva e, por isso, todo seu sistema ético político é de freios ou de impedimentos à tendência natural.

Cumprimento e impedimento de uma tendência não têm, portanto, um sinal constante, mas sinais diferentes, segundo a natureza da tendência em questão, de modo que não posso prescindir de uma avaliação preliminar nem afirmar que tudo o que age no sentido da realização seja bom e tudo o que age em sentido contrário seja ruim.

Aliás, esclarece-se melhor a dificuldade que surge a esta altura, também para Wild, examinando a segunda objeção.

Segunda objeção: "O direito natural é um modelo moral vago e indeterminado." Essa objeção valeria contra quem sustentasse, seguindo a primeira via mencionada, que toda tendência, enquanto tal, é boa. Wild, porém, como foi observado, não segue esse caminho, o que fica claro sobretudo na discussão desta segunda objeção. Responde que o direito natural não apela para a existência em geral e não afirma que tudo o que vem à existência é bom (é a consequência à qual chega, como comentamos, o naturalismo grosseiro), mas funda-se no conceito de existência natural, que, como tal, distingue-se da existência não natural e, desse modo, introduz um critério de distinção entre o que é natural e o que não o é.

Disso deveria seguir-se que nem toda tendência é boa, mas é boa apenas a tendência natural. Para que uma tendência possa ser considerada natural, são necessários dois requisitos: 1) que seja comum a todos os membros da espécie; 2) que sua realização seja exigida para a "sobrevivência da vida humana" (*"for the living of human life"*) (p.77). Por exemplo: a necessidade de comida é natural porque é comum a todos os homens e essencial à vida humana.

É claro que Wild, indo pela segunda via, que leva a distinguir tendências cuja realização é um bem (as tendências boas) e aquelas cuja realização é um mal (as tendências ruins), procurou descobrir um critério para distinguir umas das outras. Trata-se de verificar se ele efetivamente extrai essa distinção, como quer nos levar a crer, do estudo objetivo da natureza, e não, ao contrário, como pensamos com os críticos do jusnaturalismo, de um critério de valor já pressuposto. Se, em outras palavras, Wild conseguiu definir a tendência natural (que, para ele, é a tendência boa) sem recorrer ao uso de termos de valor. Não nos deixemos enganar pelo termo "natural", que parece descritivo e, portanto, neutro. Lembremos que, sob suas grandes asas, foram reunidas as coisas mais diversas e que o uso aparentemente neutro do termo serviu, na história da filosofia, para dar aparência de objetividade às ideologias mais díspares.

Dos dois requisitos expostos por Wild, pode-se admitir que o primeiro – "é natural o que é comum a todos os membros da espécie" – seja definido com termos puramente descritivos e não implique um juízo de valor. Mas, por ser expresso com termos descritivos, esse requisito não serve para distinguir, sozinho, a tendência natural da não natural, se por tendência natural se deve entender aquela que é boa, e por tendência não natural, aquela que é ruim.

Faz tempo que os moralistas observaram que as tendências mais diversas são comuns a todos os homens, e exatamente os jusnaturalistas nunca confiaram muito nessa ligação do "natural" com o "comum". É o que Grócio chama de prova *a posteriori* do direito natural, acrescentando que, com respeito à prova *a priori*, é menos certa. Hobbes e Pufendorf refutam severamente o argumento tirado do *"consensus omnium gentium"* [consenso de todos os povos]. Qual? A escravidão, antes do cristianismo, era comum a todos os povos. E por isso era, por acaso, direito natural? Matar animais para comê-los é comum a todos os povos civilizados de hoje. Devemos, por isso, considerar essa matança uma tendência natural e, portanto, boa? O que dirão as próximas gerações?

Só o segundo requisito introduz uma distinção entre tendências. Mas ele ainda é, como o primeiro requisito, neutro? Ele nos informa que, para ser natural, uma tendência deve visar à continuação da vida. Mas isso é suficiente para estabelecer que a atuação de toda tendência que visa à continuidade da vida é boa? É suficiente apenas se pressupomos que a vida é boa, ou seja, se formulamos um juízo de valor. Vá dizer àquele que não ama a vida que toda tendência que visa à conservação dela é boa porque é natural. A resposta será que, para ele, natural ou não natural, aquela tendência não é boa e, portanto, o homem deve tender não a praticá-la, mas a impedi-la.

A distinção entre tendências boas e ruins, que buscávamos nos fatos, na realidade encontramos apenas em uma distinção de valores, em um critério supremo de distinção entre o que é bom e o que é ruim: tendência boa, ou natural, cuja atuação é boa, é aquela que tende ao bem; tendência má, ou não natural, cuja atuação é má, é aquela que tende ao mal. Mas, então, dizer que a atuação da tendência natural é boa – aquilo em que Wild basearia o princípio do realismo e objetivismo ético – equivale a afirmar que é bom o que direciona a tendência para o bem, o que não constitui um princípio mais objetivista do que qualquer outro. Até agora, jogamos com o conceito de bom deslocando-o da consequência para o princípio, mas a intenção principal, que era a de chegar finalmente aos fatos e sobre eles repousar como em terra firme, não se realizou.

Esse ideal, porém, era razoável? A meta que Wild se propôs, de basear o valor no fato, é atingível? Se existe erro, trata-se de erro material ou de lógica? Veremos melhor isso discutindo a terceira objeção.

Terceira objeção: Esta objeção é tirada da crítica que Moore fez à definição de bom (*Principia ethica*, p.5s). O autor afirma que o termo "bom" é indefinível, porque é uma noção simples como "amarelo", e que, como não se pode explicar o que é amarelo a quem já não sabe o que ele é, também não se pode explicar o que é bom. Hare, que retomou recentemente a crítica de Moore ao naturalismo ético (*The Language of Morals*, p.83s), elabora a sua demonstração com esse exemplo. Para definir um bom quadro em termos descritivos, posso dizer assim: "Bom quadro é aquele que suscita admiração nos membros da Academia Real".

À guisa de comentário, observo que esse exemplo é menos bizarro do que parece. Se eu quiser dizer que o vinho que estou bebendo é bom e dar a minha afirmação uma aparência de validade objetiva, é provável que eu diga que esse vinho é bom porque assim foi considerado por provadores de renomada competência e, talvez, legalmente autorizados. Permanecendo no campo do direito, o cidadão, os juristas, os juízes são levados a ver como boa a norma assim considerada por aqueles que são autorizados a promulgá-la (o chamado legislador). Nossa conduta de cidadãos apoia-se em uma constante presunção dessa natureza: "Norma boa é aquela que foi aprovada pelos órgãos competentes para emitir normas jurídicas".

Mas, com tais proposições, definimos realmente o termo de valor com uma proposição descritiva? Vejamos: por que fizemos referência a determinada categoria de pessoas? Porque achamos que são dotadas de uma sensibilidade particular para distinguir, naquele campo particular, o que é bom do que é ruim: os membros da Academia Real são presumivelmente pessoas de bom gosto; os provadores autorizados, apreciadores de vinho; o legislador, pessoa rica daquilo que se chama de senso do justo.

Mas o que significa ter bom gosto, ou um paladar apurado, ou o senso do justo? Significa, e não pode deixar de significar, ter a capacidade de admirar os bons quadros, ou de apreciar os bons vinhos, ou de compreender as exigências da justiça. Chegamos então a esta posição: se um bom quadro é o que suscita admiração naquelas pessoas de bom gosto que são os membros da Academia Real, e as pessoas de bom gosto são aquelas que têm uma capacidade particular de admirar os bons quadros, dizer que um "bom quadro é aquele que suscita admiração nos membros da Academia Real" equivale a afirmar que "um bom quadro é aquele que suscita admiração nas pessoas que valorizam os bons quadros". De modo análogo funciona para o bom vinho e a boa norma. Como se vê, a proposição da qual se havia partido era só aparentemente descritiva: na realidade, ela remete ao mesmo termo de valor que se queria definir.

Ora, não ousaria dizer que Wild tenha conseguido superar essa dificuldade. Diria, sim, que, ao tentar defender essa objeção, caiu na armadilha de seu adversário. Ele pensa, mais uma vez, que definiu o bom em termos descritivos, quando o define deste modo: "Boa é aquela atividade que dada natureza exige para sua perfeição" (p.89). Mas o que é a perfeição? "Perfeição" é novamente um termo de valor, do qual nos valemos para tomar posição diante de algo, para aprovar ou desaprovar. Então, Wild definiu um termo de valor com outro termo de valor, e o problema que queria resolver foi apenas transferido. De fato, para definir, por sua vez, a perfeição, ou cairá em um círculo vicioso dizendo, por exemplo: "a perfeição é aquele estado que se atinge através do exercício de bons atos", ou, para não cair em um círculo vicioso, introduzirá outros termos de valor. Em suma, toda vez que Wild enfatiza que o valor está fundado no fato, introduz sempre novos termos de valor; no momento em que procura demonstrar que os adversários estão errados, oferece argumentos para lhes dar razão.

Quarta objeção: "A teoria do direito natural deriva de uma confusão entre leis naturais em sentido descritivo (as leis científicas que se originam da observação dos fatos) e leis naturais em sentido prescritivo (as leis, ou melhor, as normas que derivam da assunção de certos valores)". Wild responde que leis descritivas e prescritivas são distintas, assim como é distinta a esfera do conhecer da do fazer e, no entanto, não são separadas. Portanto, "as normas não são puramente arbitrárias e preferenciais, mas estão fundamentadas na natureza" (p.83). O que é bom para um ente – o autor especifica, acentuando mais uma vez a tese principal – depende da natureza desse ente: o que é bom para um homem não é bom para um peixe. "Por isso, o fim natural de qualquer processo ou tendência pode ser adequadamente determinado apenas por um conhecimento compreensivo da natureza, que há de ser realizado e aperfeiçoado" (p.83).

Com essa resposta, Wild não quer dizer nada mais do que isto: que a lei científica pode transformar-se em uma norma de conduta e, mais precisamente, naquele tipo de normas que são chamadas de técnicas; trocando a causa pelo fim e o efeito pelo meio, a tese proposta por ele não suscita maiores dificuldades. Não é improvável que aquele que tem a propriedade individual socialmente útil e, portanto, juridicamente reivindicável, tenha chegado a sua opinião com um raciocínio deste gênero: "A propriedade privada torna os homens mais laboriosos e parcimoniosos. Se o que se quer é que os homens se tornem mais laboriosos e parcimoniosos, deve-se conceder a eles o exercício da propriedade privada".

Certamente, as normas jurídicas em geral não são arbitrárias no que diz respeito a seu conteúdo, mas derivadas de observações empíricas relativamente amplas e aprofundadas, conduzidas com espírito de certo modo científico, segundo os tempos e os lugares, sobre a constituição e o comportamento dos homens. Não há dúvida, por exemplo, de que o art. 84 do Código Civil: "Não podem contrair matrimônio o homem que não tenha completado os 16 anos, e a mulher que não tenha completado os 14 anos" deriva da observação empírica de que os homens e as mulheres alcançam a puberdade em idades diferentes. As duas idades estabelecidas nesse artigo não são, certamente, nem arbitrárias, nem preferenciais.

Mas, se dada observação da natureza pode indicar os meios para alcançar o fim, no que uma lei científica ou uma generalização empírica qualquer pode fornecer o conteúdo para uma norma de conduta, ela mesma não pode sugerir o fim, cuja assunção depende de avaliações que não derivam daquela lei ou generalização e que é o próprio fundamento da norma (o que os juristas chamam de *ratio legis*). Que a propriedade seja necessária para tornar os homens laboriosos e parcimoniosos, essa é uma regra que pressupõe a escolha e, portanto, o acordo sobre a laboriosidade e a parcimônia como valores positivos. A norma que estabelece a idade em que é lícito contrair matrimônio pressupõe o acordo sobre a atribuição a ele de certos fins, em vez de outros, ou seja, presume um complexo de avaliações que nenhuma investigação sobre a idade pubertária está em condições de suscitar.

A relação entre juízos de fato e juízos de valor é mais complexa do que a relação que Wild parece considerar, e os argumentos por ele usados para inspirar confiança na derivação, sem resíduos, de uma proposição descritiva a partir de uma prescritiva, não são suficientemente convincentes. O que o estudo na natureza pode indicar é quais meios permitem alcançar um fim. Ele não pode indicar a bondade do fim a não ser considerando-o, por sua vez, meio para um fim ulterior. O juízo que pode fornecer é sempre apenas um juízo de conveniência entre meios e fins, nunca um juízo sobre a bondade do fim considerado em si mesmo e, portanto, sempre um juízo de fato, nunca um juízo de valor. No entanto, repito, toda regra de conduta pressupõe um juízo de valor.

Em segundo lugar, embora não desconhecendo a importância do estudo da natureza humana para a formação das normas jurídicas que devem regular exatamente a conduta humana, não se vê o que tem a ver esse estudo com a tradicional doutrina do direito natural. Veria, antes, um nexo entre o estudo da natureza humana com o que os juristas chamam de a natureza das coisas, mas esta, propriamente, é o complexo de noções que a biologia, a psicologia, a sociologia, em suma, as ciências empíricas úteis para a formulação das normas de conduta nos fornecem sobre as "coisas" destinadas a serem submetidas à disciplina jurídica.

Mas, entre a doutrina do direito natural e o estudo da natureza das coisas, há uma grande distância. A doutrina do direito natural teve uma pretensão maior do que aquela que anima os juristas positivos quando pretendem que uma boa norma deva ser deduzida do estudo atento da natureza das coisas. Se não tivesse sido algo diferente e mais ambicioso, tal doutrina não teria sido tradicionalmente contraposta às aproximações às quais chegam os juristas positivos.

O motivo de orgulho da doutrina do direito natural não foi o de fundar sempre, de novo, uma norma, nas formas e com as intenções de uma pesquisa empírica, sobre o conhecimento dos fatos, mas o de descobrir uma lei suprema da natureza humana da qual se pudessem deduzir todas as normas particulares de conduta. Os jusnaturalistas constantemente visaram descobrir normas superiores, que tenham valor absoluto e universal, e daí tomou força a constante oposição entre o direito natural e o positivo. Essa pretensão de absoluto, porém, nunca teria podido ser satisfeita pelo estudo empírico da natureza, cuja característica é a contínua revisão e a aproximação generalizadora, em vez da universalidade onicompreensiva.

O realismo do direito natural é do tipo metafísico. Mas o realismo para o qual fomos conduzidos pelas respostas que o próprio Wild elaborou para defender-se dos adversários é, sim, o realismo científico que, para dizer a verdade, a tradição do direito natural parece-me que nunca encontrou em seu caminho.

Quinta objeção: "A doutrina do direito natural é fundamentalmente conservadora e oposta a todo progresso social. Como tal, teve uma influência reacionária na história." Com essa objeção, saímos do campo da disputa teórica e entramos no da avaliação histórica e política, mais aberto às preferências pessoais. Wild, rebatendo a acusação contra o ceticismo e o relativismo morais, exprime a opinião de que "um estudo despreconceituoso da história do Ocidente mostraria que, longe de ter provocado a indiferença social e o adormecimento moral, a teoria do direito natural esteve estreitamente ligada com os movimentos progressivos mais importantes que influíram sobre a civilização ocidental" (p.98).

A esta altura, vou me limitar a observar que tanto a apologia quanto a condenação estão, em um juízo histórico global, fora de propósito. Sob o nome de direito natural sempre foram sustentadas, como Kelsen já observou repetidamente, doutrinas conservadoras e revolucionárias, doutrinas voltadas para justificar a ordem existente e para subvertê-la. De qualquer modo, somos gratos a Wild por ter-nos libertado do argumento mais explorado pelos hodiernos paladinos do direito natural, os quais põem em relação guerras, morticínios, ruínas de nosso tempo com a crise do direito natural. Os homens não esperaram essa crise para se massacrarem mutuamente. Combateram uns aos outros e mataram-se também nos felizes tempos em que os teólogos, filósofos e juristas eram defensores convencidos e concordes do direito natural. Os valores não se fundam imediatamente, como vimos, sobre os fatos, tampouco os fatos derivam de pronto dos valores.

Apêndice B
A natureza das coisas na doutrina italiana

1. A discussão sobre a natureza das coisas foi introduzida na Itália, no final do século XIX, pelos estudiosos do direito comercial. Por sua natureza e origem, o direito comercial sempre foi um campo no qual as fontes diferentes da lei, como o costume e a elaboração científica, haviam oposto maior resistência ao fatal processo de monopolização do direito por parte do Estado.

Nos maiores tratados alemães de direito comercial da segunda metade do século XIX, nos quais os estudiosos italianos inspiraram-se, a natureza das coisas aparecia quase constantemente como fonte do direito ao lado da lei e do costume, e era a origem do direito da qual o direito científico extraía seu material e justificava sua autonomia, ao lado do direito legislativo e do consuetudinário. Goldschmidt, depois de ter afirmado que toda relação social leva consigo *"seine angemessene, natürliche Rechtssätze"*,[1] sustentava que a mais alta tarefa da ciência jurídica consiste na descoberta e na formulação do direito imanente às próprias

---
1 "Suas disposições jurídicas apropriadas, naturais."

coisas.² Thöl e Behrend punham a natureza das coisas e do direito científico na mesma rubrica. O primeiro, depois de ter afirmado que a ciência jurídica pode tirar regras jurídicas *"aus factischen Grundlagen, aus der Natur der Sache, der Verhältnissen, der Institute, des Thatbestandes, also aus dem Factischen"*,³ concluía com uma afirmação que mostrava a enorme importância da natureza das coisas como fonte de direito no desenvolvimento do direito comercial: *"Ein grosser Theil des Handelsrechts besteht aus solchen aus der Natur der Sache folgenden Rechtssätzen"*.⁴

Um dos fundadores da ciência do direito comercial na Itália, Cesare Vivante, no afortunado *Trattato di diritto commerciale*, do qual o primeiro volume apareceu em 1893, acolheu a natureza das coisas, explicitamente, entre as fontes do direito, com uma formulação que fazia eco às teses dos juristas alemães. Dado que a opinião de Vivante foi o ponto de partida da discussão que se desenrolou na Itália por mais de duas décadas, convém citá-la textualmente:

> Às vezes, a regra emerge de imediato da natureza dos fatos e deve dirigir a sentença dos juízes, embora não esteja configurada nem em uma lei, nem em um costume. Essas lacunas são frequentes nos negócios comerciais, que assumem continuamente novas formas não previstas pelo direito positivo, e é tarefa da prática forense fixar a regra jurídica que é conforme a sua natureza.⁵

---

2 L. Goldschmidt, *Handbuch des Handelsrechts*, §34, p.301-2.
3 "De fundamentos de fato, da natureza da coisa, das relações, dos institutos, do arcabouço fático, portanto, do fático."
4 I. Behrend, Fr. *Lehrbuch des Handelsrechts*, Bd. I, §19, p.85; H. Thöl, *Das Handelsrecht*, §15, p.59. "Grande parte do direito comercial consiste, como tal, nas seguintes disposições jurídicas da natureza da coisa."
5 C. Vivante, *Trattato di diritto commerciale*, v.I, §9, n.21-2, p.64-6, citação da 3.ed., v.I, §9, n.25-6, p.91-3.

Especificava depois em uma nota que, "nessa íntima natureza das coisas", havia se inspirado "aquele direito natural (*naturalis ratio*) que renovou, com seu contínuo alimento, o direito civil de Roma".[6] Reconhecia em outra nota que só depois da pesquisa científica dos advogados e dos juízes as cortes haviam fixado a disciplina jurídica de muitos institutos, acolhidos depois pelo Código.[7] No parágrafo seguinte, declarava que, "graças ao estudo das coisas e do direito que as governa naturalmente, a ciência prepara também a lei do futuro, porque a primeira regra de toda construção jurídica é a observação genuína dos fatos".[8] Do reconhecimento da natureza das coisas como verdadeira fonte do direito extraía, enfim, a consequência mais radical, na medida em que atribuía à Corte suprema o poder de anular uma sentença que tivesse qualificado uma relação jurídica "de modo contrário às exigências de sua natureza".[9]

2. Apesar da indiscutida autoridade de que Vivante gozava, essa sua tentativa de introduzir a natureza das coisas entre as fontes do direito não foi acolhida favoravelmente. A *communis opinio* dos juristas italianos foi, e ainda hoje é, contrária à ampliação das fontes do direito além daquelas previstas pelo próprio legislador. Nos tratados, a natureza das coisas em geral não é sequer mencionada e, quando isso acontece, costuma ser colocada com a doutrina, a jurisprudência, a equidade etc., entre as "pretensas" fontes do direito.

Já no mesmo ano em que saiu o primeiro volume do *Tratado* de Vivante, seu quase coetâneo Leone Bolaffio, jurista não menos autorizado, tomou posição clara em uma recensão, de resto cheia de elogios, do *Tratado* contra a ilegítima elevação da natureza dos fatos a fonte do direito, realizada por Vivante "na esteira dos ale-

---

6 Ibid., p.91.
7 Ibid., p.92.
8 Ibid., p.93.
9 Ibid., p.92.

mães", embora "com argumentações próprias". A natureza dos fatos, comentou, iniciando a série de refutações que se seguiriam no mesmo exemplo, podia constituir um elemento precioso para a interpretação, "norma legal, porém, não, nem por força de lei, nem por força de autoridade". Para a finalidade de encher os vazios, bastavam a analogia e os princípios gerais do direito, não era absolutamente preciso evocar fantasmas evanescentes.[10]

Responderam depois diretamente a Vivante, para negar o *status* de fonte do direito à natureza das coisas, dois bem conhecidos estudiosos do direito comercial da geração mais jovem, Alfredo Rocco e Antonio Scialoja. Ambos opuseram-se a que se pudessem admitir outras fontes de produção jurídica além da lei e do costume, e atribuíram à natureza das coisas uma eficácia limitada ao âmbito da interpretação do direito, o primeiro falando de uma fonte de interpretação, ou de conhecimento do direito, ao lado das fontes de produção,[11] o segundo mencionando meio ou subsídio para a aplicação e a interpretação do direito, e condenando, portanto, a confusão entre o processo de formação e o de aplicação do direito.[12] Admitir a natureza das coisas como meio de interpretação, e não como fonte de produção, queria dizer reconhecer a utilidade de analisar a natureza do fato, da relação ou do instituto, com a finalidade de interpretar e aplicar ao caso concreto uma regra já dada, mas ao mesmo tempo excluir que essa análise tivesse, sozinha, condições de fornecer uma regra nova.

---

10 B. [Leone Bolaffio], recensão ao *Trattato di diritto commerciale*, v.I, de C. Vivante, em *Temi Veneta*, XVIII, p.469.

11 Alfredo Rocco, "L'interpretazione delle leggi processuali", *Archivio Giuridico*, LXXVII, p.87-150. A citação é da p.102. Cf. também, do mesmo autor: *Corso di diritto commerciale*, p.131-32 (fascículos litografados). No mesmo sentido, também: Arturo Rocco, "Il problema e il metodo della scienza del diritto penale", *Rivista di Diritto e Procedura Penale*, I, p.46 (extrato).

12 A. Scialoja, *Le fonti e l'interpretazione del diritto commerciale*, §35, p.57.

Fora da polêmica imediata com Vivante, a consideração da natureza das coisas como fonte de conhecimento, e não de produção, ou, como também se disse, como fonte material, e não formal,[13] acabou por se tornar a opinião por longo tempo predominante entre os juristas italianos, entre os quais tive a oportunidade de comparar Giuseppe Messina, Francesco Ferrara, Tullio Ascarelli, Umberto Navarrini, Paolo Greco, Mario Rotondi, Francesco Messineo.[14]

---

13 Essa distinção é aceita, exatamente a propósito de fontes, como a necessidade, a convicção comum dos homens, a ciência e, "conceito mais elevado e compreensivo", a natureza das coisas, por: D. Anzilotti, *Teoria generale della responsabilità dello Stato nel diritto internazionale*, parte 1, *Il problema della responsabilità di diritto internazionale*, p.30, nota 1.

14 G. Messina, *I negozi fiduciari* (1910), agora em: *Scritti giuridici*, I, p.100, nota 231. Contra aqueles que invocam a natureza das coisas como fonte de direito, afirma que "ela dá apenas o elemento material da construção".
F. Ferrara, *Trattato di diritto civile italiano*, I. *Dottrine generali*, p.152. Das pretensas fontes do direito, entre as quais coloca a razão humana, o sentimento jurídico, a natureza das coisas, diz que "é preciso usar com prudência, mas sempre na aplicação, não para a criação do direito".
T. Ascarelli, "Il problema delle lacune e l'art. 3 Dis. Prel. nel diritto privato", *Archivio Giuridico*, XCIV, p.235-79. Considera a natureza das coisas como "precioso auxílio da interpretação" que, por si, não pode sugerir a norma jurídica (p.260). Cf. também: L'importanza dei criteri tecnici nella sistemazion e delle discipline giuridiche e del diritto agrario. In: Primo Congresso Nazionale di Diritto Agrario. Atti..., p.3, no qual afirma, a propósito da natureza das coisas, que é preciso não substituir o direito pela sociologia, confundindo as constatações históricas com as avaliações normativas.
U. Navarrini, *Trattato elementare di diritto commerciale*, v.I, p.39: "A natureza dos fatos insere-se nos critérios de interpretação, porque determina o método para a construção e, portanto, para a interpretação do direito, adaptando-o às exigências práticas".
P. Greco, *Lezioni di diritto commerciale*, p.27-8 (fascículos litografados). Distingue as fontes formais das fontes materiais e inclui a natureza das coisas entre as segundas.
M. Rotondi, *Istituzioni di diritto privato*, n.38, p.64-6, o qual reconhece a importância do exame atento do fato para a melhor compreensão das normas jurídicas, mas exclui peremptoriamente que do exame do fato se possa

3. Os argumentos usados para negar à natureza das coisas o *status* de fonte formal do direito positivo italiano são vários. Podem ser indicados sobretudo quatro. O primeiro é de natureza emotiva e, portanto, bastante frágil. Consiste em pôr na frente o espantalho do direito natural, afirmando que o reconhecimento da natureza das coisas como fonte do direito implica a crença em um direito superior ao direito positivo e, portanto, em última instância, a volta do detestado direito natural.[15]

O segundo argumento é de natureza ético-política e ressalta as consequências práticas que derivariam do acolhimento de regras derivadas da natureza das coisas. A formulação dessas regras, confiada à avaliação pessoal e à elaboração subjetiva do intérprete, acabaria pondo em risco a certeza do direito.[16]

O terceiro argumento, de natureza lógica, é racionalmente o mais convincente. Consiste em mostrar que a pretensão de extrair uma regra do exame da natureza das coisas se resolve no erro lógico, conhecido a partir de Moore pelo nome de *"naturalistic fallacy"*, ou seja, no erro de crer que seja possível extrair um juízo de valor de um juízo de fato. Claro, os juristas que se valem desse argumento não o expõem de modo rigoroso. Ele comumente toma forma na afirmação de que é impossível extrair uma regra do fato porque a regra precede o fato e é ela que o qualifica, e não o contrário.[17]

---

deduzir a regra, porque "fato e direito apresentam-se como termos opostos" (p.65).

F. Messsineo, *Manuale di diritto civile e commerciale*, v.I, p.66. Admite que a natureza dos fatos é um elemento a levar em consideração na interpretação da norma.

15 Rocco, *Corso di diritto commerciale*, p.131-2.
16 Ferrara, *Trattato di diritto civile italiano*, p.152.
17 Ascarelli, *Il problema delle lacune*, p.260. Do modo mais cabal e exemplar, Rotondi: "é lógico que nenhuma relação, nenhum fato pode ser avaliado a não ser formulando um juízo, com base em um critério necessariamente distinto e extrínseco a ele [...] não se pode negar que, é lógico, a norma não pode ser concebida senão como algo de modo ideal preexistente ao fato, que

O quarto argumento é de natureza jurídica. Apela para a letra e para o espírito do sistema positivo italiano, o qual – pelo que diz respeito à letra – não admite ou parece não admitir outras fontes de produção jurídica além daquelas expressamente previstas pelo art. 1 das Disposições sobre a lei em geral, e – no que concerne ao espírito – é informado pelo princípio de legalidade e pela separação dos poderes, considerando-se inadmissível a introdução de novas fontes do direito que abririam caminho para a criação por parte do juiz.[18]

A propósito desse último argumento, sempre foi frequente entre nossos juristas a observação de que o recurso à natureza das coisas podia ser com mais facilidade admitido em outros ordenamentos, como o francês e o alemão, nos quais não são expressamente previstos os procedimentos a seguir em caso de lacuna, do que em nosso ordenamento, no qual o art. 3 das Disposições preliminares (correspondente ao art. 12 atual) previa, em caso de lacuna, o recurso à analogia e aos princípios gerais do direito, ou seja, a métodos de autointegração do ordenamento. Contudo, a discussão em torno da natureza das coisas na Itália teve seu momento mais feliz exatamente por ocasião de uma famosa disputa que se acendeu, entre 1921 e 1925, em torno da interpretação do citado art. 3 e, em particular, do modo como devia ser entendida a expressão "princípios gerais de direito".

4. A discussão começou em 1921, com um artigo do mais autorizado filósofo do direito da época, Giorgio Del Vecchio, o qual escolheu a incômoda posição de opor-se à interpretação que se tornara dominante entre os juristas acerca dos princípios gerais de direito. Segundo a opinião dominante, por princípios gerais de direito deviam ser entendidas aquelas normas muito gerais que

---

só torna possível avaliar juridicamente a natureza dele. Para avaliar um fato do ponto de vista do direito, é preciso conceber a norma do direito como independente e preexistente" (*Istituzioni di diritto privato*, p.65).

18 Também esse argumento é claramente exposto por Rotondi, *Istituzioni di diritto privato*, p.66.

podiam ser deduzidas através de um processo de sucessivas generalizações das normas vigentes, portanto, mais precisamente, os princípios gerais do direito positivo e vigente. Del Vecchio sustentou, ao contrário, também com argumentos textuais, a tese oposta: os princípios gerais aos quais nosso legislador se referira eram os mesmos do direito natural. Ao falar do direito natural, Del Vecchio compreendia na noção de direito natural também o reconhecimento da "existência de uma necessária relação entre a substância intrínseca das coisas e as respectivas regras de direito".[19] Desse modo, deixava entender que, entre recurso aos princípios gerais de direito e recurso à natureza das coisas, não podia haver nenhuma diferença, pelo menos segundo sua interpretação tanto dos princípios gerais de direito como do direito natural.

No final do mesmo ano, na mesma revista, um jovem estudioso do direito comercial, Alberto Asquini, deu mais um passo: reconheceu explicitamente a natureza dos fatos como fonte de direito, fazendo-a passar, também ele, pela porta dos princípios gerais de direito, ainda que com um argumento diferente daquele empregado por Del Vecchio, para quem, dado que os princípios gerais de direito identificavam-se com os do direito natural, e estes podiam ser interpretados também como regras tiradas da natureza das coisas, os mesmos princípios gerais de direito compreendiam o recurso à natureza das coisas. Para Asquini, ao contrário, o recurso à natureza das coisas era, ele mesmo, um dos princípios gerais do direito e, portanto, como tal, legitimado pelo art. 3. Em particular, era o princípio geral que permitia o fecho do ordenamento jurídico e assegurava a sua completude.[20] Mas

---

19 G. Del Vecchio, "Sui principi generali del diritto", *Archivio Giuridico*, LXXXV, p.39-90, agora em: *Studi sul diritto*, v.I, p.207-70. A passagem citada está na p.254. Uma referência explícita à natureza dos fatos, segundo a teoria de Vivante, aparece na p.256, nota 84.
20 A. Asquini, "La natura dei fatti come fonte di diritto", *Archivio Giuridico*, LXXXVI, p.129-47. Cf. em particular p.145.

Asquini, no mesmo momento em que desenterrava a tese de Vivante, em geral rejeitada, e dava à natureza das coisas o mais amplo reconhecimento, especificando seu papel de fonte formal do direito, mesmo se válida apenas em caso de lacuna e, portanto, subsidiária, privava-a de seu significado pregnante de fonte objetiva de regras, definindo-a como *locus a non lucendo*, "a representação que a consciência humana faz da função das relações sociais e de suas exigências econômicas".[21] Com essa interpretação, Asquini transformava um critério de determinação jurídica que pretendia ser objetivo em um critério subjetivo, ainda que por "consciência humana" entendesse não a individual do intérprete, segundo as propostas da escola do direito livre, mas a coletiva à maneira da escola histórica.

Certamente, a natureza das coisas assim interpretada fugia à objeção que há pouco considerei mais convincente, ou seja, àquela fundamentada na impossibilidade de deduzir um julgamento de valor de um julgamento de fato. Mas fugia pelo simples motivo de que a natureza das coisas era entendida como o conjunto das avaliações dadas pela consciência coletiva sobre determinada relação, isto é, pelo fato de que o significado original de natureza era – permitam-me o trocadilho – completamente desnaturado.[22] Não era mais a natureza da relação que ditava a regra, mas a consciência que os homens tinham dela em determinado tempo e lugar, que era, por sua vez, uma avaliação ou um conjunto de avaliações. Desse modo, o recurso à natureza das coisas resolvia-se em extrair uma regra não do exame de um fato, mas da análise de outras avaliações precedentes, mesmo se existentes em estado fluido.

---

21 Ibid., p.138.
22 Essa observação, aliás, já foi feita imediatamente depois por G. Pacchioni, "I princìpi generali del diritto", *Archivio Giurudico*, XCI, p.142-3, o qual sustentou que por princípios gerais de direito devem-se entender aqueles elaborados pela jurisprudência.

A solução dada por Asquini ao problema da natureza das coisas permanece um exemplo característico da ambiguidade desse conceito: no mesmo momento em que se procura analisá-lo, ele se converte em seu contrário.

5. O reconhecimento da natureza das coisas na doutrina italiana atingiu seu auge em um artigo de Calogero Gangi, que apareceu dois anos depois, na mesma revista, como novo elo da discussão em torno dos princípios gerais de direito.

Del Vecchio havia falado, seguindo a antiga doutrina, de direito natural. Asquini admitira a natureza dos fatos, porém interpretou-a de modo que não fosse mais reconhecida. Gangi disse com toda a clareza que, de acordo com Del Vecchio, os princípios gerais de direito não podiam ser entendidos como do direito positivo em vigor, e o único modo de entendê-los era como "princípios gerais, verdades gerais que são comuns e estão na base de qualquer direito; princípios gerais, verdades gerais que são reveladas e ditadas pela razão humana e por ela deduzidas da natureza das coisas, da qual o homem é parte".[23] Depois,

---

23 C. Gangi, "Il problema delle lacune nel diritto privato", *Archivio Giuridico*, LXXXIX, p.137-71. A passagem citada está na p.155. Ver também, no mesmo ano: G. Brunetti, "Le fonti e la funzione del dubbio nella giurisprudenza", *Giurisprudenza Italiana*, LXXV, parte IV, cap. 1-16, o qual escreveu que os princípios gerais de direito deviam ser interpretados, segundo a doutrina mais recente, como "todos aqueles que a consciência comum, iluminada pela tradição e pela razão, afirma deduzindo-os *da natureza dos fatos*, ou seja, das relações sociais" (cap. 13; destaque do autor). Ainda: P. Cogliolo, "I principii generali del diritto", *Il Diritto Commerciale*, XVI, parte I, p.161-85, para quem a pesquisa dos princípios gerais de direito deve ser feita através do exame da finalidade e da natureza dos institutos, com esta especificação: "A natureza dos fatos, a natureza das coisas, a natureza dos fenômenos constituem para todo legislador a indicação da regra a criar para aqueles fatos, para aquelas coisas, para aqueles fenômenos. A dificuldade é conhecer essa *rerum natura* e, sendo conhecida, os princípios reguladores são exatamente aqueles que conferem à finalidade [...]: nasce, portanto, do próprio código o princípio generalíssimo: todo fato humano deve ter as normas que o protejam para o alcance de seu objetivo lícito" (p.176).

foi muito além, afirmando que o recurso aos princípios gerais nem sempre era suficiente para preencher as lacunas, daí a necessidade de uma fonte ulterior e última à qual o juiz pudesse recorrer em casos extremos. Essa fonte última, não expressamente mencionada, mas não eliminável, era a natureza das coisas, que constituía a fonte das regras postas pelo legislador: por que não deveria ser a fonte última à qual o juiz recorre na falta das regras postas pelo legislador?

> As relações de vida – explicava –, quando são examinadas atentamente e analisadas com minúcia em todos os seus elementos [...] descobrem, ou seja, revelam à razão humana a norma mais adaptada a seu regulamento.[24]

Contra quem quisesse fazê-lo recuar, colocando em sua frente o espectro do direito natural, respondeu antecipadamente que a referência à natureza das coisas não tinha nada a ver com o antigo direito natural, porque significava pura e simplesmente "aquela norma de decisão que o intérprete ou o juiz deduzirá do exame minucioso e acurado de todos os elementos da relação a regular".[25]

Gangi preocupou-se em rebater a objeção baseada no argumento do direito positivo, advertindo que a regra tirada da natureza das coisas para preencher uma lacuna teria valor apenas no caso concreto, e nunca poderia ser tomada como regra geral. Contudo, não conseguiu tranquilizar seus colegas, em geral fiéis à ortodoxia positivista mais genuína. Aldo Checchini, ao continuar a disputa sobre os princípios gerais e propor uma nova interpretação deles, respondeu indicando o perigo do subjetivismo e da incerteza e condenando a solução também com relação ao *ius*

---

24 Ibid., p.163.
25 Ibid., p.166.

condendum.²⁶ Infelizmente, Gangi não se preocupou em refutar o argumento lógico contra a natureza das coisas. Nem suspeitou da existência da dificuldade. E, em uma réplica a seus contraditores, continuou a repetir, sem fornecer qualquer demonstração, que bastaria "o recurso ao exame atento, minucioso, de todos os elementos da relação a regular" para encontrar, em caso de lacuna, a norma de decisão.²⁷

Mas a dificuldade foi mostrada, entre outros, pelo jovem Ascarelli, que encerrou a disputa com um artigo no qual, salomonicamente, dava razão aos juristas positivistas no plano dogmático e aos críticos do positivismo no plano histórico e filosófico; a propósito da natureza das coisas, denunciava o erro que consistia em pôr os fatos na frente dos valores.²⁸

6. Com o fim dessa primeira fase da disputa em torno dos princípios gerais de direito, a sorte da natureza das coisas na doutrina italiana esgotou-se. Prevaleceu, incontestável, a interpretação mais restrita dos princípios gerais, de modo que, no novo código, atualmente em vigor, a fim de que fosse eliminada qualquer dúvida, a antiga fórmula, demasiado genérica, foi mudada para a mais específica "princípios gerais do ordenamento jurídico do Estado" (art. 12 das Disposições sobre a lei em geral). Dessa maneira, a natureza das coisas foi finalmente desalojada de seu último refúgio. Não serviu para restaurar-lhe o interesse a tradução do conhecido artigo de Gustav Radbruch que apareceu na

---

26 A. Checchini, "Storia della giurisprudenza e interpretazione della legge", *Archivio Giuridico*, XC, p.167-230. A crítica à tese de Gangi encontra-se na p.210, nota 1.

27 C. Gangi, "Ancora sul problema delle lacune nel diritto privato", *Studi nelle scienze giuridiche e social pubblicati dall'Istituto di Esercitazioni Presso la Facoltà di Giurisprudenza della R. Università di Pavia*, IX, p.71-106. A passagem citada é da p.92. Esta reprodução é voltada, em particular, a Pacchioni e a Checchini.

28 Ascarelli, *Il problema delle lacune*, p.266.

Revista Internazionale di Filosofia del Diritto, em 1941, por obra de Bruno Leoni.[29]

Em 1940, ocorreu a segunda fase da disputa em torno dos princípios gerais de direito, que versava, dessa vez, não tanto sobre sua natureza e validade, mas sobre a oportunidade de sua formulação *de iure condendo*. É significativo o fato de que, no longo ensaio de Vezio Crisafulli, que retomava os termos da questão e foi publicado na mesma revista em que aparecera a tradução do ensaio de Radbruch, e no mesmo ano, não era dedicada sequer uma linha à antiga questão da natureza das coisas.[30]

A crise do positivismo jurídico e o chamado renascimento do direito natural, ocorridos nesse segundo pós-guerra, não induziram os juristas italianos a mudar a rota e a repropor-se o problema da natureza das coisas, como, ao contrário, ocorreu na Alemanha. Na mais importante obra sobre a interpretação jurídica que apareceu na doutrina italiana, que é de 1948, o autor, Emilio Betti, ressuscita e acolhe a interpretação subjetivista da natureza das coisas, já avançada por Asquini e retomada por Pacchioni, e condena "a ilusão ingenuamente objetivista" de Gangi, para quem as relações vitais revelam a regra imanente a elas se minuciosamente analisadas em todos seus elementos.

> Não é nem pode ser assim. Porque não se trata de registrar *ab extra* dados naturais, mas de apreciar exigências da vida social, e aqui é verdade que cada sociedade historicamente determinada vê o que tem no coração, ou seja, o que mais urge e interessa, e, igualmente, cada época histórica vê as mesmas coisas com olhos diferentes.[31]

---

29 G. Radbruch, "La natura della cosa come forma giuridica di pensiero", *Revista Internazionale di Filosofia del Diritto*, XXI, p.145-56.
30 V. Crisafulli, "Per la determinazione del concetto dei principi generali del diritto", *Revista Internazionale di Filosofia del Diritto*, XXI, p.41-63, 157-81, 230-64.
31 E. Betti, *Interpretazione della legge e degli atti giuridici*, p.215.

Mais ainda, a própria noção de natureza das coisas, à qual com frequência faz referência o Código Civil atualmente em vigor, em expressões como "natureza da prestação" (art. 1182, parágrafo 1), "natureza do negócio" (art. 1326, 1329, 1330, 1333), "natureza da relação" (art. 1360), "natureza do contrato" (art. 1369, 1389, 1454), "natureza dos contratos" (art. 1469), "natureza do fornecimento" (1569), "natureza da coisa" (art. 1800), em geral não chamou a atenção dos juristas e nunca se tornou objeto de uma análise específica.[32] De um primeiro e sumário exame dos principais comentários do Código Civil[33] aos artigos citados, não parece que a expressão usada pelo legislador tenha levantado problemas dignos de serem discutidos. É provável que tenha parecido óbvia, perfeitamente compreensível e inócua. Contudo, a leitura desses artigos leva a crer que um estudo sobre a natureza das coisas poderia começar, antes que das costumeiras abstrações filosóficas, exatamente da análise do uso dessa noção na linguagem do legislador, que apresenta alguns caracteres constantes e dos quais, portanto, parece possível extrair uma primeira generalização.

7. O problema, que caiu da mão dos juristas, foi recolhido nestes últimos anos pelos filósofos do direito, os quais, quando os juristas discutiam a respeito, nunca intervieram, exceto, como vimos, Del Vecchio.[34] Porém, com a intervenção da crítica filosófica, a discussão sobre a natureza das coisas mudou de direção. Agora, ela é tratada não tanto como fonte do direito, como argumento ou topos do raciocínio jurídico. No desenvolvimento da

---

32 A lista desses artigos foi-me gentilmente cedida pelo professor C. E. Balossini.

33 Comparei os conhecidos comentários publicados pelas editoras Barbera, Società Editoriale Libraria, Utet e Zanichelli.

34 Del Vecchio permaneceu, com o passar dos anos, fiel a suas ideias. Ver uma síntese de seu pensamento acerca da relação entre a natureza e o direito, entre o direito natural e o direito positivo, em: *Lezioni di filosofia del diritto*, p.371s.

discussão sobre a natureza das coisas na Itália, podem-se distinguir claramente duas fases. Na primeira, que se desenrolou no primeiro quarto de século, os juristas fizeram, como vimos, algumas tentativas, embora esporádicas, de utilizar a noção ou na teoria das fontes, ou na teoria da interpretação, para remover as águas da dogmática estagnante. Entretanto, os filósofos em geral não mostraram nenhum interesse pelo problema, que foi deixado, e não só na Itália, em estado de grande abandono. Na segunda fase, que, depois de um silêncio de ambas as partes de cerca de vinte anos, está se desenrolando sob nosso olhar, enquanto os filósofos se aperceberam da existência do problema e estão submetendo à análise crítica a noção de natureza das coisas, os juristas parecem agora completamente ausentes do debate.

Não se pode dizer, porém, que, na passagem de uma fase para a outra, a sorte da natureza das coisas tenha melhorado. A tendência que dominou até agora entre aqueles que enfrentaram a análise filosófica da noção é no sentido de não reconhecer sua validade, ou pelo menos limitar seu alcance.

Espero não estar enganado, mas o primeiro ensaio crítico sobre a natureza das coisas escrito por um filósofo do direito italiano, mas publicado em língua alemã, foi minha apresentação, ocorrida em outubro de 1957, no congresso de Saarbrücken, que tinha exatamente por tema *"Die Natur der Sache"* [A natureza das coisas].[35] Nessa relação, propus-me a discutir sobretudo três

---

35 N. Bobbio, "Über den Begriff der Natur der Sache", *Archiv für Rechtts- und Sozialphilosophie*, XLIV, p.305-21 (agora republicado como cap. IX deste livro). Ver, anteriormente, a alusão de W. Cesarini Sforza, Ex facto ius oritur. In: *Studi filosofico-giuridici dedicati a Giorgio Del Vecchio nel XXV anno di insegnamento*, v.I, p.95. Ver as páginas dedicadas à natureza das coisas a propósito da discussão se o direito é redutível ao fato em P. Piovani, *Il significato del principio di effettività*, p.123s; e aquelas sobre o mesmo tema: G. Fassò, *La storia come esperienza giuridica*, p.87-8; L. Caiani, *I giudizi di valore nell'interpretazione giuridica*, p.144-5, 248-9, que nega a legitimidade do recurso à natureza das coisas em lógica. A constante atitude polêmica com relação

aspectos: a natureza das coisas como concepção geral do direito (antivoluntarismo), como fonte do direito (antilegalismo) e como meio interpretativo (anticonceptualismo).

Em todos os três sentidos, procurei mostrar que o alvo polêmico nunca fora plenamente alcançado e que a referência à natureza das coisas prometia muito mais do que conseguia manter. Fiz também uma tentativa, porém não concretizada, de identificar o recurso à natureza das coisas durante a interpretação, ou seja, naquela sede em que encontrou maiores consensos até agora (também dos adversários), com a interpretação teleológica. Eu dizia:

> Da minha parte, creio que, quando o jurista fala da natureza de um objeto, ou de um sujeito, ou de um comportamento, ou de uma instituição, refere-se à relação meio-fim e pressupõe, consciente ou inconscientemente, o princípio fundamental de Ihering: "o fim é o criador de todo o direito" [...] A regra fundamental na qual o jurista inspira-se para produzir novas regras a partir da natureza das coisas é a seguinte: "se certo fim é obrigatório (ou proibido), hão de ser considerados obrigatórios (ou proibidos) todos os meios objetivamente aptos a alcançá-lo".[36]

Acompanhei, um ano depois, uma ampla resenha do pensamento alemão sobre a natureza das coisas, em particular, sobre as teorias de Radbruch e de Maihofer, de um filósofo do direito

---

à natureza das coisas segue-se também desta frase de G. Fassò: "O insuperável mito do direito natural, ainda que sob as equívocas vestes da natureza das coisas" (Sociologia e diritto nel loro nesso e nei loro limiti. In: *Filosofia e sociologia*, p.166). Do mesmo autor, em sentido favorável à utilização da natureza das coisas por parte do juiz, ver o mais recente volume: *La legge della ragione*, p.237, notas 43, 44, 46, com uma referência a uma sentença da Corte Constitucional.

36 *Über den Begriff der Natur der Sache*, p.317 (neste volume, cap. IX, §5).

principiante, Alessandro Baratta,[37] o qual contrapôs à filosofia naturalista alemã, que abrira um acesso muito fácil à natureza das coisas, a perspectiva subjetivista do idealismo italiano, na interpretação de Cesarini Sforza, para quem, não existindo senão por abstração uma natureza distinta do espírito e, portanto, um fato distinto do ato, a natureza sozinha não é boa para nada e restitui apenas o que se coloca dentro dela. Nas conclusões críticas, Baratta, ao referir-se a nosso idealismo, fazia eco aos motivos polêmicos fundamentais que a doutrina italiana havia constante e severamente acentuado em relação à natureza das coisas como fonte do direito. Assim, no exato momento em que chamava a atenção dos estudiosos italianos para o debate que fervia na Alemanha, fazia-se intérprete, mais uma vez, do mal-estar que toda concepção objetivista e naturalista do direito sempre provocou em uma cultura como a nossa, consagrada ao culto do espírito criador e dedicada ao historicismo. Sobre essa filosofia jurídica inspirada no idealismo italiano, Baratta dizia que

> mostra a impossibilidade de fundamentar nos fatos uma normatividade objetiva independente da avaliação e da volição do sujeito, e de divisar na natureza do fato um valor que preceda o ato e a qualificação do sujeito: já que a natureza do ato é a atividade do sujeito que o põe e o qualifica criando e recriando o seu sentido.[38]

8. Certo é que, nestes últimos anos, pela primeira vez, a natureza das coisas passou a fazer parte dos temas habituais e até mesmo obrigatórios da filosofia do direito. Dela se fala e sobre ela se discute em recentes monografias, embora dedicadas a outros temas, como a de E. di Robilant[39] e a de A. G. Conte.[40] Porém, tal-

---

37 A. Baratta, "Natura del fatto e diritto naturale", *Rivista Internazionale di filosofia del diritto*, XXXVI, p.177-228.
38 Ibid., p.222.
39 E. Di Robilant, *Sui principi di giustizia*, p.139-50, 224-34.
40 A. G. Conte, *Saggio sulla completeza degli ordinamenti giuridici*, p.102-5.

vez a melhor prova de seu reconhecimento seja dada pelo fato de que uma das grandes enciclopédias jurídicas italianas, que, na edição de antes da guerra, não tinha reservado lugar para a "natureza das coisas" entre os inumeráveis verbetes de seus doze poderosos volumes, em sua nova edição, em curso, dedicou ao tema amplo tratamento, feito por Nello Morra, que é, além de tudo, a exposição mais completa sobre o assunto até agora.[41]

Se mudou o interesse pelo problema, porém não se alterou a tradicional atitude polêmica. Todos os três autores citados estão substancialmente de acordo em opor o argumento fundado na impossibilidade de deduzir o valor do fato da validade da natureza das coisas como fonte de regras jurídicas. Em particular, Robilant, que se ocupa do problema em duas partes diferentes de seu livro, nega, por um lado, que a natureza das coisas determine, direta e univocamente, as avaliações do legislador e contesta, por outro lado, que o recurso a ela constitua fundamento suficiente da objetividade das avaliações, afirmando que ela se resolve, no máximo, em um chamado à maior ou menor validade dos critérios de justiça. Conte lembra que derivar o valor do fato é ilusão recorrente e antiga, tomando como exemplo a pretensão de derivar normas do bom soldado do conceito de soldado. Partindo também do argumento da falácia naturalista, Morra derruba de maneira sistemática os vários abrigos erguidos pelos fautores da natureza das coisas em favor de sua doutrina. Aceita-a como critério e instrumento de interpretação declarativa do direito e delimita seu uso na interpretação ab-rogante e na determinação da conduta a ter como base de uma norma final. Esclarece, enfim, o nexo que liga a natureza das coisas aos julgamentos de equidade, em que a natureza das coisas aparece como a primeira fase, estritamente observadora, de tal espécie de juízos.[42]

---

41 N. Morra, *Novissimo Digesto Italiano*, verbete "Natura delle cose", v.XI.
42 Um último sinal do renovado debate sobre a natureza das coisas é dado pela publicação do artigo de I. Tammelo, "La natura dei fatti come topos

9. Restaria perguntar por quais motivos a natureza das coisas teve tão pouca sorte na doutrina italiana, a ponto de ser ou desconsiderada (pelos juristas) ou repudiada (pelos filósofos). No que se refere à indiferença dos juristas, a razão fundamental sem dúvida é o apego ao dogma da onipotência do legislador, reforçado pelo caráter particular de nosso ordenamento, inspirado no princípio da autointegração. No que se refere à crítica dos filósofos, a razão fundamental há de ser buscada no antinaturalismo dominante na filosofia italiana através da permanente e enraizada influência do historicismo.

---

giuridico", *Rivista Internazionale di Filosofia del Diritto*, XI, p.655-83, organizado por N. Morra.

Referências bibliográficas

ACHENWALL, G. *Jus naturae in usum auditorum*. 7.ed. Gottingae: Sumptibus Victorini Rossigelii, 1774.
ADICKES, F. *Zur Lehre von den Rechtsquellen*. Göttingen, 1872.
AGNELLI, A. *John Austin alle origini del positivismo giuridico*. Pubblicazioni dell'Istituto di Scienze Politiche dell'Università di Torino. Torino: Giappichelli, 1959.
AGO, R. Diritto positivo e diritto internazionale. In: *Scritti di diritto internazionale in onore di T. Perassi*. v.I. Milano: Giuffrè, 1957.
_____. *Scienza giuridica e diritto internazionale*. Milano: Giuffrè, 1950.
ALLORIO, E. La pluralitá degli ordinamenti giuridici e l'accertamento giudiziale. *Rivista di Diritto Civile*, I, 1955.
_____. La vita del diritto in Italia. *Jus*, N.S., I, p.42-73, 1950.
_____. *La vita e la scienza del diritto in Italia e in Europa*. Milano: Giuffrè, 1957. p.3-46.
_____. Osservazioni critiche sulla sanzione. *Rivista di Diritto Civile*, II, p.1-37, 1956.
ANZILOTTI, D. *Teoria generale della responsabilità dello Stato nel diritto internazionale*. Parte 1: Il problema della responsabilità di diritto internazionale. Firenze: F. Lumachi Libraio-Editore, 1902.
ARISTÓTELES. *Política*, I, 5.

ASCARELLI, T. Dispute metodologiche e contrasti di valutazione [1953]. In: *Saggi di diritto commerciale*. Milano: Giuffrè, 1955. p.467-79.

_____. Funzioni economiche e istituti giuridici nella tecnica dell'interpretazione [1946]. In: *Saggi giuridici*. Milano: Giuffrè, 1949. p.83-107.

_____. Il problema delle lacune e l'art. 3 dis. prel. nel diritto privato. *Archivio Giuridico*, XCIV, p.235-79, 1925.

_____. Interpretazione del diritto e studio del diritto comparato [1954]. In: *Saggi di diritto commerciale*. Milano: Giuffrè, 1955. p.481-519.

_____. L'importanza dei criteri tecnici nella sistemazion e delle discipline giuridiche e del diritto agrario. CONGRESSO NAZIONALE DI DIRITTO AGRARIO, I. *Atti*... Firenze: Tip. Editrice Mariano Ricci, 1955.

_____. Prefácio. In: *Studi di diritto comparato e in tema di interpretazione*. Milano: Giuffrè, 1952. p.ix-liii.

ASQUINI, A. La natura dei fatti come fonte di diritto. *Archivio Giuridico*, LXXXVI, p.129-47, 1921.

BAGOLINI, L. La scelta del metodo nella giurisprudenza. *Rivista Trimestrale di Direitto e Procedura Civile*, XI, p.1.054-67, 1957.

_____. Le choix de la méthode en jurisprudence. *Logique et Analyse*, I, p.2, 1958.

BARATTA, A. Natura del fatto e diritto naturale. *Rivista Internazionale di Filosofia del Diritto*, XXXVI, p.177-228, 1959.

BARBERO, D. Polemiche sulla sanzione. *Rivista di Diritto Civile*, II, p.901-23, 1956.

_____. Rivalutazione del diritto naturale. *Jus*, N.S., III, p.491-508, 1952.

BARILE, G. *La rilevazione e l'integrazione del diritto internazionale non scritto e la libertà di apprezzamento de giudice*. Milano: Giuffrè, 1953.

BATTAGLINI, G. *Diritto penale*. Parte generale. 3.ed. [S.l.], 1949.

BEHREND, I. Fr. *Lehrbuch des Handelsrechts*. Berlin und Leipzig: Verlag von I. Guttentag, 1886.

BENTIVOGLIO, L. M. *La funzione interpretative nell'ordinamento internazionale*. Milano: Giuffrè, 1958.

BENVENUTI, F. Sul concetto di sanzione. *Jus*, N.S., VI, p.223-54, 1955.

BETTI, E. *Interpretazione della legge e degli atti giuridici*. Milano: Giuffrè, 1949.

BETTIOL, G. Il positivismo di F. Carnelutti. *Archivio Penale*, IV, 1, p.287, 1948.

BIONDI, B. Esistenzialismo giuridico e giurisprudenza romana. In: *Scritti giuridici in onore di F. Carnelutti*. v.I. Padova: Cedam, 1950. p.99-116.

_____. Scienza giuridica come arte del giusto. *Jus*, N.S., I, p.145-77, 1950.

BOBBIO, N. Costituzionalismo principialista e costituzionalismo garantista. *Giurisprudenza Costituzionale*, ano LV, n.3, p.2.771-816, 2010.

_____. Democrazia. In: _____; MATTEUCCI, N. (Dir.). *Dizionario di Politica*. v.IX. Torino: Utet, 1976. [Ed. bras.: *Dicionário de política*. 3.ed. Brasília: Editora UnB, 2008-2010. 2v.]

_____. Diritto e logica. *Rivista Internazionale di Filosofia del Diritto*, XXXIX, p.11-44, 1962.

_____. Formalismo giuridico e formalismo etico [1954]. In: *Studi sulla teoria generale del diritto*. Torino: Giappichelli, 1955. p.145-62.

_____. *Il positivismo giuridico*: lezione di filosofia del diritto raccolte dal dr. Nello Morra. Torino: Cooperativa Universitaria, 1961.

_____. *La consuetudine come fatto normativo*. Padova: Cedam, 1942.

_____. Ragioni della filosofia politica [1990]. In: BOVERO, M. (Org.). *Teoria generale della politica*. v.I-III. Torino: Einaudi, 1999.

_____. *Studi sulla teoria generale del diritto*. 1955. p.4, 34.

_____. Sul positivismo giuridico. *Rivista di Filosofia*, LII, p.14-34, 1961.

_____. Teoria della norma giuridica [1958]. In: *Teoria generale del diritto*. Torino: Giappichelli, 1993.

_____. Tullio Ascarelli. *Belfagor*, XIX, p.411-24, 546-65, 1964.

_____. Über den Begriff der Natur der Sache. *Archiv für Rechtts- und Sozialphilosophie*, XLIV, p.305-21, 1958.

BONNECASE, J. *La notion de droit en France au dix-neuvième siècle*. Paris: E. de Boccard, 1919.

BRUNETTI, G. Le fonti e la funzione del dubbio nella giurisprudenza. *Giurisprudenza Italiana*, LXXV, parte IV, cap.1-16, 1923.

CAIANI, L. *I giudizi di valore nell'interpretazion giuridica*. Padova: Cedam, 1954.

_____. *La filosofía dei giuristi italiani*. Padova: Cedam, 1955.

CALAMANDREI, P. Il nuovo processo civile e la scienza giuridica. *Rivista di Diritto Processuale Civile*, XVIII, p.53-75, 1941.

_____. La certeza del diritto e la responsabilità della dottrina [1942]. In: *Studi sul proceso civile*, V, p.99, 1947.

_____. La funzione della giurisprudenza nel tempo presente [1955]. In: *Studi sul proceso civile*, VI, p.97, 1957.

_____. La funzione della giurisprudenza nel tempo presente. *Rivista Trimestrale di Diritto e Procedura Civile*, IX, p.252-72, 1955.

_____. Prefácio. In: BECCARIA, C. *Dei delitti e dele pene*. Firenze: Le Monnier, 1945.

_____. *Processo e democrazia*. Padova: Cedam, 1954.

_____. *Studi sul processo civile*. v.VI. Padova: Cedam, 1957.

CAMMARATA, A. E. Giusnaturalismo e critica delle leggi in rapporto alla distinzione tra giustizia ed equità. *Bollettino dell'Istituto di Filosofia del Diritto*, R. Università di Roma, II, n.1, p.13, 1941.

_____. Limiti fra formalismo e dommatica [1936]. In: *Formalismo e sapere giuridico*: studi. [Bologna]: Cappelli, 1962.

_____. Sulle tendenze antifilosofiche della giurisprudenza moderna in Italia. *Rivista Internazionale di Filosofia del Diritto*, II, p.234-59, 1922.

CARNELUTTI, F. Bilancio del positivismo giuridico [1951]. In: *Discorsi intorno al diritto*. v.II. Padova: Cedam, 1953. p.241-61.

_____. Bilancio del positivismo giuridico. *Rivista Trimestrale di Diritto Pubblico*, I, p.293, 1951.

_____. *Discorsi intorno al diritto*. v.II. Padova: Cedam, 1953.

_____. Esistenzialismo giuridico. *Foro Italiano*, LXXII, IV, p.1-4, 1949.

_____. Il valore della sanzione nel diritto. *Rivista di Diritto Processuale*, X, p.237-49, 1955.

_____. *Metodologia del diritto*. Padova: Cedam, 1939.

_____. *Teoria generale del diritto*. [S.l.], 1951.

CARNELUTTI, F. Valore di una polemica. *Rivista di Diritto Processuale*, XI, p.167-8, 1956.

CATTANEO, M. A. *Il positivismo giuridico inglese (Hobbes, Bentham, Austin)*. Milano: Giuffrè, 1962.

CESARINI SFORZA, W. Ex facto ius oritur. In: *Studi filosofico-giuridici dedicati a Giorgio Del Vecchio nel XXV anno di insegnamento*. v.I. Modena: Società Tipografica Modenese, 1930.

_____. Il diritto dei privati. *Rivista Italiana per le Scienze Giuridiche*, N.S., IV, p.43-124, 1929.

CHECCHINI, A. Storia della giurisprudenza e interpretazione della legge. *Archivio Giuridico*, XC, p.167-230, 1923.

COGLIOLO, P. I principii generali del diritto. *Il diritto commerciale*, XVI, parte I, p.161-85, 1924.

COING, H. *Grundzüge der Rechtsphilosophie*. Berlin: Walter De Gruyter, 1950.

COMANDUCCI, P.; GUASTINI, R. (Orgs.). *L'analisi del ragionamento giuridico*: materiali ad uso degli studenti. v.II. Torino: Giappichelli, 1989.

CONTE, A. G. *Saggio sulla completeza degli ordinamenti giuridici*. Torino: Giappichelli, 1962.

COVIELLO, N. *Manuale di diritto civile*. [S.l.]: [s.d.]. p.39.

CRISAFULLI, V. Per la determinazione del concetto dei principi generali del diritto. *Revista Internazionale di Filosofia del Diritto*, XXI, 1941.

CROCE, B. *Etica e politica*. 3.ed. Bari: Laterza, 1945.

DABIN, J. *La philosophie de l'ordre juridique positif*. Seção IV. Paris: Sirey, 1929.

DAVID, A. Metodo sociologico e metodo giuridico. *Rivista Internazionale di Filosofia del Diritto*, XXXIV, p.300-13, 1957.

DE MARINI, C. M. *Il giudizio di equità nel processo civile*. Padova: Cedam, 1958.

DE RUGGIERO, G. *La filosofía contemporánea*. v.II. 5.ed. Bari: Laterza, 1947.

DEL VECCHIO, G. *Lezioni di filosofia del diritto*. 12.ed. Milano: Giuffrè, 1963.

DEL VECCHIO, G. Sui principi generali del diritto. *Archivio Giuridico,* LXXXV, p.39-90, 1921.

_____. Sui principi generali del diritto. In: *Studi sul diritto.* v.I. Milano: Giuffrè, 1958.

DI ROBILANT, E. *Direttiva economica e norma giuridica.* Torino: Giappichelli, 1955.

_____. Osservazioni sulla concezione della norma giuridica come giudizio di valore. *Rivista Trimestrale di Diritto e Procedura Civile,* XI, p.1.377-443, 1957.

_____. *Sui principi di giustizia.* Milano: Giuffrè, 1961.

EHRLICH, E. *Die jusristische Logik.* Tübingen: Mohr, 1918.

EISENMANN, Ch. Le juriste et le droit natural. In: INSTITUT INTERNATIONAL DE PHILOSOPHIE POLITIQUE (Org.). *Le droit natural.* Paris: PUF, 1959. p.205-29.

FALK, R. A.; SHUMAN, S. I. Un colloquio sul positivismo giuridico. *Rivista di Diritto Civile,* VII, p.542-57, 1961.

FASSÒ, G. Che cosa intendiamo con diritto naturale? *Rivista Trimestrale di Diritto e Procedura Civile,* XV, p.168-90, 1961.

_____. Diritto naturale e storicismo. *Il Mulino,* VII, n.78, p.240, 1958.

_____. Il diritto naturale in Italia negli ultimi dieci anni. *Il Diritto Ecclesiastico,* LXVI, p.358-70, 1955.

_____. *La legge della ragione.* Bologna: Il Mulino, 1964.

_____. *La storia come esperienza giuridica.* Milano: Giuffrè, 1953.

_____. Oggettività e soggettività nel diritto naturale. *Rivista di Diritto Civile,* IV, p.264-72, 1958.

_____. Sociologia e diritto nel loro nesso e nei loro limiti. In: *Filosofia e sociologia.* Bologna: Il Mulino, 1954.

FAVARA, E. Il problema della legge ingiusta. In: *Scritti giuridici in onore di A. Scialoia.* v.IV. Bologna: Zanichelli, 1953.

FERRAJOLI, L. *Principia iuris. Teoria del diritto e della democrazia.* 3v. Roma-Bari: Laterza, 2007.

FERRARA, F. *Trattato di diritto civile italiano.* v.I. Dottrine generali. Roma: Athenaeum, 1921.

FRIEDMANN, W. *Legal Theory.* 2.ed. London: Stevens and Sons, 1949.

GABRIELI, V. (Org.). *Puritanismo e liberdade.* Torino, 1957.

GANGI, C. Ancora sul problema delle lacune nel dirito privato. *Studi nelle Scienze Giuridiche e Social Pubblicati dall'Istituto di Esercitazioni Presso la Facoltà di Giurisprudenza della R. Università di Pavia*, IX, p.71-106, 1925.

_____. Il problema delle lacune nel diritto privato. *Archivio Giuridico*, LXXXIX, p.137-71, 1923.

GARBAGNATI, E. Il giudice di fronte alla legge ingiusta. *Jus*, N.S., II, 1951.

GÉNY, F. La conception générale du droit, de ses sources, de sa méthode, dans l'œuvre de Raymond Saleilles. In: *L'œuvre juridique de Raymond Saleilles*. Paris: Arthur Rousseau, 1914. p.24-7.

_____. *Science et technique en droit privé positiv*: nouvelle contribution à la critique de la méthode juridique. v.IV. Paris: Recueil Sirey, 1924.

GIANNINI, A. Sul diritto d'autore come diritto naturale. *Rivista Internazionale di Filosofia del Diritto*, XXXIII, p.605, 1956.

GOLDSCHMIDT, L. *Handbuch des Handelsrechts*. 2.ed. Erlangen: Verlag von Ferdinand Enke, 1874.

GRECO, P. *Lezioni di diritto commerciale*. Torino: Giappichelli, 1936. [Fascículos litografados.]

GUASTINI, R. Norberto Bobbio sul ragionamento dei giuristi. In: COMANDUCCI, P.; GUASTINI, R. (Orgs.). *L'analisi del ragionamento giuridico*. Torino: Giappichelli, 1989.

HART, H. L. A. *Positivism and the Separation of Law and Morals* [1958]. In: FROSINI, V. (Org.). *Contributi all'analisi del diritto*. Milano: Giuffrè, 1964. [Ed. it.: *Il positivismo e la separazione tra diritto e morale*. [S.l.], 1958.]

_____. Positivism and the Separation of Law and Morals. *Harvard Law Review*, v.71, p.593-630, 1958.

_____. *The Concept of Law* [1961]. Torino: Einaudi, 1965. [Ed. it.: *Il concetto di diritto*. Trad. M. A. Cattaneo. Torino, 1965.]

_____; FULLER. L. Positivism and Fidelity to Law. *Harvard Law Review*, v.71, p.672, 1958.

HAZARD, P. *La crisi della conscienza europea*. Torino, 1946.

HOBBES, T. *De Cive*.

_____. Hobbes e il giusnaturalismo. *Rivista Critica di Storia della Filosofia*, XVII, p.470-85, 1962.

IHERING, R. *Der Zweck im Recht*. v.I. 2.ed. [S.l.], 1884.
JEMOLO, A. C. *Pagine sparse di diritto e storiografia*. Milano: Giuffrè, 1957.
KANT, I. Metaphysik der Sitten. Parte I. In: *Scritti politici e di filosofia della storia e del diritto*. Torino, 1957. p.493.
_____. *Scritti politici e di filosofia della storia e del diritto*. Torino, 1957. p.436-45.
KELSEN, H. A Dinamic Theory of Natural Law. *Louisiana Law Review*, XVI, p.597-620, 1956.
_____. *Demokratie und Rechtsstaat, Festausgabe zum 60*. Geburtstag von Zaccaria Giacometti (26. September 1953). Zürich: Polygraphischer Verlag A. G., 1953.
_____. *Formalismo giuridico e dottrina pura del diritto*. Nuovi studi di Diritto, Economia e Politica. v.IV. [S.l.], 1931.
_____. Justice et droit naturel. In: *Le droit naturel*. Paris, 1959.
_____. *Reine Rechtslehre* [1960]. Torino: Einaudi, 1966. [Ed. it.: *La dottrina pura del diritto*. Trad. M. G. Losano. Torino, 1966.]
_____. *Teoria generale del diritto e dello stato*. Milano: Edizioni di Comunità, 1952. [Ed. bras.: *Teoria geral do direito e do Estado*. Trad. Luís Carlos Borges. São Paulo: Martins Fontes, 2000. Disponível em: https://estudos001.files.wordpress.com/2014/02/hans-kelsen--teoria-geral-do-direito-e-do-estado.pdf.]
_____. The Natural Law Doctrine Before the Tribunal of Science. In: *Natural Law and World Law*: Essays to Commemorate the Sixtieth Birthday of Kotaro Tanaka. Yuhukaku, 1954.
_____. *What is Justice?* Berkeley and Los Angeles: California University Press, 1957. p.174-97.
KNOLL, A. M. *Katholische Kirche und scholastische Naturrecht zur Frage der Freiheit*. Wien: Europa Verlag, 1962.
LANDSBERG, E. Zur ewigen Wiederkehr des Naturrechts. *Archiv für Rechts- und Wirtschaftsphilosophie*, XVIII, p.348-76, 1925.
LARENZ, K. *Methodenlehre der Rechtswissenschaft*. Berlin-Göttingen--Heidelberg: Springer-Verlag, 1960. p.240.
LAZZARO, G. Il diritto come forma. *Rivista Internazionale di Filosofia del Diritto*, XXXIX, p.636-55, 1962.

LENER, S. La certeza del diritto, il diritto naturale e il magistero della Chiesa. In: *Scritti giuridici in onore di F. Carnelutti*. v.I. Padova: Cedam, 1950. p.345-88.

LOCKE, J. *Due trattati sul governo*. Secondo trattato, V, §27. Torino, 1948. p.256.

LOMBARDI, L. Sull'espressione diritto naturale. *Jus*, XV, p.56-80, 1962.

LOPEZ DE OÑATE, F. *La certezza del diritto*. Roma, 1942. [reimpr. ASTUTI, G. (Org.). Prefácio G. Capograssi. Roma: Gismondi, 1950.]

MAIHOFER, W. (Org.). *Naturrecht oder Rechtpositivismus?* Darmstadt: Wissenschaftliche Buchgesellschaft, 1962.

MANDRIOLI, C. Appunti sulla sanzione e sua attuazione giurisdizionale. *Jus*, N.S., VII, p.86-120, 1956.

MESSINA, G. I negozi fiduciari [1910]. In: *Scritti giuridici*. v.I. Milano: Giuffrè, 1948.

MESSSINEO, F. *Manuale di diritto civile e commerciale*. v.I. 8.ed. Milano: Giuffrè, 1950.

MORRA, N. *Novissimo Digesto Italiano*. v.XI.

MUSIL, R. *Tre donne*. Torino: Einaudi, 1960.

NAVARRINI, U. *Trattato elementare di diritto commerciale*. v.I. 4.ed. Torino: Utet, 1935.

NICOLÒ, R. *L'adempimento dell'obbligo altrui*. Milano: Giuffrè, 1936.

ORESTANO, R. *Enciclopedia italiana*. Apêndice III. v.I.

PACCHIONI, G. I princìpi generali del diritto. *Archivio Giurudico*, XCI, p.142-3, 1924.

PALLIERI, G. B. et al. *La crisi del Diritto*. Padova: Cedam, 1953.

PASSERIN D'ENTRÈVES, A. *La dottrina del diritto naturale*. Milano: Edizioni di Comunità, 1954.

PERELMAN, Ch. *De la justice*. Bruxelles, 1945. p.55. [cf. trad. it. Torino: Giappichelli, 1959. p.71.]

_____. *Traité de l'argumentation*. v.I. Paris: PUF, 1958.

PETROCELLI, B. *Principi di diritto penale*: corso di lezioni universitaire. 3.ed. Napoli: Dott, Eugenio Jovene, 1949.

_____. Tecnicismo e antitecnicismo nel diritto penale. In: *Scritti giuridici in onore di F. Carnelutti*. v.IV. Padova: Cedam, 1950.

PETRONE, I. *La fase recentisssima della filosofia del diritto in Germania. Analisi critica poggiata sulla teoria della conoscenza.* Pisa: Enrico Spoerri, 1895. p.358-9.

PIOVANI, P. *Giusnaturalismo ed etica moderna.* Bari: Laterza, 1961.

_____. *Il significato del principio di effettività.* Milano: Giuffrè, 1953. p.123s.

PRÉLOT, M. Taparelli d'Azeglio et la renaissance du droit naturel au XIXᵉ siècle. In: *Le droit naturel.* Paris: PUF, 1959. p.191-203.

PRETI, G. *Praxis ed empirismo.* Torino, 1957.

PUFENDORF, S. *De iure naturae et gentium.* Frankfurt: Ex Officina Knochiana, 1744.

_____. *Princìpi di diritto naturale.* Org. N. Bobbio. Torino, 1943. p.66. [O texto encontra-se em *De iure naturae et gentium*, II, 2, 2.]

QUADRI, R. *Diritto internazionale pubblico.* Palermo: Priulla, 1949. p.21s, 63s. [Ver 4.ed., 1963. p.26s., 81s.]

_____. *Problemi di teoria generale del diritto.* Napoli: Liguori, 1959. p.56s.

RADBRUCH, G. La natura della cosa come forma giuridica di pensiero. *Revista Internazionale di Filosofia del Diritto*, XXI, p.145-56, 1941.

_____. Propedeutica alla filosofia del diritto. Torino: Giappichelli, 1959. p.183.

RAVÀ, A. *Istituzioni di diritto privato.* Padova: Cedam, 1938.

REGELSBERGER, F. *Pandekten.* v.I. [S.l.], 1893. §12, p.68.

RESCIGNO, P. Le società intermedie. *Il Mulino*, VII, n.75, p.13, 1958.

ROCCO, Alfredo. *Corso di diritto commerciale.* Padova: La Litotipo, 1921. p.131-2. [Fascículos litografados.]

_____. L'interpretazione delle leggi processuali. *Archivio Giuridico*, LXXVII, p.87-150, 1906.

ROCCO, Arturo. Il problema e il metodo della scienza del diritto penale. *Rivista di Diritto e Procedura Penale*, I, p.46, 1910. [Extrato.]

ROMANO, S. Autonomia privata. *Rivista Trimestrale di Diritto Pubblico*, VI, p.801-922, 1956.

_____. Ordinamenti giuridici privati. *Rivista Trimestrale di Diritto Pubblico*, V, p.149-331, 1955.

ROSS, A. *On Law and Justice.* London: Stevens and Sons, 1958.

ROTONDI, M. *Istituzioni di diritto privato*. 4.ed. Milano: Casa Editrice Ambrosiana, 1942.

ROUSSEAU, J.-J. *Discours sur l'origine et les fondements de l'inégalité parmi les hommes*. Parte II, pr.

_____. *Du contrat social*. V.I. 1, pr.

RUBINO, D. La valutazione degli interessi nell'interpretazione della legge. In: *Scritti giuridici in onore di F. Carnelutti*. v.I. Padova: Cedam, 1950. p.237-49.

SALEILLES, R. Ecole historique et droit naturel d'après quelques ouvrages récents. *Revue Trimestrielle de Droit Civil*, I, p.80-112, 1902.

SCARPELLI, U. Diritto naturale vigente? *Occidente*, IX, p.99-123, 1953.

_____. *Il problema della definizione e il concetto di diritto*. Milano: Nuvoletti, 1955.

SCIALOJA, A. *Le fonti e l'interpretazione del diritto commerciale*. Perugia: Unione Tipografica Cooperativa, 1907.

SCOGNAMIGLIO, R. Il danno morale. *Rivista di Diritto Civile*, III, p.279, 1957.

SERENI, A. P. Dottrine italiane di diritto internazionale. In: *Scritti di diritto internazionale in onore di T. Perassi*. v.II. Milano, 1957. p.279-301.

SPINOZA, B. *Tractatus theologico-politicus*, XVI, 2, 3, 4.

SQUINI, A. La natura dei fatti come fonte di diritto. *Archivio Giuridico*, LXXVI, p.129-67, 1921.

STANLIS, P. J. *Edmund Burke and the Natural Law*. Ann Arbor: The University of Michigan Press, 1958.

TAMMELO, I. La natura dei fatti come topos giuridico. Org. N. Morra. *Rivista Internazionale di Filosofia del Diritto*, XI, p.655-83, 1963.

TARELLO, G. *Novissimo Digesto Italiano*.

_____. *Sul problema della crise del diritto*. Torino: Giappichelli, 1957.

THÖL, H. *Das Handelsrecht*. 6.ed. Leipzig: Fue's Verlag, 1879.

TOPITSCH, E. Zum Problem des Naturrechts. *Der Staat*, I, p.225-34, 1962.

TROELTSCH, E. The Ideas of Natural Law and Humanity in World Politics. Apêndice I. In: GIERKE, O.; BARKER, E. *Natural Law and the Theory of Society*. v.I. Cambridge: Cambridge University Press, 1934.

UNIONE GIURISTI CATTOLICI ITALIANI. *Diritto naturale vigente*. Roma: Studium, 1951.

VENTURI, F. (Org.). *Dei delitti e delle pene* [1766]. v.VI. Torino: Einaudi, 1981.

VIVANTE, C. *Trattato di diritto commerciale*. v.I. Torino: Bocca, 1893. [3.ed. Milano: Vallardi, 1907.]

VON VERDROSS, A. Die Erneuerung der materialen Rechtsphilosophie. *Zeitschrift für schweizerisches Recht*, LXXVI, p.181-213, 1957.

WELZEL, H. Naturrecht und Rechtspositivismus. In: *Festschrift für Hans Niedermeyer zum 70. Geburtstag*. Göttingen: Verlag Otto Schwartz, 1953.

WILACKER, F. *Privatrechtsgeschichte der Neuzeit*. Göttingen: Vandenhoek und Ruprecht, 1952.

WILD, John. *Plato's Modern Enemies and the Theory of Natural Law*. Chicago: The University of Chicago Press, 1953.

WINDSCHEID, B. *Diritto delle pandette*. v.I, 1, §23, p.78.

WOLF, Erik. *Das Problem der Naturrechtslehre*. Karlsruhe: C. F. Müller, 1955.

Índice onomástico

Achenwall, G., 201-2
Adickes, F., 237
Agnelli, A., 178
Ago, R., 13, 44-5, 128, 178, 189
Alexy, R., 16
Allorio, E., 42-3, 54, 102, 115
Antoni, C., 251, 221
Anzilotti, D., 83, 273
Ardigò, R., 77
Aristóteles, 156, 205
Ascarelli, T., 14, 48-9, 90, 273-4, 280
Asquini, A., 237, 276-8, 281
Astuti, G., 144
Atienza, M., 16
Austin, J., 14, 55, 69, 176, 178-9, 187, 189, 191-2, 198

Bagolini, L., 49, 119
Balossini, C. E., 282
Baratta, A., 285
Barbero, D., 51, 54, 127
Barbeyrac, J., 206
Barile, G., 13, 45, 128
Barker, E., 216
Battaglia, F., 77, 81, 89
Battaglini, G., 124

Beccaria, C., 15, 18
Behrend, I. F., 270
Bentham, J., 14, 65, 176, 179, 190-2, 218
Bentivoglio, L. M., 128
Benvenuti, F., 54, 115
Bergbohm, K., 146
Betti, E., 14, 47-8, 281
Bettiol, G., 52
Binder, J., 60
Biondi, B., 36, 47
Bobbio, N., 7-15, 17, 19-22, 30, 102, 116, 162, 186, 283
Bolaffio, L., 271-2
Bonfante, P., 83
Bonnecase, J., 142, 215-6
Bovero, M., 9
Brugi, B., 83
Brunetti, G., 278
Burke, E., 168-70

Caiani, L., 47, 53, 283
Calamandrei, P., 15, 35, 46, 91, 104, 118-9, 144
Calogero, G., 89, 278
Cammarata, A. E., 53, 77, 81-2, 89, 116, 172

Campanella, T., 205
Capograssi, G., 36, 43, 80-1, 89, 144
Carnelutti, F., 36, 40, 46, 52, 54, 77, 79, 81, 89, 102, 106, 122, 127, 139, 147-8, 177, 189
Cattaneo, M. A., 176, 178-83, 185, 188, 190-1
Cesarini Sforza, W., 41, 80, 89, 283, 285
Charmont, J., 216
Checchini, A., 279-80
Cogliolo, P., 278
Coing, H., 190
Comanducci, P., 20, 22
Conte, A. G., 285-6
Coviello, N., 237
Crisafulli, V., 281
Croce, B., 80, 84, 89, 93, 231
Cromwell, O., 206
Cumberland, R., 204

Dabin, J., 142
David, A., 250
De Marini, C. M., 47
de Ruggiero, G., 84
Del Vecchio, G., 61, 76, 80-1, 275-6, 278, 282-3
di Robilant, E., 54, 67, 110, 285
Donati, M., 146
Duguit, L., 61
Dworkin, R., 16

Ehrlich, E., 63, 134, 145, 188
Eisenmann, Ch., 179-80

Falk, R. A., 130, 178
Fassò, G., 27, 50, 81-3, 169, 215, 283-4
Favara, E., 46
Ferrara, F., 237, 273-4
Friedmann, W., 129
Frosini, V., 16
Fuller, L. L., 152

Gabrieli, V., 207
Gangi, C., 278-81
Garbagnati, E., 40, 46
Gentile, G., 60, 63, 80, 84, 89
Gény, F., 63, 142, 216

Giannini, A., 227
Gierke, O., 216
Goldschmidt, L., 269, 270
Greco, P., 273
Grócio, H., 69, 204, 206, 225, 261
Groppali, A., 83
Guastini, R., 20, 22
Hare, H. R. M., 262
Hart, H. L. A., 11, 14, 16, 63, 129-30, 152
Hazard, P., 203
Hegel, G. W. F., 55, 58, 69, 163
Hobbes, T., 58, 62, 65, 69, 105, 157, 163, 176, 179, 190-2, 200-1, 2040, 206, 208-10, 225, 229-30
Holmes, W., 120-1
Hugo, V., 55
Hume, D., 65
Ihering, R., 58, 62, 67, 69, 114, 122, 248, 284
Ireton, H., 207

Jemolo, A. C., 35

Kant, I., 69, 109-11, 144, 199, 200-1, 205, 211, 212, 218
Kantorowicz, H., 63
Kelsen, H., 14-6, 20-1, 29, 44, 59, 63, 66, 94, 111, 122, 124, 139, 146-8, 153, 162, 182-3, 225, 253, 267
Knoll, A. M., 221

Landsberg, E., 217
Larenz, K., 189
Lasson, A., 62-3
Lazzaro, G., 109
Leibniz, G. W., 58, 69
Lener, S., 40, 127
Leoni, B., 88, 281
Lerminier, J.-L.-E., 55
Levi, A., 77, 81, 233
Locke, J., 157, 200, 205, 212
Lombardi, L., 226
Lopez de Oñate, F., 144

Maihofer, W., 215, 284
Mandeville, B., 210

Mandrioli, C., 54
Marx, K., 231
Matteucci, N., 21
Mazzarella, G., 84
Messina, G., 273
Messineo, F., 273
Montesquieu, C.-L., 58, 144
Moore, G. E., 262, 274
Morelly, E.-G., 206
Morra, N., 285-7
Musil, R., 226

Navarrini, U., 273
Nicolò, R., 114
Nino, C., 16

Orestano, R., 102

Pacchioni, G., 277, 280-1
Pareto, V., 84
Pascal, B., 226
Passerin d'Entrèves, A., 30, 130, 170, 229
Paulo, santo, 157
Pekelis, A., 80
Perelman, Ch., 66, 107, 108, 122
Perticone, G., 87
Petrocelli, B., 52, 122, 124
Petrone, I., 80, 84, 216
Piovani, P., 27, 80, 168, 221, 283
Platão, 58, 253, 254
Popper, K., 254
Pound, E. L., 48
Prélot, M., 216-7
Preti, G., 212
Pufendorf, S., 201, 204, 206, 210, 261

Quadri, R., 44

Radbruch, G., 189-90, 215, 235, 280-1, 284
Ravà, A., 80, 237
Rescigno, P., 43
Regelsberger, F., 236
Rocco, Alfredo, 272, 274
Rocco, Arturo, 272
Romano, Salvatore, 42

Romano, Santi, 41, 63, 81-2, 93, 146
Rosmini, A., 55
Ross, A., 63, 130, 147
Rotondi, M., 273-5
Rousseau, J.-J., 163, 200, 203-5, 212
Rubino, D., 52
Ruiz Manero, J., 16

Satelilles, R., 216
Scarpelli, U., 7, 50, 54, 85
Scialoja, A., 272
Scognamiglio, R., 249
Sereni, A. P., 51
Shuman, S. I., 178
Spinoza, B., 105, 209, 222
Stahl, G. E., 58
Stanlis, P. J., 168
Strauss, L., 50
Sturzo, L., 87

Tammelo, I., 286
Taparelli d'Azeglio, L., 217
Tarello, G., 36, 102-3
Thöl, H., 270
Thomasius, C., 204
Thon, A., 69
Tomás, são, 158, 204, 256
Topitsch, E., 221
Treves, R., 7, 30, 81, 87, 130
Troeltsch, E., 216

Ulpiano, D., 204, 206

Vaccaro, M. A., 83
Venturi, F., 18
Verdross, A. von, 128
Vivante, C., 270-3, 276-7

Welzel, H., 189
White, M., 101
Wieacker, F., 190
Wild, J., 253-7, 259-64, 266-8
Windscheid, B., 237
Winstanley, G., 205
Wolf, E., 204

Zitelmann, E., 146

303

Índice onomástico

SOBRE O LIVRO

Formato: 14 x 21 cm
Mancha: 23 x 39 paicas
Tipografia: Iowan Old Style 10/14
Papel: Off-white 80 g/m² (miolo)
Cartão Supremo 250 g/m² (capa)
1ª edição: 2016

EQUIPE DE REALIZAÇÃO

Capa
Estúdio Bogari

Edição de texto
Maria Luiza Favret (Copidesque)
Arlete Sousa (Preparação de original)
Fábio Storino (Revisão)

Editoração eletrônica
Sandra Kato

Assistência editorial
Alberto Bononi
Jennifer Rangel de França

Rettec
artes
gráficas
e editora

Rua Xavier Curado, 388 • Ipiranga - SP • 04210 100
Tel: (11) 2063 7000 • Fax: (11) 2061 8709
rettec@rettec.com.br • www.rettec.com.br